# Una historia natural de la moralidad humana

Universidad de
los Andes
Colombia
Ediciones
Uniandes

PONTIFICIA
UNIVERSIDAD
CATÓLICA
DE CHILE

EDICIONES UC

# Una historia natural de la moralidad humana

**MICHAEL TOMASELLO**

*Traducción de María Candelaria Posada*
*y María del Mar Ravassa*

Ediciones Universidad Católica de Chile
Vicerrectoría de Comunicaciones
Av. Libertador Bernardo O'Higgins 390
Santiago, Chile
www.ediciones.uc.cl
editorialedicionesuc@uc.cl

Ediciones Uniandes
Calle 19 n.° 3-10, oficina 1401
Bogotá, D. C., Colombia
http://ediciones.uniandes.edu.co
http://ebooks.uniandes.edu.co
infeduni@uniandes.edu.co

Primera edición en inglés:
*A Natural History of Human Morality*, Harvard University Press, 2016

Historia natural de la moralidad humana

Michael Tomasello

Traducción al español de María Candelaria Posada y María del Mar Ravassa.


Mayo 2019
ISBN: 978-956-14-2383-1

Corrección de estilo: Patricia Torres
Revisión técnica y elaboración del índice: Carlos Cortissoz
Diagramación: Vicky Mora
Diseño de páginas interiores y de cubierta: Neftalí Vanegas



CIP-Pontificia Universidad Católica de Chile

Tomasello, Michael, autor.
Una historia natural de la moralidad humana / Michael Tomasello; traducción de María Candelaria Posada y María del Mar Ravassa.
Incluye bibliografía.

1. Ética – Historia.
2. Ética evolucionista.
3. Antropología filosófica.
I. t.

2019 170.9 + DDC23 RDA

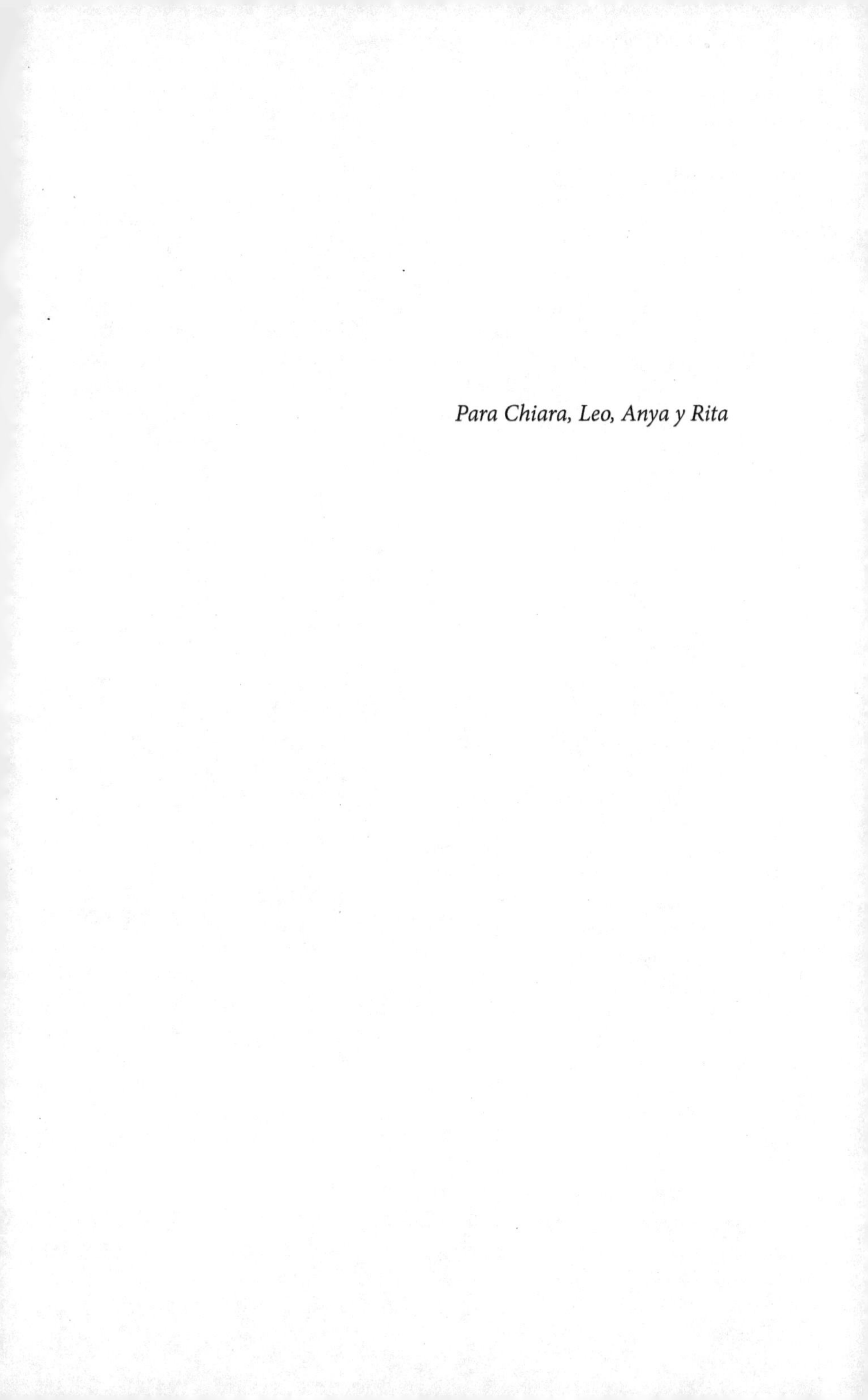

*Para Chiara, Leo, Anya y Rita*

# Contenido

# Lista de cuadros e ilustraciones

# Prefacio

Este volumen es compañero de mi libro de 2014 *Una historia natural del pensamiento humano*. Los títulos paralelos son apropiados porque en los dos volúmenes propongo la misma secuencia de dos peldaños en la evolución de la vida social humana: primero, nuevas formas de actividad colaborativa y, después, nuevas formas de organización cultural. En el primer volumen intenté exponer los tipos de pensamiento exclusivos de la especie que surgieron a partir de estas nuevas formas de vida social. En el volumen actual, intento explicar cómo estas nuevas formas de vida social estructuraron la manera como los primeros humanos llegaron a tomar parte en actos morales en los cuales subordinaban o trataban como iguales sus propios intereses y los intereses de otros, experimentando incluso un sentido de obligación de hacerlo. Esta actitud o postura moral no prevaleció —como tampoco prevalece hoy— de manera consistente en la toma real de decisiones de los individuos, claro está, pero sí convierte esas decisiones, sin importar su resultado, en decisiones morales.

He estado reuniendo mis pensamientos para este volumen durante los últimos cinco años, más o menos, a partir de un seminario sobre la evolución de la cooperación humana realizado en el otoño del 2009 aquí, en el Max Planck Institute for Evolutionary Anthropology, y luego a partir de un seminario similar sobre la evolución de la moralidad humana, en el invierno del 2012-2013. Muchas discusiones interesantes y fructíferas que tuvieron lugar en esos seminarios han moldeado de manera significativa mi pensamiento sobre esos asuntos y agradezco a todos los que participaron. También tuve algunas discusiones muy útiles durante este mismo periodo con Sebastian Rödl, quien me ayudó con algunos conceptos filosóficos difíciles.

Además, algunas personas leyeron y ofrecieron comentarios muy útiles a versiones anteriores de este manuscrito. En particular, Iván Cabrera, Robert Hepach, Patricia Kanngiesser, Christian Kietzmann, Berislav Marusic, Cathal O'Madagain y Marco Schmidt leyeron una u otra versión en borrador. Les agradezco a todos sus magníficos comentarios y sugerencias. Quisiera destacar mi agradecimiento a Neil Roughley y Jan Engelmann, quienes se comprometieron conmigo y con el manuscrito de una forma especialmente profunda y en múltiples ocasiones. Sin duda, el presente texto es mucho más coherente gracias a sus intervenciones. También agradezco a Andrew Kinney, Richard Joyce y a un reseñador anónimo de Harvard University Press, por sus comentarios sobre el manuscrito.

Finalmente, y como con el primer libro, mi más profundo agradecimiento es para Rita Svetlova, con quien he discutido ampliamente las ideas más importantes de este volumen, y otras que ella me ayudó a desechar, con gran beneficio para el producto final. Les dedico este libro a ella y a nuestros hijos.

# [1] La hipótesis de la interdependencia

*Los compromisos que nos unen al cuerpo social son obligatorios solo porque son mutuos; y su naturaleza es tal que, al cumplirlos, uno no puede trabajar para los demás sin trabajar al mismo tiempo para uno mismo.*

Jean-Jacques Rousseau, *El contrato social*

La cooperación aparece en la naturaleza de dos formas básicas: como ayuda altruista, en la cual un individuo se sacrifica en beneficio de otro, y como colaboración mutualista, en la cual todas las partes interactuantes se benefician de alguna manera. La versión exclusivamente humana de cooperación conocida como moralidad aparece en la naturaleza bajo dos formas análogas. Por una parte, un individuo puede sacrificarse para ayudar a otro, basado en motivos de autoinmolación tales como compasión, preocupación y benevolencia. Por otra parte, los individuos interactuantes pueden buscar una manera más equilibrada, mediante la cual todos se beneficien, basada en motivos imparciales tales como rectitud, equidad y justicia. Muchas explicaciones clásicas en filosofía moral captan esta diferencia al contrastar un motivo de beneficencia (lo bueno) con un motivo de justicia (lo correcto), y muchas explicaciones modernas captan la diferencia al contrastar una moralidad de empatía con una moralidad de equidad.

La moralidad de empatía es la más básica, pues la preocupación por el bienestar de los otros es un *sine qua non* de todo lo moral. La fuente evolutiva de preocupación empática es casi seguramente el cuidado parental de los hijos, basado en una selección de parentesco. En los mamíferos, esto significa desde proveer la manutención de los hijos a través de la lactancia —regulada por la «hormona del amor» de los mamíferos, la oxitocina— hasta proteger a los hijos de los predadores y otros peligros. En este sentido, básicamente todos los mamíferos muestran preocupación empática, al menos por los hijos, pero algunas especies también lo hacen por determinados individuos que no son parientes. En general, la expresión de empatía es relativamente directa. Puede haber alguna complejidad cognitiva para determinar lo que es bueno para los hijos de uno o de otros, pero una vez que se determina, la ayuda es ayuda, y el único conflicto serio es si la empatía que motiva el acto de ayudar es lo suficientemente fuerte para superar cualquier interés egoísta involucrado. Los actos de ayuda motivados por la preocupación empática son actos altruistas llevados a cabo libremente y no están acompañados, en su forma más pura, por un sentido de obligación.

En contraste, la moralidad de equidad no es tan básica ni tan directa, y es posible que se limite a la especie humana. El problema fundamental es que, en las situaciones que requieren equidad, por lo general hay una compleja interacción entre los móviles de cooperación y de competencia de múltiples individuos. Intentar ser justo significa tratar de lograr algún tipo de equilibrio entre todos estos móviles, y por lo general hay muchos modos posibles de hacerlo, basados en muchos criterios diferentes. Así, los humanos entran a las situaciones complejas de este tipo preparados para invocar juicios morales sobre el «merecimiento» de los individuos involucrados, incluidos ellos mismos, pero al mismo tiempo armados con actitudes morales más punitivas, como el resentimiento o la indignación contra quienes no actúan con equidad. Además, también tienen otras actitudes morales que no son exactamente punitivas pero sí severas, con las cuales buscan que los compañeros interactuantes sean responsables de sus acciones, al invocar juicios interpersonales de responsabilidad, obligación, compromiso, confianza, respeto, deber y culpa. La moralidad de equidad es, entonces, mucho más complicada que la moralidad de empatía. Por lo demás, y quizá no de manera desconectada, sus juicios conllevan típicamente algún sentido de responsabilidad u obligación: no es solo que yo quiera ser justo con todos los involucrados, sino que uno *debe* ser justo con todos los involucrados. En general podemos decir que mientras la empatía es pura cooperación, la equidad es una especie de cooperativización de la competencia, en la cual los individuos buscan soluciones equilibradas a las múltiples y conflictivas exigencias de los distintos motivos de múltiples participantes.

Nuestra meta en este libro es ofrecer un recuento evolutivo del surgimiento de la moralidad humana, tanto en términos de empatía como de equidad. Partimos del supuesto de que la moralidad humana es una forma de cooperación, específicamente, la forma que fue surgiendo a medida que los humanos se fueron adaptando a formas de interacción y organización social nuevas y exclusivas de la especie. Debido a que el *Homo sapiens* es un primate ultracooperativo y, probablemente, el único moral, suponemos además que la moralidad humana comprende el conjunto clave de mecanismos próximos únicos de la especie —los procesos psicológicos de cognición, interacción social y autorregulación— que permiten a los individuos humanos sobrevivir y prosperar en sus acuerdos sociales especialmente cooperativos. Dadas estas suposiciones, nuestra intención en este libro es (1) especificar con tanto detalle como sea posible, basados principalmente en la investigación experimental, cómo la cooperación de los humanos difiere de la de sus más cercanos parientes primates; y (2) construir un escenario evolutivo verosímil para la forma en que esta cooperación tan únicamente humana dio lugar a la moralidad humana.

El punto de partida son los primates no humanos, especialmente los parientes vivos más cercanos de los humanos, los grandes simios.

Como en todas las especies sociales, los grandes simios que viven en el mismo grupo social dependen del otro para sobrevivir —son interdependientes (Roberts, 2005)— y, por tanto, tiene sentido que se ayuden y se cuiden entre sí. Más aún, como en muchas especies primates, los grandes simios forman relaciones prosociales de larga duración con otros individuos específicos de su grupo. En algunos casos estas relaciones son con su familia, pero en otros casos son con compañeros de grupo con los que no tienen parentesco o «amigos» (Seyfarth y Cheney, 2012). Los individuos dependen de estas relaciones especiales para aumentar su capacidad y, por lo tanto, se comprometen con ellas por ejemplo aseando preferentemente a sus amigos o apoyándolos en las peleas. El punto de partida evolutivo para nuestra historia natural de la moralidad humana, por lo tanto, es el comportamiento prosocial que muestran los grandes simios en general hacia aquellos con los que son interdependientes, es decir, con sus parientes y amigos.

Tomasello *et al.* (2012) ofrecen una explicación de la evolución de la cooperación únicamente humana que se concentra en cómo, desde este punto de partida de los grandes simios, los humanos primigenios se volvieron más y más interdependientes entre sí, con el fin de tener apoyo cooperativo. La hipótesis de la interdependencia, cuyo marco básico adoptamos aquí, es que esto tuvo lugar en dos pasos claves y los dos involucraron nuevas circunstancias ecológicas que forzaron a los humanos primigenios a adoptar nuevas formas de interacción y organización social: primero la colaboración y después la cultura. Los individuos a los que les fue mejor en estas nuevas circunstancias sociales fueron aquellos que reconocieron sus interdependencias con otros y actuaron de acuerdo con esto, lo que sugiere una cierta racionalidad cooperativa. Aunque los individuos de muchas especies animales son interdependientes de varios modos, las interdependencias de los humanos primigenios se apoyaban en un conjunto nuevo y único de mecanismos próximos psicológicos. Estos mecanismos nuevos y únicos les permitieron a los individuos crear con otros un agente plural «nosotros», como el que se ve en lo que «nosotros» debemos hacer para cazar una presa, o cómo «nosotros» debemos defender nuestro grupo de otros grupos. La afirmación central de la presente explicación es que las habilidades y la motivación para construir con otros un agente plural «nosotros» interdependiente —es decir, las habilidades y la motivación para participar con otros en actos de *intencionalidad compartida* (Bratman, 1992, 2014; Gilbert, 1990, 2014)— son lo que impulsó a la especie humana a pasar de la cooperación estratégica a la moralidad genuina.

El primer paso clave ocurrió cientos de miles de años atrás, cuando un cambio en la ecología forzó a los primeros humanos a rebuscar el alimento junto a un socio o, de lo contrario, morir de inanición. Esta nueva forma de interdependencia significó que los primeros humanos extendieron su sentimiento de empatía más allá de los parientes y amigos hacia los socios colaborativos. Para coordinar las actividades colaborativas cognitivamente, los humanos primigenios desarrollaron habilidades y motivaciones de *intencionalidad conjunta,* que les permitían establecer junto con un socio una meta común y saber, junto con un socio, cosas que hacían parte de su terreno común personal (Tomasello, 2014). A nivel individual, cada socio tenía su propio rol que desempeñar en una actividad colaborativa particular (por ejemplo, cazar antílopes) y, con el tiempo, se desarrolló un entendimiento de terreno común acerca de la forma ideal como debía desempeñarse cada rol para el éxito conjunto. Estos ideales de terreno común en cuanto a los roles pueden considerarse como los estándares normativos socialmente compartidos originales. Estos estándares ideales eran imparciales, en el sentido de que especificaban lo que cada socio, cualquiera de nosotros que fuera, debía hacer en su rol. Reconocer la imparcialidad de los estándares de rol significaba reconocer que el uno y el otro tenían un estatus y una importancia equivalentes en la empresa colaborativa.

En el contexto de la elección de socio, en el cual todos los individuos tenían ventajas para negociar, este reconocimiento de la equivalencia yo-otro llevó a un respeto mutuo entre socios. Y puesto que era vital para los socios excluir a los aprovechados que pretendían obtener ventajas sin hacer nada, también surgió un sentido de que solo los socios colaborativos (y no los aprovechados) merecían las ganancias. El resultado combinado fue que los socios llegaron a considerarse mutuamente con respeto, como agentes de segunda persona igualmente merecedores (véase Darwall, 2006). Esto significaba que tenían el estatus para hacer con el otro un compromiso conjunto para colaborar (véase Gilbert, 2003). El contenido de un compromiso conjunto era que cada socio cumpliría el ideal de su rol y, más aún, que los dos socios tenían la autoridad legítima para reclamarle al otro si el desempeño era menos que ideal. Así, el sentido de respeto mutuo y equidad con los socios de los humanos primigenios se derivó, principalmente, de una nueva racionalidad cooperativa en la cual tenía sentido reconocer mi dependencia de un socio colaborativo, al punto de entregarle por lo menos algún control sobre mis acciones propias al «nosotros» autorregulatorio creado por el compromiso conjunto. Este «nosotros» era una fuerza moral porque los dos socios la consideraban legítima, basada en el hecho de que la habían creado ellos mismos, específicamente con propósitos de autorregulación, y por el hecho de que ambos veían a su socio como igualmente merecedor de su cooperación. Los socios colaborativos, por lo tanto, se sentían responsables frente al otro de esforzarse para obtener el éxito conjunto y eludir esa responsabilidad era, en efecto, renunciar a la identidad cooperativa propia.

De este modo, la participación en actividades intencionales conjuntas —la cual engendraba el reconocimiento de los socios como agentes de segunda persona igualmente merecedores y la racionalidad cooperativa de subordinar el «yo» al «nosotros» en un compromiso conjunto— creó una forma evolutivamente nueva de psicología moral. Esta nueva forma de psicología moral no se basaba en la evasión estratégica del castigo o en ataques a la reputación por parte de «ellos» sino, más bien, en un intento genuino por comportarse virtuosamente de acuerdo con nuestro «nosotros». Y así nació un orden social normativamente constituido, en el cual agentes cooperativamente racionales se enfocaban no solo en cómo los individuos actúan, o en cómo quiero que actúen, sino, más bien, en cómo *deben* actuar si van a ser uno de «nosotros». Al final, el resultado de todos estos nuevos modos de relacionarse con un socio en actividades de intencionalidad conjunta se convirtió para los humanos primigenios en un tipo de *moralidad natural de segunda persona.*

El segundo peldaño evolutivo en esta historia natural hipotética —que comienza con el surgimiento del *Homo sapiens sapiens,* hace unos 150 000 años— fue ocasionado por cambios demográficos. A medida que los grupos humanos modernos comenzaron a volverse más grandes, se dividieron en bandas más pequeñas que todavía estaban unidas a nivel tribal. Un grupo de nivel tribal —llámese cultura— competía con otros grupos iguales por recursos, y así operaba como un gran «nosotros» interdependiente, de manera que todos sus miembros se identificaban con el grupo y desempeñaban los roles que les correspondían de acuerdo con la división del trabajo, con el objetivo de lograr la supervivencia y el bienestar del grupo. Los miembros de un grupo cultural experimentaban, entonces, sentimientos especiales de empatía y lealtad hacia sus compatriotas culturales, y consideraban a los extraños como aprovechados o competidores, y por lo tanto no merecedores de los beneficios culturales. Para coordinar cognitivamente sus actividades grupales, y para ofrecer motivacionalmente una medida de control social, los humanos modernos desarrollaron nuevas habilidades y motivaciones cognitivas de *intencionalidad colectiva* —las cuales les permitieron la creación de convenciones, normas e instituciones culturales (véase Searle, 1995)—, basadas en un terreno común *cultural.* Las prácticas culturales convencionales tenían ideales de rol que eran totalmente «objetivos», en el sentido de que todos sabían en el terreno común cultural cómo cualquiera que fuera uno de «nosotros» debía desempeñar esos roles para el éxito colectivo. Estos representaban la manera buena y la mala de hacer las cosas.

A diferencia de los humanos primigenios, los humanos modernos no tuvieron la oportunidad de crear sus compromisos sociales más grandes e importantes: nacieron inmersos en ellos. Más importante aún, los individuos tenían que autorregular sus acciones a través de las normas sociales del grupo, y el incumplimiento de estas atraía la censura no solo de las personas afectadas sino también de terceras partes. La desviación en una práctica puramente convencional señalaba una debilidad del sentido propio de identidad cultural, pero la violación de una norma moral, afianzada en una moralidad de segunda persona, señalaba un incumplimiento moral (véase Nichols, 2004). Las normas morales se consideraban legítimas porque el individuo, en primer lugar, se identificaba con la cultura y por lo tanto asumía una cierta coautoría de ellas y, en segundo lugar, porque sentía que sus compatriotas culturales, igualmente merecedores, merecían su cooperación. En consecuencia, los miembros de grupos culturales sentían la obligación tanto de seguir como de hacer cumplir las normas sociales, como parte de su identidad moral: para seguir siendo lo que uno era a los ojos de la comunidad moral, y así también ante los propios ojos, uno estaba obligado a identificarse con los modos buenos y malos de hacer las cosas (véase Korsgaard, 1996a). Uno podía desviarse de estas normas y seguir manteniendo la identidad moral solo si justificaba la desviación ante los otros, y ante uno mismo, en términos de los valores compartidos por la comunidad moral (véase Scanlon, 1998).

De esta manera, la participación en la vida cultural —que motivaba tanto el reconocimiento de que todos los compatriotas del grupo eran merecedores por igual, como un sentimiento de que los compromisos culturales colectivos eran creados por «nosotros» para «nosotros»— creó una segunda nueva forma de psicología moral. Era una especie de versión mejorada de la anterior moralidad de segunda persona de los humanos primigenios, en la medida en que los estándares normativos eran completamente «objetivos», los compromisos colectivos eran hechos por todos y para todos los del grupo, y el sentido de obligación era racional en la mentalidad del grupo pues brotaba de la identidad moral propia y la sentida necesidad de justificar las decisiones morales propias ante la comunidad moral, en la cual uno mismo estaba incluido. Al final, el resultado de todos estos nuevos modos de relacionarse entre sí, en contextos culturales colectivamente estructurados, llegó a convertirse para los humanos modernos en un tipo de *moralidad «objetiva», cultural y de grupo.*

Un resultado de este proceso evolutivo de dos peldaños más allá de los grandes simios —primero hacia la colaboración y después hacia la cultura— es que los seres humanos contemporáneos vivimos bajo el influjo de por lo menos tres moralidades distintas. La primera tiene que ver, simplemente, con las proclividades cooperativas de los grandes simios en general, organizadas alrededor de una simpatía especial por los parientes y los amigos: la primera persona que yo rescato de un refugio en llamas es mi hijo o mi consorte, no se necesita deliberación. La segunda es una moralidad conjunta de colaboración, en la que yo tengo responsabilidades específicas, con individuos específicos, en circunstancias específicas: la siguiente persona que salvo del incendio es el socio con el que estoy colaborando actualmente para extinguir el fuego (y con quien tengo un compromiso conjunto). La tercera es una moralidad colectiva más impersonal de normas e instituciones culturales, en la cual todos los miembros del grupo cultural son igualmente valiosos: yo salvo de la catástrofe a todos los otros compañeros de grupo de igual manera e imparcialmente (o tal vez a todas las otras personas, si mi comunidad moral es la humanidad en general), prestándole especial atención, quizás, a los más vulnerables entre nosotros (por ejemplo, los niños). Desde luego, la coexistencia de estas diferentes moralidades —orientaciones o posturas morales, si se quiere— no es pacífica. Los conflictos entre ellas son la fuente de muchos de los dilemas morales más desconcertantes que enfrentan los humanos —¿debo robarme la droga para salvar a mi amigo?, ¿debo cumplir mi promesa aunque signifique un daño para otros desconocidos?— y que aparentemente no tienen soluciones del todo satisfactorias (Nagel, 1986). El mero hecho de que existan tales incompatibilidades sin solución en los dictados de la moralidad sugiere una historia natural compleja y no totalmente uniforme, en la cual diferentes retos cooperativos se han enfrentado de modos diferentes, en tiempos diferentes.

La posibilidad de que los humanos operen con varias moralidades diferentes, algunas veces incompatibles —y de que estas sean producto, al menos en parte, de procesos de selección natural—, hace surgir el espectro, temido por muchas personas pensantes a partir de Darwin, de que las explicaciones evolutivas puedan servir para socavar toda la idea de moral. Pero este no tiene que ser el caso.

El punto es que la causalidad fundamental involucrada en los procesos evolutivos es independiente de la toma de decisiones concreta de individuos que buscan cumplir sus metas y valores personales. El caso más evidente es el sexo, cuya *raison d'être* evolutiva es la procreación, pero cuya motivación próxima por lo general son otras cosas. El hecho de que los humanos primigenios que se preocuparon por el bienestar de otros y trataron a los demás con equidad tuvieran la mayor cantidad de hijos no socava en nada mi propia toma de decisiones morales e identidad. Soy capaz de hablar español solo debido a mi historia evolutiva, cultural y personal, pero eso no determina lo que yo decido decir en cualquier momento dado. En resumen, simplemente debemos maravillarnos ante el hecho de que comportarse moralmente sea, de alguna manera, correcto para la especie y contribuya al éxito evolutivo sin par de los humanos, lo mismo que al propio sentido de identidad moral personal de cada individuo.

Y así, con esta apología, contemos una historia, una historia natural, de cómo llegó a existir la moralidad humana, comenzando por los grandes simios, nuestros antepasados, y su simpatía por los parientes y amigos; para seguir con algunos humanos primigenios que comenzaron a colaborar interdependientemente entre sí mediante compromisos conjuntos y un sentido de igualdad entre socios, y terminar con los humanos modernos y sus normas sociales culturalmente constituidas y un sentido objetivado del bien y del mal.

# [2] Evolución de la cooperación

*Y si esta escasez [de recursos] no pudiera aliviarse por medio de actividades conjuntas, entonces el dominio de la justicia se extendería solo para evitar los conflictos mutuamente destructivos, y no para la provisión cooperativa de beneficios mutuos.*

David Gauthier, *Morals by Agreement*

La sociabilidad no es inevitable. Muchos organismos viven vidas completamente solitarias para todo propósito práctico. Sin embargo, muchos otros organismos viven socialmente: prototípicamente, cuando permanecen muy cerca de otros de su clase para formar grupos sociales. La función evolutiva de este agrupamiento es, principalmente, protegerse de la depredación. Esta sociabilidad de «seguridad gracias a la cantidad» se llama a veces cooperación, cuando los individuos se unen a otros relativamente en paz. Pero en especies sociales más complejas, la cooperación puede manifestarse en interacciones sociales más activas, tales como la ayuda altruista y la colaboración recíproca.

La mayor proximidad de la vida social trae consigo una mayor competencia por los recursos. En las especies sociales, los individuos deben competir activamente a diario con los demás por alimento y pareja. Esta competencia puede, incluso, llegar a la agresión física —lo cual es potencialmente dañino para todos los involucrados— y, por tanto, producir un sistema de posición de dominio, en el cual los individuos con menor habilidad para pelear sencillamente permiten que aquellos con mayor habilidad para hacerlo consigan lo que quieran.

Tenemos entonces los dos ejes fundamentales de la sociabilidad animal (Ilustración 2.1): un eje horizontal de cooperación basado en las tendencias (altas o bajas) de los individuos a afiliarse (o incluso colaborar con o ayudar) a otros de su clase, y un eje vertical de competencia basado en el poder y el dominio (altos o bajos) de los individuos para luchar por los recursos. Encontrar un equilibrio satisfactorio entre la cooperación y la competencia es el desafío básico de una vida social compleja.

En un marco darwiniano, la competencia no requiere una explicación especial, claro, pero la cooperación sí. Actuar de maneras que beneficien a otros es una estrategia evolutiva estable solo bajo

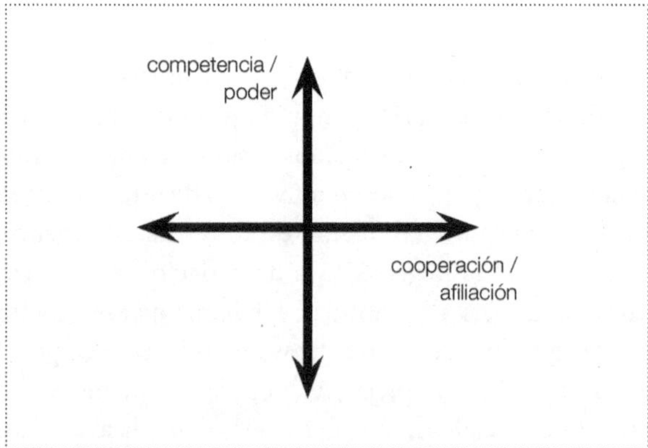


**Ilustración 2.1.** Las dos dimensiones de la vida social en organismos complejos.

ciertas condiciones. La primera tarea en este capítulo, por lo tanto, es examinar cómo funciona la cooperación en la evolución en general, utilizando como tema organizativo el principio de interdependencia. Después usaremos este marco teórico para caracterizar la naturaleza de la cooperación en las sociedades de los grandes simios en particular, con la meta de caracterizar, como punto de partida de nuestra historia natural de la moralidad humana, las interacciones cooperativas del último ancestro común de los humanos y otros grandes simios, hace alrededor de seis millones de años.

## Fundamentos de la cooperación

La cooperación presenta una variedad de enigmas para la teoría de la evolución por medio de la selección natural. No necesitamos resolverlos todos aquí. Para los propósitos actuales, lo único que debemos hacer es identificar esos patrones de cooperación evolutivamente estables que son relevantes para nuestra investigación de la especie humana. En el proceso de identificar estos patrones, les daremos especial importancia tanto a los mecanismos próximos (psicológicos) —los procesos cognitivos, sociales-motivacionales y de autorregulación— que les permiten a los individuos de especies sociales complejas cooperar unos con otros, como a las condiciones adaptativas bajo las cuales esos procesos psicológicos pueden haber sido favorecidos por la selección natural.

## Patrones de cooperación evolutivamente estables

Según la teoría evolutiva estándar, la cooperación puede mantenerse como una estrategia evolutivamente estable solo si no es muy perjudicial para la aptitud reproductiva de los individuos involucrados (los biólogos evolutivos a menudo definen con humor, pero certeramente, el altruismo como «aquello que no puede evolucionar»). Pero hay algunas categorías interactivas clásicas que describen maneras en las cuales los individuos pueden suprimir temporalmente su propio interés inmediato para cooperar con otros, sin sacrificarse por eso ellos mismos y su progenie en el largo plazo. Siguiendo la teoría de la selección a múltiples niveles, es muy útil explicar tres categorías amplias, que se distinguen por el nivel en el cual operan: la selección de parentesco opera a nivel del gen; la selección de grupo opera a nivel del grupo social, y el mutualismo y la reciprocidad operan al nivel del organismo individual. Cada una de estas categorías de comportamiento cooperativo puede desarrollarse potencialmente mediante una amplia variedad de mecanismos próximos diferentes, en diferentes especies.

Primero, quizás el proceso más básico en la evolución de la cooperación es la selección de parentesco. Darwin se preguntaba por qué los insectos sociales, como las abejas o las hormigas, están tan dispuestos a sacrificarse por otros (hasta el punto de que existen ayudantes estériles). En el contexto de la genética moderna, Haldane y Hamilton resolvieron el problema al observar que, en los insectos sociales, los individuos que viven en el mismo grupo social comparten más genes los unos con los otros que los compañeros de grupo de otras especies animales. Al ayudar a otros, las abejas y las hormigas individuales están promoviendo copias de sus propios genes; en un sentido, se están ayudando a sí mismas. Dawkins (1976) llevó este punto de vista al extremo, al considerar toda la evolución desde este «punto de vista del gen».

Los mecanismos próximos para la selección de parentesco son normalmente muy sencillos. Uno tiene que estar predispuesto a hacer cosas que ayudan a otros (sin entender necesariamente a nivel cognitivo que uno lo está haciendo) y debe dirigir este comportamiento de manera selectiva hacia los parientes. Esta selectividad hacia los parientes se logra con mucha frecuencia por medio de la proximidad espacial. Por ejemplo, las hormigas y las abejas solo hacen cosas que ayudan a otras en sus ambientes inmediatos, y aun organismos cognitivamente más complejos, como los humanos, generalmente identifican como parientes a aquellos con los que han crecido en proximidad física cercana (Westermarck, 1891). Esta simplicidad psicológica significa que la selección de parentesco no fue un campo de cultivo probable para las múltiples distinciones y juicios cognitivos complejos que subyacen a la moralidad humana. Sin embargo, casi con seguridad fue responsable de la emoción prosocial básica de la empatía, originada en el contexto del vínculo de los padres con sus crías y la ayuda a los parientes. Tal como veremos en la explicación de la cooperación en los grandes simios, algunas especies tuvieron, entonces, la oportunidad de extender su simpatía más allá de los parientes a los «amigos».

Un segundo proceso importante en la evolución de la cooperación es, de manera controversial, la selección de grupo. La teoría de la selección de grupo no ve el proceso desde el punto de vista de los genes, sino, más bien, desde el punto de vista del grupo e incluso algunos teóricos anotan que un organismo multicelular es simplemente un grupo de organismos unicelulares que cooperan (Wilson y Wilson, 2008). La idea básica es que si los grupos sociales de una especie son genéticamente homogéneos a nivel interno, y al mismo tiempo estos grupos sociales se diferencian bien los unos de los otros genéticamente, entonces estos grupos pueden convertirse, de hecho, en unidades de selección natural. La cooperación viene a colación porque uno puede imaginarse que los grupos sociales que tienen más cooperadores superan a los grupos sociales que tienen más individuos que no cooperan. Los cooperadores individuales están, por lo tanto, en desventaja dentro de su grupo con relación a los que no cooperan (que gozan de los beneficios pero no pagan los costos), pero su grupo prospera y así tienen una ventaja sobre individuos de otros grupos de la misma especie. La mayoría de los teóricos están de acuerdo en que la selección de grupo es posible en principio, pero también concuerdan en que, de hecho, en la mayoría de los casos hay demasiado flujo de genes entre los grupos (debido a la inmigración) para que la selección de grupo sea una fuerza poderosa en más de unos pocos casos aislados.

Una vez más, los mecanismos próximos para la selección de grupo son simples. De nuevo, uno sencillamente debe estar predispuesto a hacer cosas que ayudan a otros (sin entender necesariamente a nivel cognitivo que uno lo está haciendo), y debe dirigir este comportamiento selectivamente a los compañeros de grupo, los cuales, de nuevo, se reconocen en la mayoría de los casos por la proximidad espacial[1]. Mientras que la selección de grupo de este tipo puede no haber desempeñado un papel crucial en la evolución de la cooperación y la moralidad humanas, una variante llamada selección de grupo cultural casi con seguridad sí lo hizo, aunque muy tarde en el proceso. La selección de grupo cultural no tiene que ver primordialmente con la evolución genética sino, más bien, con la evolución cultural, en la medida en que los individuos de un grupo se ajustan mutuamente al comportamiento del otro mediante el aprendizaje social (promoviendo así la homogeneidad de comportamiento), e incluso los inmigrantes también se adaptan (resolviendo así el problema de la inmigración). También puede darse una fase secundaria de la coevolución gen-cultura, en la cual individuos más capaces para, por ejemplo, aprender socialmente tengan una ventaja adaptativa. La selección de grupo cultural desempeñará un papel clave en las etapas posteriores de nuestro recuento de la evolución de la moralidad humana, en la medida en que los grupos que son capaces de promover y alentar la cooperación entre sus miembros constituyentes —a través de cosas como normas sociales e instituciones— superan a los grupos vecinos, que no son tan buenos en estas cosas.

Tercero, y como punto crucial de la explicación actual debido a su potencial influencia sobre los mecanismos psicológicos, están los procesos de mutualismo y reciprocidad. Estos dos procesos trabajan al nivel del organismo individual y los dos operan evolutivamente al

[1] Si esto suena conocido, en efecto se ha propuesto que la evolución de la cooperación en los insectos sociales se debe no a la selección de familia sino a la selección de grupo (el requisito de homogeneidad de la selección de grupo significa que uno está ayudando a individuos genéticamente muy cercanos), siendo consideradas «súper organismos» las colonias de abejas y hormigas (Nowak *et al.*, 2010). Otros afirman que los dos procesos tienen que ver con una selección positiva —los cooperadores solo interactúan con cooperadores— y así los dos enfoques son, simplemente, variantes matemáticas uno del otro.

«devolver el favor» de alguna manera al individuo por su cooperación, ya sea inmediatamente o más tarde.

Desde un punto de vista evolutivo, los procesos de mutualismo se explican fácilmente porque todos los individuos que cooperan se benefician inmediatamente (aunque todavía puede haber problemas de aprovechados en algunos casos). Por esta razón, en la literatura teórica de la evolución de la cooperación, ya sea la humana u otra, se le da muy poca importancia al mutualismo (mientras que se le presta mucha más atención al altruismo). Pero, de hecho, la colaboración mutualista es responsable de muchas de las características más distintivas de la cognición cooperativa y de la sociabilidad humanas. Es responsable en el sentido de que, temprano en la evolución humana, la necesidad de tipos específicos de colaboración mutua creó las condiciones adaptativas dentro de las cuales se desarrolló un conjunto especialmente intrincado y complejo de mecanismos próximos para reglamentar la coordinación y la comunicación sociales: la intencionalidad compartida (Tomasello, 2009, 2014). A estos mecanismos próximos (psicológicos) se les ha prestado poca atención investigativa en este contexto, pero son absolutamente cruciales, o así lo afirmaremos, para entender la evolución de la cooperación y la moralidad humanas.

En cuanto a la reciprocidad, la versión clásica es el llamado altruismo recíproco (Trivers, 1971): yo te ayudo o te ofrezco algo en una ocasión y tú correspondes ayudándome u ofreciéndome algo en la siguiente ocasión, de manera que los dos nos beneficiamos en el largo plazo. Pero ¿cómo funciona esto a nivel psicológico? A menudo se piensa implícitamente en la reciprocidad clásica de «esto por aquello» (caracterizada a veces como «tú me rascas la espalda y yo te rasco la tuya») como una clase de contrato social en el cual acordamos de antemano que nos comprometemos con un futuro curso de acción. Aunque nadie propondría seriamente un contrato social para animales no humanos, sin un contrato social es difícil entender cómo podría funcionar la reciprocidad. El primer problema es que el altruismo recíproco no tiene ninguna explicación para el acto inicial de altruismo, el cual, en esta explicación, tiene que ser optimismo ciego o accidente. El segundo problema es el poderoso incentivo para desertar: una vez que has hecho algo por mí, yo no tengo incentivo para devolverte el favor; simplemente debería salir corriendo. Mi único incentivo es que quizás esto te llevaría a hacer algo adicional por mí. Pero ¿por qué? Tú tienes el mismo incentivo para desertar que yo. Sin alguna clase de acuerdo, la reciprocidad no tiene por sí sola poder racional o emocional real para promover comportamientos altruistas. La reciprocidad indirecta aporta a este panorama la reputación, pero al final esta también tiene los mismos dos problemas de la motivación del primer acto y el engaño[2].

No hay duda de que los patrones de comportamiento de la reciprocidad se presentan ampliamente en la naturaleza. El problema son los mecanismos próximos sobre los cuales se apoyan estos patrones. Lo que se necesita, por lo menos para los propósitos actuales, es una explicación más psicológicamente realista que reemplace la visión del contrato implícito de reciprocidad. Un buen comienzo es la tipología de De Waal (2000). Lo más importante es que él distingue lo que llama reciprocidad calculada de la reciprocidad emocional (o actitudinal). La reciprocidad calculada es el contrato implícito: los dos llevamos la cuenta de quién ha hecho qué por quién y dejamos de cooperar si estamos dando más de lo que recibimos. No es de sorprender que este tipo de reciprocidad parece ser muy escaso en la naturaleza. Lo que se observa con mayor frecuencia, especialmente en los mamíferos —que tienen propensión a formar relaciones sociales de largo plazo basadas en emociones—, es la reciprocidad emocional. Con la reciprocidad emocional, los individuos forman vínculos emocionales con aquellos que les ayudan (quizás basados en el mecanismo por el cual las crías establecen vínculos con quienes las alimentan y protegen), y después ayudan naturalmente a aquellos con los que están vinculados socialmente: parientes y «amigos», por decirlo así. La reciprocidad

**[2]** Algunos teóricos afirman que esto funciona así: yo te veo hacer algo altruista y supongo que debes ser alguien predispuesto a cooperar, y así yo interactúo contigo antes que con otros. Sobre esta base, tú supones lo mismo de mí. Pero desde un punto de vista psicológico, esta no es ninguna reciprocidad. Simplemente nos elegimos el uno al otro, no estamos pagando favores.

emocional parecería estar ampliamente difundida en los primates y otros mamíferos, por lo menos, pero plantea el interrogante de por qué los individuos forman relaciones sociales amistosas con los que no son parientes en primer lugar, por qué ayudan a esos amigos y cómo afectan esas amistades su aptitud reproductiva.

## Interdependencia y altruismo

Prácticamente todas las teorías formales de la evolución de la cooperación (por ejemplo, Nowak y Highfield, 2011) conceptualizan al individuo como una mónada asocial en constante competencia con todos los otros miembros de su especie, en una lucha por pasar sus genes. Pero este punto de vista, aunque válido en algún sentido, está seriamente incompleto en el caso de los organismos cognitiva y socialmente complejos, para no decir que muestra poco interés por los mecanismos próximos. El punto principal es que los organismos cognitiva y socialmente complejos están enredados en muchas y variadas relaciones e interdependencias con otros y esto significa —suponiendo que estas relaciones e interdependencias son importantes para su aptitud— que ayudar o cooperar con esos otros, recíprocamente o de otra manera, no es un sacrificio sino una inversión.

Consideremos la famosa interacción halcón-paloma de Maynard Smith (1982). Dos individuos de una especie, que no saben nada uno del otro, se acercan a un pequeño montón de alimento. Los dos pueden cooperar (jugar a la «paloma») y cada uno puede tomar la mitad del alimento; pero cada uno se siente tentado a alejar al otro (jugar al «halcón«) y apropiarse de todo, aunque esto pueda terminar en una pelea destructiva. Están en el dilema del prisionero: para maximizar el consumo de alimento, la mejor estrategia de cada uno es jugar al halcón sin importar lo que el otro haga, y el resultado inevitable es una pelea destructiva[3]. Pero ahora consideremos cómo cambian

[3] Si el oponente juega a la paloma, yo puedo jugar a la paloma y conseguir la mitad del alimento o, mejor, jugar al halcón y conseguirlo todo. El halcón es

las cosas si los individuos tienen una relación social importante. Un macho se acerca al alimento al mismo tiempo que la única hembra del grupo, la cual se apareará con él. Debido a que su futuro éxito reproductivo está totalmente en manos de ella —él depende cien por ciento de ella para pasar sus genes—, el macho no quiere que ella tenga hambre. Lo que prefiere es que los dos obtengan algo de alimento. Si la hembra también depende del macho como compañero de apareamiento, entonces ella tampoco quiere que él tenga hambre. Ahora son interdependientes y no se presenta el dilema del prisionero porque ninguno de los dos prefiere la situación en la que él o ella se queda con todo el alimento y el otro se queda sin nada. Se preocupan por el bienestar del otro.

La explicación de la reciprocidad clásica —como se caracteriza generalmente en los modelos formales— no reconoce tales interdependencias; es decir, no reconoce la importancia de las relaciones sociales para las interacciones cooperativas. Y, claro, los diferentes tipos de socios son diferencialmente importantes. Por lo tanto, Roberts (2005) propone lo que él llama el modelo del inversionista, en el cual los individuos tienen un interés en el bienestar de otros individuos específicos, por ejemplo sus compañeros de apareamiento o coalición. Para un acto altruista individual,

$$iB > C$$

donde, como en la famosa ecuación de Hamilton para la selección de parentesco, $B$ representa los beneficios reproductivos para el actor, que deben ser mayores que sus costos, $C$, cuando los beneficios están condicionados por el «interés», $i$, que el actor tiene en el receptor (análogo al coeficiente de parentesco de Hamilton). La variable $i$

mejor. Si el oponente juega al halcón, yo puedo jugar a la paloma y no conseguir nada de alimento o, mejor, jugar al halcón y quizás conseguir algo o todo (dependiendo de cómo vaya la pelea). De nuevo, el halcón es mejor. Así que los dos individuos acaban jugando al halcón, como siempre en situaciones del dilema del prisionero.

simplemente representa qué tan importante es para el actor que el receptor esté vivo y en buena forma para interacciones futuras. Cuán específicamente identifica un individuo a aquellos de los que depende y cuán dependiente es de ellos es una función de los mecanismos cognitivos particulares que la determinada especie tiene a su disposición, los cuales varían desde la simple heurística innata hasta los complejos juicios informados.

Nótese que el modelo del inversionista se aplica asimétricamente: me dice si debo ayudar a alguien con base en el interés que tengo en él. El hecho de que él tenga interés en mí o no es irrelevante. Así, yo puedo tener interés en alguien que advierte sobre los peligros, pues confío en su desempeño para salvarme de los predadores. Por lo tanto, debo ayudarle lo necesario para mantenerlo en forma para su trabajo. Pero, claro, es posible que él esté haciendo el trabajo que nadie más quiere hacer precisamente porque yo y otros lo recompensamos por ello. Nuevamente tenemos un caso de interdependencia, aunque en este caso las dos dependencias son de naturaleza diferente y los actos relevantes ocurren en tiempos diferentes. En actividades más recíprocas, como el apareamiento, la caza cooperativa o las búsquedas para establecer dominio en coalición, funcionan los mismos procesos básicos de interdependencia, pero simultáneamente y de manera más simétrica: ambos nos beneficiamos al mismo tiempo, y de maneras similares, de nuestra colaboración interdependiente. Más adelante argumentaremos que una sociedad interdependiente en una actividad colaborativa mutua es una situación particularmente importante tanto para la cooperación como para el altruismo por la estabilidad simétrica que se logra: cada uno depende del otro de una manera inmediata y urgente, que desalienta la trampa.

Los individuos en especies socialmente complejas son dependientes de, e interdependientes con, muchos otros compañeros de grupo de muchas maneras diferentes. En efecto, Clutton-Brock (2002) ha argumentado que la esencia de la vida social es la interdependencia (aunque él no usa este término) y propone un mecanismo llamado incremento de grupo, que se aplica a la vida social en general. Si mi prosperidad depende de mi grupo social (por ejemplo, para defenderme de los predadores de otros grupos), entonces a mí me favorece mantener a cada uno de mis compañeros de grupo vivo y próspero. Así, los seres sociales tienen, por lo menos, un pequeño interés en cada uno de sus compañeros de grupo. El resultado es que el interés global que tengo en cualquier compañero de grupo es la suma de muchos intereses particulares que tengo en él, por ejemplo, por ser el que avisa de los peligros, por ser un socio de coalición, por ser miembro del grupo, etc. Por tanto, llevaré a cabo un acto altruista por él cuando

$$i_1B_1 + i_2B_2 \ldots i_kB_k > C$$

donde cada término diferente representa una manera en la que dependo de él, una manera en la que tengo interés en él, cada una a su propio nivel cuantitativo. De nuevo, es evidente que los organismos no necesitan calcular cognitivamente los intereses que tienen en otros antes de actuar; como siempre, la Madre Naturaleza proporciona una heurística cognitiva y otros atajos propios de la especie, y presumiblemente los organismos más sofisticados social y cognitivamente tienen más habilidades y flexibilidad en sus determinaciones.

En el modelo del inversionista, entonces, uno puede decir que a los individuos se les «retorna» su amabilidad, de modo que se podría decir que es una especie de «pseudo-reciprocidad» (Bshary y Bergmueller, 2008). Muy bien. Pero el punto importante es que, *a diferencia de la reciprocidad clásica, el comportamiento altruista no depende de que el receptor responda o sea influenciado por la ayuda de ninguna manera (ni de la expectativa del altruista de que haya alguna respuesta o influencia)*. El receptor simplemente continuará haciendo lo que siempre hace —avisar del peligro, aparearse, ser un socio de coalición o de caza, o ser parte del grupo social— porque hacerlo va en provecho suyo, y esto beneficia de paso al altruista, como resultado adicional. Una manera más activa de ver el comportamiento del altruista, entonces, es considerarlo una especie de inversión en el receptor: uno invierte en el bienestar del otro, pues eso contribuye a su propio bienestar (Kummer, 1979). Desde este punto de vista, la reciprocidad emocional se caracteriza más precisamente como inversiones mutuas entre amigos interdependientes, que se ayudan el uno al otro no para devolver favores pasados sino para invertir en el futuro. En algunos casos, cada individuo puede ser dependiente del otro precisamente por los beneficios que proporciona —por ejemplo, comparten alimento recíprocamente—, pero desde un punto de vista de la causa próxima, el acto altruista no está motivado por ningún acto específico previo, sino solo por el objetivo de mantener la relación. De este modo, podemos conceptualizar la situación como individuos que viven *simbióticamente* (un concepto que por lo general se aplica solo a las interacciones entre especies), pues no hay intercambio de favores ni nada por el estilo, solo individuos que tratan de aumentar su aptitud directamente.

Esta manera de mirar las cosas no tiene los múltiples problemas que tiene la reciprocidad —específicamente, el problema de motivar el primer acto altruista o el problema de desertar— porque no hay dependecia directa de actos altruistas (aunque, claro, con el tiempo una relación puede acabarse por muchas razones). Un individuo ayuda a otro a hacer lo que él haría en cualquier caso, por sus propias razones, hasta un punto matemático. Pero esta explicación, claro está, todavía tiene el problema potencial de los aprovechados, pues uno puede rezagarse en la ayuda: sería mejor si alguien más ayudara a mi compañero de grupo que da aviso, para que yo pueda obtener los beneficios sin pagar por ello. Pero como lo ha señalado Zahavi (2003), exactamente la misma lógica se aplica a la selección de parentesco: me interesa ayudar a mi hermano porque él comparte mis genes, pero prefiero que alguien más lo ayude para no tener que asumir los costos o correr los riesgos. Y así, claro, la interdependencia como la describe el modelo del inversionista no resuelve todos los problemas de la cooperación de una vez; más bien, si usamos la misma lógica de la selección de parentesco, esta interpretación cambia significativamente el análisis costo-beneficio.

La perspectiva de la interdependencia, por tanto, integra el mutualismo y la reciprocidad de manera natural, y motiva la reciprocidad de una forma mucho más estable que las explicaciones clásicas.

También pone el altruismo en una nueva dimensión. El altruismo no es un logro improbable contra las fuerzas individualizadoras de la selección natural; más bien, es parte integral de la vida social de todos los seres que viven con otros interdependientemente, hasta un punto (matemático). Todo el mundo ayuda y recibe ayuda, hasta cierto punto, porque cada uno es importante para alguien de alguna manera, hasta cierto punto. Este modo de ver también está de acuerdo con los proféticos puntos de vista de Kropotkin (1902) sobre la «ayuda mutua», según los cuales esta desempeña un papel crucial en la vida diaria de los seres sociales, quienes deben luchar más contra las exigencias del entorno físico (a veces cooperativamente) que uno contra otro.

## Control del socio, elección del socio y selección social

Los cooperantes funcionan mejor cuando están rodeados de otros cooperantes. Así, una vez los individuos de una especie han comenzado a caminar por el sendero cooperativo, pueden intentar influenciar activamente a los demás que están a su alrededor para que vayan en una dirección cooperativa. Esto es algo que pueden hacer más directamente a través de actos del llamado control del socio —a menudo, el castigo de los no cooperantes—, los cuales pueden ser vistos como lo opuesto a invertir positivamente en cooperantes y amigos a través de actos de ayuda. El problema con el castigo es que es costoso, o por lo menos riesgoso, para quien castiga, por ejemplo, si el individuo castigado se rebela. Una alternativa más segura, si se cuenta con ella, es la llamada elección del socio, en la cual los cooperantes simplemente evitan interactuar con los que hacen trampa. Aunque en algunos casos puede haber maneras sencillas de evitar a los tramposos, en organismos sociales más complejos la elección del socio a menudo requiere juicios sofisticados, basados en la experiencia pasada, acerca de cuál será el mejor socio entre varios individuos. Con todo, el control del socio y la elección del socio representan complementos importantes al proceso de invertir positivamente en aquellos de los que uno depende. En estos casos, los individuos intentan influir activamente en aquellos de los que dependen, o pueden depender, ya sea obligando a los socios malos a ser buenos, o eligiendo a sus socios sabiamente.

Dados los procesos de control del socio o de elección del socio, lo que surge con el tiempo es lo que West-Eberhardt (1979) llama la selección social. En la explicación modificada de Darwin (1871) de la evolución orgánica, el proceso de selección natural se complementa con el proceso de selección sexual. La selección sexual no es un proceso evolutivo totalmente nuevo; es solo que en este caso la selección es realizada no por el entorno físico (como en la selección natural clásica) sino, más bien, por el ambiente social. En la selección sexual, los individuos del sexo opuesto eligen compañeros potenciales basados en características que indican salud, fuerza y fecundidad (por ejemplo, buen tamaño, coloración brillante o juventud). Esas características se prefieren selectivamente para propósitos del apareamiento, y esto aumenta la aptitud reproductiva de quienes las tienen.

La selección social es, simplemente, una generalización de este proceso. Los individuos de un grupo social pueden preferir a otros individuos por toda clase de razones, además de la atracción sexual, y esto puede afectar tanto la supervivencia del receptor como su éxito reproductivo. Así, si los individuos de un grupo social hacen las cosas más beneficiosas por quienes mejor dan aviso, entonces las características de estos —agudeza en la percepción, rapidez para la reacción, voz fuerte— serán seleccionadas socialmente para que caractericen a los que avisan. Si los individuos de un grupo social necesitan socios que los aseen, entonces los individuos que son aseadores entusiastas y buenos serán seleccionados, junto con sus características especiales. En algunas interacciones, un individuo puede tener más «influencia» (*leverage*) que otros en el sentido de que es un socio más importante; por ejemplo, los individuos dominantes podrían tener mayor demanda como socios de coalición que los subordinados, de modo que pueden exigir más de sus socios potenciales que los subordinados. En consecuencia, podemos pensar que el tipo de toma de decisiones socialmente complejas que ocurre en el control del socio y la elección del socio forman una especie de «mercado biológico» (Noe y Hammerstein, 1994).

Aunque en principio virtualmente cualquier característica física o de comportamiento puede estar sometida a la selección social, para nuestros propósitos actuales la cooperación es un caso especial. Si suponemos, por ejemplo, que en algunas especies colaborar con otros para obtener alimento trae beneficios mutuos para todos los involucrados, entonces uno puede imaginar un mercado biológico basado en una elección y control del socio en los cuales lo que se está seleccionando socialmente son las características de los buenos cooperantes —por ejemplo, la tolerancia con los socios en situaciones de alimentación, las habilidades para coordinar y comunicarse con los socios, la inclinación a ayudar a los socios si se necesita y la tendencia a alejar o castigar a los aprovechados— y lo que no se está seleccionando, claro está, son las características de los tramposos e incompetentes.

## Resumen

Para prepararnos para nuestra siguiente historia natural de la moralidad humana, hemos considerado brevemente los tres niveles de la selección multinivel. Bastante antes de que aparecieran los humanos, la selección de parentesco fue, sin duda, crítica en la cooperación de los primates (e incluso en la de los mamíferos) para construir el sustrato emocional que permitía proteger y cuidar a las crías, y que fue luego incorporado en la protección y cuidado de los amigos. Con toda seguridad, la selección de grupo cultural —como una instancia especial de selección de grupo sin sus problemas concomitantes— desempeñó un papel importante casi al final del proceso, en la medida en que los grupos culturales humanos modernos competían el uno con el otro por recursos y los grupos más cooperativos (o morales) fueron los que ganaron.

Pero en nuestra historia natural hipotética, la acción principal estará al nivel del organismo individual. Esto se debe a que, en la explicación actual, actuar moralmente significa interactuar con otros cooperativamente mediante y a través de ciertos procesos psicológicos. Lo que hemos hecho hasta ahora es, simplemente, reconceptualizar los procesos evolutivos de cooperación que tienen lugar a este nivel individual, muy especialmente el mutualismo y la reciprocidad. Hemos propuesto que lo más básico a este nivel son las dependencias (simbiosis) entre los individuos, las cuales pueden producir patrones de cooperación mutualistas o recíprocos por medio de cualquiera de muchos mecanismos próximos diferentes (por ejemplo, la reciprocidad emocional en los mamíferos). Estos también motivan a los individuos a cuidar o a invertir en aquellos de los que dependen (altruismo) y a intentar hacer que sus socios cooperen lo más posible (elección y control del socio). Esta reconceptualización de las interacciones y relaciones cooperativas a nivel individual sienta importantes bases teóricas para explicar el surgimiento evolutivo de la moralidad humana.

## La cooperación en los grandes simios

Dado este marco teórico en el cual la cooperación se basa fundamentalmente en el principio de la interdependencia, podemos comenzar nuestra historia natural de la moralidad humana propiamente dicha. Nos proponemos hacerlo intentando caracterizar, lo mejor que podamos, las vidas sociales del último ancestro común de los humanos y otros grandes simios, el cual vivió en alguna parte de África hace aproximadamente seis millones de años. Usaremos como modelos contemporáneos las vidas sociales de los parientes vivos más cercanos a los humanos, los grandes simios, en especial las de aquellos parientes vivos que más se acercan a los humanos, los chimpancés y los bonobos (aunque en la actualidad la gran mayoría de la investigación experimental y de campo se lleva a cabo con chimpancés). Miraremos primero varios aspectos de sus interacciones sociales con congéneres en su hábitat natural y después su comportamiento en experimentos que examinan directamente su sentido de la empatía y la equidad.

## Sociabilidad y competencia

Los chimpancés y los bonobos viven en grupos sociales altamente complejos que comprenden varias docenas o veintenas de individuos de ambos géneros (los así llamados grupos multimacho-multihembra). La vida diaria está estructurada por una organización de fisión-fusión en la que pequeños grupos de individuos buscan alimento juntos durante algún tiempo, para luego desbandarse y formar nuevos grupos. Los machos viven toda su vida en el mismo grupo y en el mismo territorio; las hembras emigran a grupos vecinos durante la temprana adolescencia. Durante su desarrollo, los individuos forman con otros varios tipos de relaciones sociales a largo plazo. La más importante es, claro está, el parentesco, pero también son importantes la relaciones con los no parientes basadas en el dominio y en algo parecido a la amistad. Buena parte de la complejidad de las interacciones sociales de los chimpancés y los bonobos resulta del hecho de que ellos también reconocen y reaccionan a estas mismas relaciones sociales conforme ocurren entre otros en el grupo. En el caso de los chimpancés, las interacciones con grupos vecinos son casi totalmente hostiles, mientras que en el caso de los bonobos, las interacciones con extraños son más pacíficas.

Tanto los chimpancés como los bonobos compiten con sus compañeros de grupo todo el día, todos los días. Esto no solo ocurre en el sentido evolutivo indirecto de competir para pasar los genes sino, también, en el sentido más inmediato de competir cara a cara por comida, parejas sexuales y otros recursos valiosos. Por ejemplo, en el caso de la comida, la situación prototípica es que un puñado de individuos viajan hasta que encuentran un árbol frutal. Después cada individuo se sube solo al árbol, consigue algo de fruta él solo y busca separarse lo más posible de los otros para comer. Esta rebatiña competitiva, en la que el ganador es el que llega primero, se complementa a menudo con competencias de lucha, en las cuales el ganador es el que se impone en la pelea por el dominio; por ejemplo, cuando un individuo dominante se sube al árbol y toma lo que quiere, mientras los subordinados cercanos esperan un poco. Tanto los machos bonobo como los machos chimpancés compiten, e incluso pelean, por el acceso a las hembras, aunque esta competencia es claramente más intensa entre los chimpancés. Resulta interesante notar que muchos encuentros agonistas en ambas especies se dan no por el acceso inmediato a un recurso sino, más bien, porque un individuo sencillamente afirma su dominio sobre otro, lo cual se traduce en que, en el futuro, se le facilitará el acceso a recursos de varios tipos. Las luchas por el dominio, por lo tanto, operan como una especie de sustituto de las luchas por recursos[4].

Cognitivamente, los chimpancés y los bonobos están hechos para la competencia. Así, no solo son agentes que toman decisiones intencionalmente, y cuyas decisiones son instrumentalmente racionales, sino que también perciben a los otros como agentes que hacen lo mismo y con los cuales deben competir. Ellos entienden que las decisiones conductuales de sus competidores están guiadas tanto por sus metas (lo que quieren en cada caso) como por su percepción de la situación (lo que perciben en cada caso); lo cual constituye una especie de psicología de percepción-meta (Call y Tomasello, 2008). Un solo ejemplo: un individuo subordinado irá por un alimento solo si prevé que el dominante cercano no va a ir por él, ya sea porque (1) no lo quiere, o (2) no lo ve (o no lo ha visto) (Hare *et al.*, 2000, 2001). Varios estudios han documentado que los grandes simios usan más fácilmente este tipo de habilidades sociales-cognitivas en contextos competitivos y no en contextos cooperativos o comunicativos (Hare y Tomasello, 2004; Hare, 2001), lo cual constituye una especie de

[4] Aunque hay diferencias significativas en las relaciones de dominio que estructuran las sociedades de los chimpancés y los bonobos —los chimpancés son de dominio masculino y los bonobos son de dominio femenino en virtud de las coaliciones—, estas diferencias no son cruciales para los propósitos actuales.

«inteligencia maquiavélica» (Whiten y Byrne, 1988). Comparados con otros primates, los grandes simios son especialmente hábiles para manipular en su beneficio el mundo físico mediante el uso de herramientas, y el mundo social mediante el uso de gestos comunicativos flexibles (Call y Tomasello, 2007). Con todo, la cognición social de los grandes simios parece hecha para ganarles a los otros siendo más listos.

Obviamente, los individuos que viven en mundos sociales estructurados por el dominio deben aprender a controlar sus impulsos de autogratificación inmediata. En sus vidas diarias, los chimpancés y los bonobos ejercitan un constante autocontrol, en la medida en que los subordinados inhiben sus impulsos de hacer cosas como tomar alimento o ir tras las parejas, si esto los va a meter en problemas con un dominante. En pruebas experimentales sistemáticas, los chimpancés han mostrado que pueden (1) demorarse en tomar una recompensa más pequeña para conseguir una recompensa mayor después, (2) inhibir una respuesta que fue exitosa en el pasado a favor de otra exigida por una nueva situación, (3) obligarse a hacer algo desagradable por una recompensa altamente deseable al final, (4) persistir a través de los fracasos, y (5) concentrarse a pesar de las distracciones. Hacen todo eso aproximadamente al nivel de un niño humano de tres años y a un nivel más bajo que los niños de seis años (Herrmann *et al.*, 2015). Las habilidades de los chimpancés de control de impulsos, autocontrol, regulación de las emociones y función ejecutiva (con esta diversidad de expresiones nos referimos a estas habilidades) son, por tanto, claramente suficientes para inhibir los impulsos egoístas por deferencia a otros, cuando es prudente hacerlo.

También es de notar a este respecto, y quizás de especial relevancia para la evolución de la moralidad, que los chimpancés y los bonobos parecerían tener y reconocer en los otros emociones básicas como el miedo, la furia, la sorpresa y el asco. Aunque no hay mucha investigación sistemática sobre el reconocimiento de las emociones en los grandes simios, en sus ambientes sociales naturales los individuos claramente evitan a los que muestran rabia, miran alrededor con miedo cuando otros demuestran miedo e investigan cosas cuando otros demuestran sorpresa. Experimentalmente, Buttelmann *et al.* (2009) encontraron que cuando un humano miraba dentro de un balde y mostraba asco, y dentro de otro balde y mostraba alegría o placer, los chimpancés elegían preferencialmente lo que estaba en el balde que producía placer.

## Colaboración para la competencia

En general, entonces, las vidas sociales de los chimpancés y los bonobos están estructuradas de manera inmediata y urgente por una matriz de competencia social por alimento, parejas y otros recursos. Ellos también cooperan de ciertos modos, claro está, pero en casi todos los casos la clave para entender su cooperación es la misma matriz que cubre toda la competencia social. Así, en su revisión de las dimensiones más importantes de la vida social de los chimpancés, Mueller y Mitani (2005, p. 278) observan: «La competencia [...] con frecuencia representa la fuerza que impulsa la cooperación de los chimpancés».

Los chimpancés, los bonobos y otros grandes simios colaboran regularmente con congéneres en dos contextos clave. Primero, como muchas especies de mamíferos, los grandes simios llevan a cabo varias formas de defensa grupal cuando compiten con grupos vecinos por recursos y territorio. En estos encuentros agonísticos, los grandes simios esencialmente «asaltan» en grupo a sus enemigos para alejarlos, como lo hacen muchas especies animales, y esto no les exige colaborar de ninguna manera especialmente sofisticada. Es de notar en este contexto que grupos pequeños de chimpancés machos «patrullan» activamente su frontera y se enfrentan agonísticamente con cualquier individuo de grupos vecinos que encuentren (Goodall, 1986). Presumiblemente, los actos de defensa grupal son un reflejo de la interdependencia mutua de los compañeros de grupo, por lo menos como una necesidad de aumentar el grupo, pero más apremiantemente para proteger a aquellos otros específicos de los cuales ellos dependen de varias formas.

Segundo, y de nuevo como muchas especies de mamíferos, los individuos chimpancés y bonobos intentan mejorar sus posibilidades de éxito en encuentros agonísticos intergrupales formando coaliciones con otros (Harcourt y De Waal, 1992). Estos agresivos encuentros tienen que ver la mayoría de las veces con el estatus mismo de dominio, presumiblemente como vehículo para la prioridad en la obtención de los recursos (por ejemplo, cuando una coalición simplemente fuerza a un individuo a moverse de su lugar actual de reposo). Mientras que en muchas especies de monos por lo general son los parientes los que se apoyan unos a otros en las peleas (por ejemplo, los monos rhesus matrilineales), en los chimpancés son más que todo los no parientes (Langergraber *et al.*, 2007). Esta cooperación para competir requiere que los individuos monitoricen simultáneamente dos relaciones sociales en curso, pero, de nuevo, los socios de coalición no hacen nada especial para coordinar sus acciones fuera de pelear lado a lado. Y, de nuevo como en muchas especies de mamíferos, los grandes simios combatientes a menudo se reconcilian activamente entre ellos después de las peleas, presumiblemente en un intento por reparar la relación social de la que dependen (De Waal, 1989a). En algunos casos, los machos dominantes pueden intervenir para detener las interacciones en las cuales se están empezando a formar coaliciones (De Waal, 1982), las cuales pueden desafiarlos después.

El apoyo de coalición es crucial en las luchas de dominio de los chimpancés y los bonobos; tener amigos buenos y poderosos paga. En consecuencia, tanto los individuos chimpancés como los bonobos cultivan a sus amigos, muy a menudo mediante el apoyo de coalición recíproco (De Waal y Luttrell, 1988). También cultivan amigos mediante otros comportamientos de afiliación, como asearse y compartir el alimento. Así, hay mucha evidencia que sugiere que el aseo en los chimpancés está dirigido preferencialmente a potenciales socios de coalición (véase Mueller y Mitani, 2005, para una reseña), y con el tiempo los individuos que han sido aseados preferencialmente por un socio también asean preferencialmente a ese socio (Gomes *et al.*, 2009). Además, Mitani y Watts (2001) han mostrado que los chimpancés machos preferencialmente «comparten» (es decir, toleran que se les quite la mayoría de las veces) carne y otros alimentos con sus socios de coalición. Añádase a esto el hallazgo de De Waal (1989b) de que los individuos que se asean unos a otros también prefieren compartir el alimento unos con otros, y el resultado es un conjunto relativamente fijo de relaciones recíprocas que caen bajo la tríada dorada aseo, compartición de alimento y apoyo de coalición[5]. Es importante anotar que hay muy poca evidencia de que entre los grandes simios haya alguna reciprocidad de favores con individuos que no sean sus compañeros sociales de largo plazo. En el único estudio experimental relevante, Melis *et al.* (2008) encontraron que chimpancés unidos al azar no ayudaban preferencialmente a un individuo que los acababa de ayudar más que a uno que no los había ayudado. Así, concluyeron que a pesar de la evidencia clara de reciprocidades de largo tiempo, «los modelos de reciprocidad inmediata y conteo detallado de intercambios recientes (por ejemplo, esto por aquello) pueden no desempeñar un gran papel en la orientación de las decisiones sociales de los chimpancés» (p. 951).

Las interacciones dentro de la tríada dorada se interpretan a menudo como ejemplos de reciprocidad y, claro, sí lo son a un nivel puramente descriptivo. Pero De Waal (2000), como se anotó previamente, identifica varios mecanismos próximos que pueden sustentar estos patrones de comportamiento. Y lo que De Waal y otros investigadores creen que los sustenta no es la «reciprocidad calculada», que involucra estar llevando una cuenta mental, sino, más bien, la «reciprocidad emocional», en la cual los individuos simplemente desarrollan afecto positivo hacia aquellos que los ayudan o con los que comparten (véase Schino y Aureli, 2009). En el marco teórico actual, lo que pasa es que los individuos ayudan a, o comparten con, aquellos por los que sienten la emoción prosocial de la empatía —es decir, aquellos de los que dependen— y entonces los receptores ayudan

[5] Este patrón ha sido bien documentado no solo en los grandes simios sino también en los mandriles de la sabana, para quienes tales amistades ofrecen muchos beneficios de aptitud (Silk *et al.*, 2010; Seyfarth y Cheney, 2012).

o comparten, a su vez, con ellos porque ahora sienten empatía por ellos (basada en su dependencia recién establecida). Esta interdependencia —empatía en ambas direcciones— genera así patrones recíprocos de ayuda y compartición en interacciones de amistad (véase Hruschka, 2010, sobre la amistad en perspectiva evolutiva). El punto clave para nuestros propósitos es que, *en los grandes simios, los patrones de reciprocidad al nivel del comportamiento no se apoyan sobre ningún tipo de arreglo implícito o contrato de reciprocidad, y mucho menos sobre algún tipo de juicio de justicia o equidad, sino sobre una empatía basada en la interdependencia, la cual opera en ambas direcciones.* Tal empatía, diremos nosotros, es la única actitud prosocial de los grandes simios y otros primates, y surge solo en relaciones sociales relativamente duraderas.

Aunque no hay mucha investigación sistemática sobre el tema, en la formación de coaliciones entre los chimpancés y los bonobos parecería haber una importante actividad de elección de socios. En particular, como ya se anotó, los individuos parecen apegarse, e incluso cultivar como amigos (mediante actividades como asearse y compartir la comida), a los buenos socios de coalición. Pero hay una ironía en todo esto: a medida que los individuos van eligiendo a sus socios de amistad-coalición, los procesos de selección natural funcionan, en un sentido importante, en contra de la evolución de la cooperación. Debido a que la coalición en sí involucra muy poca coordinación —cada socio simplemente hace lo mejor que él o ella puede en la pelea, en el momento en que actúa en paralelo—, los mejores socios de coalición son simplemente aquellos que dominan en las peleas, punto. Así, lo que la elección del socio en las coaliciones selecciona socialmente de manera más directa son las características de luchadores buenos y dominantes, y no las de socios cooperativos y útiles.

Así las cosas, el cuadro general es que el contexto global para la cooperación y las amistades en los chimpancés y los bonobos es la competencia en coalición por dominio, alimento y oportunidades de apareamiento. Esto es especialmente cierto en los chimpancés machos, entre quienes ocurre con más frecuencia esta competencia, pero también es cierto para las hembras chimpancés y los bonobos. Por ejemplo, Williams *et al.* (2002) encontraron que las hembras chimpancés prefieren buscar comida con amigas, al menos en parte, porque estas les disputan menos que las no amigas su adquisición de recursos. Mueller y Mitani (2005, p. 317) resumen la situación como sigue:

> Las formas más generalizadas de cooperación entre los chimpancés [...] tienen sus raíces en la competencia de lucha entre los machos. Los chimpancés machos mantienen coaliciones a corto plazo y alianzas a largo plazo para mejorar su estatus de dominio dentro de las comunidades y defender sus territorios cooperativamente contra machos extraños. Otras actividades cooperativas prominentes, como el aseo y el compartir la carne, se relacionan estratégicamente con estas metas. Las hembras son mucho menos sociales que los machos y no cooperan tan ampliamente. Sin embargo, los ejemplos más conspicuos de cooperación entre hembras también involucran la competencia, pues las hembras a veces cooperan para matar las crías de las rivales.

En resumen, entonces, los chimpancés y los bonobos viven sus vidas inmersos en una constante competencia por recursos, de modo que se pasan la vida intentando desplazar a los otros o superándolos bien sea en competencia, en astucia o en amigos.

## Colaboración para conseguir alimento

Las coaliciones y alianzas de los grandes simios están orientadas a procurar los mismos recursos de suma cero por los que los individuos compiten. Es decir, los individuos compiten unos con otros por tener acceso a recursos como parejas o alimento, y luego las coaliciones de individuos se unen a esta misma competencia por los mismos recursos. De esta manera, las coaliciones y los individuos pelean por pedazos de la misma torta de recursos, pero hay una excepción prominente a esta competencia de suma cero. En algunos pero no todos los grupos de chimpancés, los machos cazan monos en pequeños grupos (aunque con menos frecuencia, los bonobos aparentemente también cazan monos y otros mamíferos pequeños en pequeños grupos; Surbeck y Hohmann, 2008). Por lo general, los individuos no pueden capturar estos monos por sí solos y, así, la colaboración, en efecto, expande la torta de recursos alimenticios.

En cuanto a la coordinación, en algunos casos (por ejemplo, en sitios de África Oriental con poca cubierta forestal) la caza refleja una especie de persecución caótica, en la cual muchos individuos espían y luego persiguen a un mono en paralelo. En otros casos, sin embargo (por ejemplo, en el bosque Taï de África Occidental y el Ngogo en África Oriental), la cubierta forestal es continua y los monos son bastante ágiles, así que la persecución al azar no tiene éxito. En este caso, los chimpancés deben, en efecto, rodear al mono para capturarlo y se requiere que los individuos se coordinen entre ellos (Boesch y Boesch, 1989; Mitani y Watts, 2001). A pesar de esto, lo que probablemente se da es un tipo de coordinación individualista: cada cazador trata de capturar al mono él solo (puesto que el que lo capture obtendrá la mayor cantidad de carne), y toma en cuenta las acciones de los demás para hacerlo. Así, un individuo comienza la persecución y los otros se ubican en los mejores sitios restantes, en espera de que el mono intente escapar. Los participantes no están trabajando juntos como un «nosotros» en el sentido de que tengan una meta conjunta y roles individuales dentro de ella; más bien, están operando en lo que Tuomela (2007) llama «comportamiento de grupo en modo yo» (Tomasello *et al.*, 2005; véase capítulo 3). Esto significa que, por lo general, el chimpancé captor se irá con el cadáver si puede. Pero con frecuencia no puede y así todos los participantes (y muchos espectadores) obtienen al menos algo de carne después de rogar y acosar al captor (Boesch, 1994; Gilby, 2006).

Los individuos chimpancés y bonobos son claramente interdependientes unos de otros durante la cacería misma. En efecto, hay experimentos que muestran que, en situaciones similares, los chimpancés entienden que necesitan un socio para tener éxito (Melis *et al.*, 2006a; véase también Engelmann *et al.*, 2015). Pero —y esto es crucial para nuestra historia más amplia, en la cual los humanos se convierten obligatoriamente en buscadores de alimento colaborativos— los individuos chimpancés y bonobos no dependen de la caza en grupo para sobrevivir. La mayoría de su alimento viene de la fruta, otra vegetación e insectos. De hecho, y quizás de manera sorprendente, los chimpancés cazan otros monos no en la estación seca, cuando la fruta y la vegetación son más escasas, sino, más bien, en la estación lluviosa, cuando las frutas y la vegetación son más abundantes (Watts y Mitani, 2002). Supuestamente esto se debe a que gastar tiempo y energía en una cacería de monos con un resultado incierto tiene mucho más sentido cuando hay muchas alternativas de respaldo si esta falla. La cacería en grupo de los chimpancés y los bonobos es, pues, interdependiente en el momento, pero los participantes no son interdependientes unos de otros para obtener alimento en general.

El grado en el que los chimpancés y los bonobos pueden elegir activamente, en su hábitat natural, socios colaborativos para la caza —y crear así situaciones potenciales de elección del socio y selección social— no es claro. Melis *et al.* (2006a) descubrieron que después de una cantidad bastante pequeña de experiencia unos con otros, los chimpancés cautivos sabían cuáles individuos eran buenos socios (en el sentido de llevar al éxito colaborativo y por tanto al alimento), y elegían a estos socios antes que a otros. No es claro, sin embargo, si la elección de este tipo de socio también tiene lugar en el hábitat natural, puesto que, en este, la cacería es en su mayoría oportunista y es realizada por grupos de individuos que viajan juntos, constituidos de antemano; hay poca oportunidad de elegir. Y si hay necesidad de reclutar a otros para la caza, como sugieren Crockford y Boesch (2003), esto no genera una actividad de elección de socio pues no se busca elegir selectivamente a los buenos cooperantes sino, más bien, a cualquiera. Tampoco parecería haber nada parecido al control de los socios en la cacería en grupo de los chimpancés, pues a los aprovechados no se les excluye activamente del botín (Boesch, 1994).

La colaboración de este tipo en la adquisición de alimento es rara en los primates y otros mamíferos. Los carnívoros sociales como los leones y los lobos cazan en grupo, pero esto funciona principalmente porque el cadáver de la presa es demasiado grande para que cualquier individuo lo monopolice después, y así todos comen lo que quieren sin necesidad de compartir activamente (y sin hacer un esfuerzo especial por excluir a los aprovechados). Los carnívoros sociales han evolucionado claramente para ese tipo de cacería en grupo, pues para ellos es obligatoria (no hay opciones de reemplazo). Sin embargo, no parece probable que los chimpancés y los bonobos hayan evolucionado para la cacería de monos en grupo, puesto que no todos los grupos lo hacen, solo lo hacen los machos, e incluso estos solo lo hacen cuando se ven forzados por la estructura de la cubierta forestal. Y siempre hay otras alternativas para buscar alimento. En experimentos, cuando se les da la opción de obtener alimento por sí solos o colaborativamente con un socio, los chimpancés se muestran indiferentes y simplemente eligen la opción que les provea más alimento (Bullinger *et al.*, 2011a; Rekers *et al.*, 2011). En el capítulo 3 se presenta evidencia adicional de que los chimpancés y los bonobos no están específicamente adaptados para la búsqueda colaborativa de alimento —colaboran gracias a habilidades cognitivas generales— y se les compara sistemáticamente con niños humanos en una variedad de predisposiciones cognitivas y motivacionales a la colaboración.

En resumen, entonces, aunque la cacería en grupo de monos y otros mamíferos pequeños por parte de los chimpancés y los bonobos es un testimonio espectacular de su flexibilidad cognitiva e inteligencia, en general sus habilidades para crear nuevos recursos por medio de la colaboración son limitados. En palabras de Mueller y Mitani (2005, p. 319):

> En comparación con los humanos [...] la falta general de comportamiento cooperativo de los chimpancés en contextos no competitivos, tales como la búsqueda de alimento, es notable. La recolección de alimento de manera cooperativa ocurre rutinariamente entre todos los humanos que buscan comida (por ejemplo, Hill, 2002). Incluso las formas más simples de este comportamiento, como cuando los hombres hadzas se suben a los baobabs para sacudirles frutas a las mujeres que están abajo [...] carecen de un equivalente aparente en el comportamiento de los chimpancés.

## Empatía y ayuda

Dado que nuestro enfoque primario es la moralidad, una pregunta clave en todo esto es si los chimpancés y los bonobos hacen algo altruista en cualquiera de estas actividades cooperativas, en el sentido de que tengan como meta inmediata algún beneficio para el otro sin recibir nada ellos mismos, a pesar de pagar un costo. (Para los economistas, esta pregunta se formula en términos de «preferencia con respecto al otro», mientras que para los psicólogos morales se formula en términos de interés empático por el otro). Los estudios observacionales/de correlación que han establecido la tríada dorada aseo, compartición de alimento y apoyo de coalición no pueden responder a esta pregunta de manera definitiva, como tampoco pueden hacerlo las observaciones naturalistas de la cacería en grupo. Por ejemplo, el aseo es gratificante no solo para el que lo está recibiendo sino también para el que lo ofrece, quien generalmente consigue algunas pulgas en el proceso. El compartir alimento como un «robo tolerado», o un «compartir bajo presión», tiene como objeto directo conservar la paz. Cuando los individuos participan en un concurso de coalición, cada participante puede incrementar su estatus de dominio si gana, y en la cacería en grupo, cada cazador espera atrapar al mono para sí mismo, o por lo menos conseguir algunos trozos de carne rogando o acosando al captor. El punto metodológico es simplemente que las observaciones naturalistas y los análisis de correlación por sí solos no son suficientes para determinar si algún comportamiento observado está motivado por interés o empatía por el otro.

Mas recientemente, varios estudios experimentales han investigado la tendencia de los chimpancés a ayudar a otros en contextos instrumentales. Metodológicamente, la clave es que estos estudios tienen condiciones de control que aseguran que el sujeto simio no tiene otros motivos para sus actos. Por lo general, en estos estudios el acto de ayudar no es especialmente costoso, aparte de que consume energía, y ocurre en situaciones en las que la competencia por el alimento u otros recursos no existe. Por ejemplo, en el primero de estos estudios, Warneken y Tomasello (2006) encontraron que tres chimpancés criados por humanos fueron a buscar un objeto que estaba fuera del alcance de un cuidador humano que estaba tratando de alcanzarlo, pero no fueron a traer objetos en situaciones idénticas cuando el humano no los necesitaba. Debido a que el caso de chimpancés criados por humanos que ayudan a quienes los cuidan podría ser una situación especial, Warneken *et al.* (2007, estudio 1) adelantaron otro estudio en el cual chimpancés cautivos que vivían en un entorno semi-natural debían desempeñar tareas similares que involucraban a un humano desconocido. Los chimpancés también ayudaron a estos humanos (más que en condiciones de control), e incluso pagaron el costo de desgastarse energéticamente al hacerlo pues debían subir algunos metros para alcanzar el objeto deseado. En otra variación, los simios no favorecieron más a la persona que tenía alimento en la mano que a la que tenía las manos vacías, quitándole así fuerza a la interpretación según la cual el acto de ayudar tenía como intención el que los recompensaran.

Pero aun así, ayudar a los humanos no es la prueba perfecta. Por lo tanto, Warneken *et al.* (2007, estudio 2) también probaron con chimpancés en situaciones en que podían ayudar a un individuo de su misma especie. En particular, cuando un individuo trataba de cruzar una puerta, otro (desde una habitación cercana) podía abrirle el cerrojo. Los chimpancés ayudaron consistentemente a sus congéneres en esta situación, aunque en condiciones de control no abrían el cerrojo si el primer chimpancé no estaba tratando de pasar por la puerta (o si trataba de pasar por una puerta distinta). En otro paradigma experimental, Melis *et al.* (2011b) encontraron que los chimpancés ayudaban incluso a un congénere a conseguir alimento. Así, individuos que no tenían acceso posible a un trozo de comida soltaban un gancho para hacerlo llegar por una rampa a un congénere que estaba en otro espacio, al otro lado del pasillo, lo que no hacían si no había nadie al final de la rampa. Yamamoto y Tanaka (2009) observaron que los chimpancés les daban herramientas a otros que las necesitaban para buscar alimentos, pero no se las daban si no las necesitaban. Y Greenberg *et al.* (2010) encontraron que los chimpancés ayudaban a otros a conseguir alimento, incluso cuando no había una solicitud explícita del que necesitaba ayuda (si la necesidad era obvia de otro modo). Podría argumentarse que la clave en todos estos experimentos es que para el que ayudaba era claro que no podía obtener alimento; así, la ayuda no era costosa en cuanto a recursos.

En un paradigma experimental diferente, Silk *et al.* (2005) y Jensen *et al.* (2006) les dieron a los chimpancés la opción de halar una cuerda que hacía que les llegara alimento en una tabla solo para ellos, o halar otra cuerda distinta, que les hacía llegar la misma cantidad de alimento a ellos y, además, hacía llegar comida para un congénere, al otro extremo de la tabla. Los chimpancés halaron las dos cuerdas indistintamente. Sin embargo, lo más probable es que el hecho de que los chimpancés no hayan ayudado al congénere a conseguir alimento en este paradigma experimental se debe a que estaban concentrados en conseguir alimento para sí mismos. O bien estaban tan excitados que no tuvieron en cuenta al otro chimpancé, o el alimento en los dos lados de la tabla los puso en una competencia por alimento que inhibió la ayuda. En cualquier caso, los hallazgos negativos en esta situación no niegan los numerosos hallazgos positivos de ayuda instrumental en otras situaciones[6].

La ayuda instrumental parecería estar dirigida a beneficiar a otro individuo a un costo pequeño pero real (desgaste energético). La función evolutiva de la ayuda instrumental puede muy bien ser la misma que la del aseo y la compartición de alimento: para cultivar amigos, especialmente como socios de coalición. Es imposible saberlo a partir de estos estudios, pues quien recibe la ayuda nunca ha sido sistemáticamente manipulado para ver el efecto sobre el que ayuda. Sin embargo, lo que estos estudios sí muestran con especial

[6] Horner *et al.* (2011) usaron la lógica de este diseño en una instalación experimental diferente y reportaron algunas tendencias prosociales en chimpancés. Pero el estudio no se puede interpretar porque la condición experimental se hizo antes de la condición de control para todos los sujetos; quizás los sujetos simplemente estaban cansados de la opción prosocial cuando fue tiempo de la condición de control.

claridad, debido a las condiciones de control, es que, en algunas situaciones, los chimpancés actúan con la meta final de beneficiar al otro. Warneken y Tomasello (2009) presentan más evidencia de esta interpretación al comparar estos estudios de chimpancés con estudios de niños en situaciones parecidas y en cada caso las dos especies se comportan de maneras muy similares (aunque, como veremos en el capítulo 3, los niños humanos han sido estudiados en muchos otros contextos interesantes, en los cuales no han sido estudiados los chimpancés). Otra observación potencialmente relevante es que los individuos chimpancés que no están involucrados en una pelea pueden «consolar» al perdedor después de una pelea (aunque la función y el mecanismo de este comportamiento de consolación no están claros; Koski *et al.*, 2007).

Del comportamiento de ayuda de los chimpancés se podría inferir la existencia, en la base, de una emoción de empatía por la difícil situación de otro que no puede obtener el alimento o la herramienta que desea. En estos estudios experimentales no hay evidencia que apoye esta interpretación motivacional en un sentido u otro, pero otros estudios recientes sí ofrecen evidencia muy sugestiva de que quienes ofrecen ayuda sienten empatía por los que están ayudando. Crockford *et al.* (2013) encontraron que durante una sesión de aseo, el chimpancé que estaba haciendo el aseo (así como el que lo estaba recibiendo) mostraba un aumento en los niveles de oxitocina, la hormona relacionada con el apego en los mamíferos. De manera similar, Wittig *et al.* (2014) encontraron que el chimpancé que renunciaba al alimento durante un episodio de repartición de alimento (lo que, hay que decirlo, sucedió apenas escasamente en sus observaciones) también mostraba un aumento en la oxitocina. Cuando uno une estos estudios hormonales realizados en el hábitat natural con los experimentos de ayuda mediante instrumentos, parecería constituirse una muy buena evidencia de que los chimpancés sienten empatía por aquellos a los que están ayudando.

En resumen, no hay razón para creer que estos actos de ayuda no sean genuinos. Cuando los costos son pequeños, y no hay competencia por alimento, los grandes simios ayudan a otros. Y existe por lo menos cierta evidencia —que incluye actos de ayuda de otras especies mamíferas como las ratas (Bartal *et al.*, 2011)— de que tras estos actos altruistas está la emoción social de la empatía, medida con base en la oxitocina. Desde luego, las bases evolutivas para esta propensión a ayudar a otros están en algún tipo de compensación; esa es la lógica de la selección natural. Pero nuestro enfoque aquí está en los mecanismos próximos implicados, y en este caso nuestra mejor evidencia es que los chimpancés y otros grandes simios tienen una motivación inmediata de empatía hacia otros que necesitan ayuda, y esto los lleva a ayudar, si los costos no son muy grandes.

## Ningún sentido de equidad

La otra dimensión central de la moralidad, además de la empatía, es el sentido de equidad o justicia y así podemos preguntar si la cooperación de los grandes simios muestra algo sustancial en esta dimensión. No hay estudios experimentales con grandes simios sobre la llamada justicia retributiva, en la cual un individuo busca un equilibrio conductual con otro a través de una retribución de «ojo por ojo» (aunque De Waal [por ejemplo, 1982] reporta algunas anécdotas de lo que él llama «venganza»). El más cercano es el estudio de Jensen *et al.* (2007), en el cual individuos a los que les habían robado el alimento impidieron que el ladrón se lo comiera; pero hay muchas interpretaciones de este comportamiento que no tienen que ver con la equidad o justicia. En contraste con esta poca evidencia de justicia retributiva, en el caso de la justicia distributiva —cómo se deben distribuir los recursos entre los individuos— hay dos grupos de resultados experimentales.

El primer grupo de hallazgos viene del famoso juego del ultimátum. En este juego económico, estudiado extensamente entre humanos adultos, un oferente propone que se dividan los recursos con un recipiente. El recipiente puede aceptar la propuesta, en cuyo caso cada uno se queda con su asignación, o rechazarla y entonces ninguno obtiene nada. En muchos experimentos, los humanos recipientes habitualmente rechazan las ofertas bajas —digamos, dos de un total de diez—, aunque esto signifique que se van a quedar sin nada. La razón más probable de este comportamiento «irracional» es el sentimiento, por parte del recipiente, de que la oferta no es justa. No va a estar de acuerdo, no va a permitir que se aprovechen de él de esta manera, incluso si su rechazo le cuesta algunos recursos. Muy a menudo, los recipientes se enfurecen con quienes les proponen injusticias. Una versión adaptada del juego del ultimátum se ha ensayado en forma no verbal con chimpancés en dos estudios (Jensen *et al.*, 2007; Proctor *et al.*, 2013) y con bonobos en un estudio (Kaiser *et al.*, 2012). En los tres estudios el resultado fue idéntico: los sujetos prácticamente nunca rechazaron ninguna oferta diferente a cero. Probablemente no lo hicieron porque no estaban enfocados en nada parecido a la justicia de la oferta, solo en si les iba o no a proporcionar comida.

El otro grupo de hallazgos relevantes viene de estudios de comparación social. El fenómeno es que a los humanos les alegra recibir x número de recursos, a menos de que vean que a otros les dan más, en cuyo caso se sienten infelices. Probablemente, de nuevo, lo que explica este sentimiento es la sensación de que los están tratando injustamente. Brosnan *et al.* (2005, 2010) reportan dos estudios según los cuales los chimpancés rechazan el alimento que les dan los humanos (y que en otras circunstancias aceptarían) si ven que otro chimpancé obtiene mejor alimento por sí mismo o con menor esfuerzo. Pero cuando esto se da en condiciones de control apropiadas, este efecto desaparece. Las condiciones de control necesarias son aquellas en las que el chimpancé solo espera mejor alimento en el mismo contexto, lo cual hace menos atractiva la comida que se le ofrece. Así, Bräuer *et al.* (2006, 2009) repitieron los estudios de Brosnan *et al.*, aplicando condiciones de control de este tipo (y también contrarrestadas según el orden de las condiciones, lo que no hicieron Brosnan *et al.*), y encontraron que los chimpancés no rechazaban el alimento basados en una comparación con lo que otro chimpancé obtenía. Rechazaban los alimentos cuando se sentían frustrados por no obtener mejor alimento. Este paradigma experimental, entonces, no muestra comparación social en los chimpancés, solo comparación de alimentos.

Estos resultados negativos fueron corroborados, bajo un paradigma diferente, por Hopper *et al.* (2013): «En resumen, las respuestas de los chimpancés parecían estar influenciadas principalmente por la calidad de las recompensas que recibían y no tenían relación con la recompensa de su socio». Brosnan *et al* (2011) reportaron los mismos resultados negativos con orangutanes y también Bräuer *et al.* (2006, 2009), quienes además reportaron resultados no concluyentes con una pequeña muestra de bonobos[7].

Por lo tanto, no hay evidencia sólida de que los grandes simios tengan un sentido de equidad al dividir los recursos, y sí mucha evidencia de que no lo tienen. (Aunque debemos recordar que el juego del ultimátum es un paradigma experimental exigente para seres vivientes que no hablan, y los estudios de comparación social son exigentes al requerir que los sujetos rechacen alimento que, por lo demás, es deseable.) Otra fuente potencial de evidencia son las reacciones emocionales de los grandes simios ante eventos que potencialmente podrían ser percibidos como injustos. Como se discute más ampliamente en el capítulo 3, la «actitud reactiva» prototípica ante la inequidad es el resentimiento. Una razón por la que los hallazgos de Brosnan *et al.* (2005, 2010) han llamado tanto la atención son los vídeos que los autores a menudo muestran de un mono que tira con furia fuera de su jaula el alimento rechazado. Según nuestros análisis de estos estudios, es altamente improbable que esta expresión emocional sea de resentimiento porque un congénere recibe injustamente un mejor alimento. Pero sí puede estar expresando rabia con el humano que hace el experimento, por darle una porción poco atractiva de alimento cuando hubiera podido darle una porción buena. Si esto es verdad, entonces la expresión emocional sería de rabia con un contenido social especial, quizás algo como «Me

[7] El estudio mejor conocido que usa este diseño fue el de Brosnan y De Waal (2003) con monos capuchinos (también sin contrarrestar el orden de las condiciones experimentales). A ese estudio también le faltaron condiciones de control apropiadas y otros cuatro laboratorios reportaron fallas para replicarlo utilizando controles apropiados: Roma *et al.* (2006), Dubreuil *et al.* (2006), Fontenot *et al.* (2007) y Sheskin *et al.* (2013).

da rabia que me estés tratando sin empatía». Roughley (2015) cree, en efecto, que la rabia con esta clase de contenido puede llamarse razonablemente resentimiento*, donde el asterisco indica que no es resentimiento propiamente pero que va en esa dirección. Va en esa dirección porque el contenido incluye la emoción prosocial de la empatía y porque supone alguna clase de relación social, por ejemplo, amistad. Siento rabia no solo con las cosas en general, o con alguna cosa animada que está allá, sino con mi amigo, con quien tengo una relación (aun si es interespecie), por tratarme de esta mala manera. Para evitar confusiones, llamemos a esto rabia social.

El resultado es que, mientras la actitud reactiva prototípica de resentimiento es expresada por una persona hacia otra persona en protesta por un tratamiento injusto (o por lo demás inmerecido), es posible que los simios experimenten algo más parecido a la rabia social. Esto representaría un paso inicial en la transformación de la emoción general de rabia en los mamíferos hacia una forma específicamente social de rabia por haber sido tratado mal (por ejemplo, sin empatía), por alguien con quien uno tiene una relación social valiosa. El verdadero resentimiento esperaría el surgimiento de nuevos tipos de juicios morales respecto al merecimiento, la equidad y el respeto.

## Prosociabilidad basada en el parentesco y en la amistad

Para resumir, entre los grandes simios, como en casi todas las especies sociales, los individuos dependen de sus compañeros de grupo para sobrevivir y prosperar, pero al mismo tiempo compiten con ellos por recursos. El equilibrio que los simios han alcanzado es este: cuando los recursos inmediatamente valiosos como el alimento y las parejas están en juego, rige la competencia estructurada por las reglas de dominio. Los individuos también hacen coaliciones para obtener dichos recursos, en un juego de suma cero contra otros individuos. Los grandes simios, junto con muchas otras especies primates, usan varias clases de interacciones prosociales, tales como el aseo o la compartición de alimento (y probablemente la ayuda instrumental), para cultivar y mantener amigos —más allá de los parientes— que puedan ofrecerles apoyo de coalición y otros beneficios. En esas interacciones amistosas, los actos prosociales parecen estar motivados por la emoción prosocial de la empatía, pero el contexto global de la competencia de lucha significa que la selección social de socios se concentra principalmente en el dominio y la habilidad para pelear.

Desde el punto de vista de la cooperación, lo más excepcional acerca de los chimpancés y los bonobos, comparados con otros primates no humanos, es la cacería en grupo de pequeños mamíferos. Este comportamiento es excepcional porque ocurre fuera de la matriz (que, exceptuando esto, aplica para todo) de la competencia intragrupal por un solo conjunto de recursos de suma cero. Por lo general, otros primates no humanos no hacen actividades colaborativas orientadas a producir recursos que no están a disposición de los individuos. (Hay unos pocos registros de algunas especies de monos, por ejemplo los monos capuchinos, que acorralan o rodean a pequeños mamíferos, por ejemplo ardillas, cuando se les presenta la oportunidad [Rose *et al.*, 2003]). Podemos entonces considerar la caza en grupo de los bonobos y los chimpancés como una especie de «eslabón perdido» en la transición hacia la obligada consecución de alimentos colaborativa de los humanos. Sin embargo, los chimpancés y los bonobos no dependen para su existencia de esta cacería en grupo, y por lo tanto no son, como los humanos, recíprocamente dependientes de otros para adquirir los recursos que necesitan para vivir; además, en esta cacería en grupo hay poca o ninguna posibilidad de elegir socio o de controlarlo. En el capítulo 3 se presentan otras maneras en las que la cacería en grupo de los grandes simios se diferencia de la de los humanos.

Y así, imaginemos al último ancestro común de los grandes simios y los humanos sobre el modelo de los chimpancés y los bonobos contemporáneos. Habrían vivido en grupos sociales complejos, con una competencia por los recursos relativamente intensa, y estructurados por relaciones sociales de dominio y amistad; y en ocasiones habrían cazado en grupos pequeños distintas clases de presas pequeñas. Con base en otras investigaciones sobre la cognición y las emociones en los grandes simios, podemos resumir como sigue los prerrequisitos psicológicos para la moralidad que muy posiblemente fueron característicos del último ancestro común de los humanos y otros grandes simios:

- *Cognición:* (1) habilidades de intencionalidad individual para tomar decisiones flexibles e informadas, que conllevan una «presión instrumental» para elegir la opción de comportamiento mejor y más eficiente (racionalidad instrumental); y (2) habilidades para entender y a veces predecir los estados de intención y la toma de decisiones de otros, principalmente con el propósito de competir con ellos (véase Tomasello, 2014, para una reseña).
- *Motivación social:* (1) la capacidad de establecer relaciones sociales de dominio y amistad con compañeros de grupo a largo plazo y de reconocer estas mismas relaciones sociales entre terceros conocidos; (2) la capacidad de tener y expresar emociones básicas en reacción a eventos sociales importantes, incluyendo la rabia social, y de reconocer estas emociones en otros; (3) la capacidad de comunicarse intencionalmente (Tomasello, 2008); y (4) la motivación basada en la empatía para ayudar a otros de manera instrumental, especialmente a los parientes y amigos.
- *Autorregulación:* (1) la habilidad para controlar los impulsos de autogratificación inmediata por razones de prudencia, tales como evitar conflictos con un individuo dominante; y (2) la habilidad para colaborar con otros a fin de producir nuevos recursos fuera de los recursos de suma cero normales a disposición de los individuos, lo cual depende, entre otras cosas, de inhibir el impulso de perseguir la presa individualmente.

Nuestros ancestros comunes imaginados habrían tenido algunas formas sofisticadas de cognición y sociabilidad —incluyendo formas de cooperación y prosociabilidad—, pero no habrían tenido ningún sentido socialmente normativo de equidad o justicia respecto de cómo «debían» tratar a los otros o cómo los otros «debían» tratarlos a ellos.

Nos encontramos, entonces, en una posición teórica media. Por una parte, teóricos como Jensen y Silk (2014; Silk, 2009) ponen en duda que los primates no humanos tengan algún sentimiento prosocial o preferencias respecto de otros. Pero nosotros hemos presentado aquí evidencia experimental de que la ayuda instrumental de los grandes simios es genuina, que está dirigida a ayudar a otros a alcanzar sus metas y que la motiva algo parecido a la emoción prosocial de la empatía. Jensen y Silk han interpretado los estudios de ayuda instrumental como si esta dependiera de alguna clase de coerción u hostigamiento por parte de quien necesita la ayuda. Pero no hay evidencia convincente que sustente este punto de vista, y en el estudio de Greenberg *et al.* (2010) se buscó específicamente tal coerción y no se encontró.

Por otra parte, De Waal (1996, 2006) cree que muchos animales no humanos, pero muy especialmente los grandes simios, cuentan con las raíces de la moral humana, incluso no solo un sentido de empatía sino también un sentido de reciprocidad como precursor de las inquietudes por la justicia y la equidad. Hemos presentado aquí evidencia que respalda la primera parte de la propuesta de que los grandes simios sienten empatía por otros, pero no hay apoyo para la segunda parte de la propuesta. La reciprocidad de los grandes simios no es, diríamos, un precursor de la noción humana de equidad y justicia. El problema, como De Waal mismo argumenta, es que la reciprocidad de la que aquí se trata es solo una reciprocidad basada en la emoción. Desde el punto de vista de la hipótesis de la interdependencia, la reciprocidad emocional es simplemente otra manifestación de la empatía: los amigos ayudan a los amigos de varias maneras, motivados por la empatía, y esto se manifiesta a menudo en dos direcciones (debido a la *inter*dependencia). Aunque la empatía puede ser un prerrequisito necesario para algo como la justicia —para ser justo, uno debe preocuparse hasta cierto punto por la suerte de los otros—, no es suficiente; para que haya justicia necesitamos otros ingredientes psicológicos. Y nosotros afirmamos aquí que los primates no humanos básicamente no tienen ninguno de estos otros ingredientes psicológicos.

Surge entonces la pregunta: ¿qué otras capacidades y motivaciones se necesitan para llegar a algo como el sentido humano de la equidad o la justicia, considerado el segundo pilar principal de la moral humana? Contestar esta pregunta requerirá una compleja narrativa evolutiva que se desarrollará en el resto del libro, pero podemos preparar el terreno invocando al comienzo dos percepciones fundamentales del gran teórico social David Hume. La primera es que no puede haber equidad o justicia en un grupo social en el cual hay individuos que pueden dominar completamente e imponer su voluntad sobre otros con impunidad; para que haya justicia, debe haber algún sentido de igualdad que estructure las interacciones sociales. Dice Hume:

> Si viviera entremezclada con los hombres una especie de criaturas que, aun siendo racionales, estuvieran en posesión de unas facultades corporales y mentales tan inferiores que fuesen incapaces de toda resistencia y no pudieran nunca, por muy grande que fuese la provocación, hacernos sentir los efectos de su resentimiento, creo que la consecuencia necesaria es que [...] hablando con propiedad, no deberíamos ponernos ninguna limitación con respecto a ellas en lo tocante a la justicia. [...] Nuestra relación con ellas no podría llamarse sociedad, pues esta supone un cierto grado de igualdad, sino que consistiría en mando absoluto de una parte, y obediencia servil de otra. (1751/1957, pp.190-191)

Si sustituimos «hombres» por grandes simios con un alto estatus de dominio, y «obediencia servil» por grandes simios con estatus de dominio subordinado, captamos la principal fuerza en la vida social de los grandes simios: el poder físico y el dominio. Los individuos dominantes pueden sentir empatía por otro en necesidad cuando no les cuesta mucho, pero cuando está en juego la competencia por los recursos, ¿por qué los que dominan habrían de restringir sus impulsos instrumentales en aras de unos subordinados que no tienen ningún poder para hacerlos vacilar? No, para empezar por el camino de la equidad y la justicia, necesitamos criaturas que puedan resolver sus conflictos de intereses basados en algo más que el crudo dominio y el poder. Para citar a ese otro gran teórico social del siglo XVIII, Jean Jacques-Rousseau: «La fuerza es una potencia física, y no veo qué moralidad puede resultar de sus efectos» (1762/1968, p. 52).

La segunda percepción de Hume es que no puede haber equidad o justicia entre individuos que son totalmente autosuficientes para procurarse todo lo que necesitan por sí mismos; para que la equidad y la justicia sean motivo de preocupación, los individuos deben tener alguna noción de la forma como dependen unos de otros:

> Si toda la especie humana estuviese configurada de tal manera que cada individuo tuviera en sí mismo todas las facultades requeridas para su propia conservación y para la propagación de la especie [...] parece evidente que un ser tan solitario sería tan incapaz de justicia como de trato social y conversación. Allí donde la mutua consideración y la tolerancia no sirvieran para propósito alguno, no podrían dirigir la conducta de ningún hombre razonable. (1751/1957, pp.191-192)

Esto, claro está, no es otra cosa que una clara afirmación de nuestro principio de interdependencia desde un punto de vista negativo: los individuos que no tienen necesidad de otros no necesitan equidad y justicia. Los individuos chimpancés y bonobos dependen unos de otros de algunas maneras, pero no dependen de otros para obtener los recursos que necesitan para sobrevivir y prosperar y es muy probable que no comprendan que cada uno es mutuamente dependiente del otro. Una tarea clave en nuestra historia natural por venir, por lo tanto, será establecer qué tan temprano los individuos humanos se volvieron interdependientes unos de otros de maneras nuevas y especialmente urgentes, y se dieron cuenta también de esta interdependencia de modo que hiciera parte de su toma racional de decisiones. La meta es mostrar cómo las interacciones interdependientes de los humanos entre sí —específicamente, los mecanismos próximos psicológicos que subyacen a estas interacciones interdependientes, y que incluyen un sentido del «nosotros» como agente plural— llevaron a los humanos primigenios a construir un nuevo sentido de equidad y justicia único para la especie.

---

Y así podemos formular la hipótesis de que los últimos ancestros comunes de los humanos y los grandes simios eran criaturas por lo menos de algún modo prosociales, es decir, hacia parientes y amigos y en el contexto global de la competencia intragrupal. Aunque modesto, este punto de partida no puede pasarse por alto porque, de hecho, gran parte de la moralidad humana, en un sentido muy amplio, se basa en esta clase de empatía por otros en particular, entre los cuales se incluyen especialmente los amigos y la familia. Los humanos no han dejado atrás esta dimensión moral; simplemente han desarrollado algunas otras formas de moralidad además de esta, las cuales los han llevado a cuidar y respetar a una gran variedad de otros seres humanos con quienes tienen menos intimidad, no solo porque sienten empatía hacia ellos sino porque sienten que es lo que tienen que hacer.

# [3] Moralidad de segunda persona

*Estar en posición de hacernos reclamos y exigencias uno al otro como personas libres y racionales es algo a lo que nos comprometemos conjuntamente siempre que adoptamos la perspectiva de segunda persona.*

Stephen Darwall, *The second-person standpoint*

A pesar del hecho de que viven en grupos sociales cooperativos y se comportan prosocialmente con parientes y amigos —y, claro está, merecen que nos interesemos moralmente por ellos—, los chimpancés mismos no son agentes morales. No les permitimos deambular libremente entre nosotros por miedo a que ataquen a nuestros hijos, nos roben la comida, destruyan nuestra propiedad y, en general, armen el caos sin preocuparse por nadie más. Y si hicieran todas estas cosas antisociales, nadie los culparía ni los haría responsables. ¿Por qué no? ¿Por qué no son agentes morales? La información presentada en el capítulo 2 sugiere que las respuestas a estas preguntas no son simples: no se puede decir que no actúan con racionalidad instrumental, ni que no comprenden los objetivos y los deseos de los otros, ni que no sienten emociones ni comprenden las expresiones emocionales de otros, ni que no muestran ninguna prosociabilidad ni controlan los impulsos cuando necesitan hacerlo. Los chimpancés hacen todas estas cosas perfectamente bien, por lo menos en algunas situaciones.

No, las respuestas a estas preguntas —las muchas y variadas razones por las que los chimpancés no son agentes morales— hacen parte integral de la complicada historia que vamos a contar acerca de cómo los humanos se volvieron gradualmente simios ultra sociales, ultra cooperativos y, al final, morales. La idea detrás de todo esto es que partiendo de un gran simio, los seres humanos comenzaron a transitar un sendero moral, a medida que se adaptaban a algunas nuevas formas de vida social, específicamente, al principio, a algunas formas de actividad colaborativa interdependiente. Siguiendo a los teóricos del contrato social desde Hobbes hasta Rawls, entonces, suponemos que la cuna natural de la moralidad humana —con referencia especial a las cuestiones de la equidad y la justicia— es la actividad cooperativa para el beneficio mutuo. «La escena primigenia de la moralidad», dice Korsgaard (1996b, p. 275), «no es una en que yo le hago algo a usted o usted me hace algo a mí, sino una en la que nosotros hacemos algo juntos».

Nuestro argumento es que la participación en ciertos tipos de actividades colaborativas mutualistas seleccionaba individuos que eran capaces de actuar juntos como una díada, en forma de un agente conjunto «nosotros». Esto requería que ambos socios tuvieran la habilidad y las motivaciones necesarias para crear un objetivo común guiado por la atención conjunta, la cual estructuraba después sus roles y perspectivas individuales (es decir, una intencionalidad conjunta; Tomasello, 2014). Evolutivamente, el problema era que la cacería en grupo del último ancestro común de los humanos con otros simios (utilizando como modelo a los chimpancés contemporáneos) no creaba suficiente ni adecuada interdependencia (los individuos podían optar por salirse y esto no representaba ningún problema), ni suficiente ni adecuada elección de socio (los individuos podían participar o no cuando quisieran). Lo que se necesitaba para que los individuos reconocieran y confiaran en su interdependencia de un socio, y así formar un «nosotros» de intencionalidad conjunta, eran las actividades colaborativas de las cuales todos dependían de forma absoluta, sin escape, y un sistema de elección y control del socio que hiciera que todos fueran responsables ante los demás de tratar a los socios colaboradores con el respeto que merecían. Lo que se necesitaba como contexto para que la intencionalidad conjunta surgiera era la búsqueda de alimento colaborativa *obligada,* con varios y fuertes medios para elegir y controlar al socio.

Nuestra propuesta será que, inicialmente, los humanos primigenios colaboraron en actividades intencionalmente conjuntas por razones puramente estratégicas, utilizando a los otros como una especie de «herramienta social» para promover sus propios intereses. Su colaboración era, entonces, lo que los teóricos sociales llamarían contractariana. Pero con el tiempo, argumentamos nosotros, las actividades colaborativas interdependientes estructuradas mediante la intencionalidad conjunta fomentaron en los participantes un nuevo tipo de racionalidad cooperativa. Así, llegaron a entender que determinadas actividades colaborativas tenían roles ideales —estándares socialmente normativos— que se aplicaban a uno o al otro indiferentemente, lo que implicaba un tipo de equivalencia yo-otro (véase Nagel, 1970). Basados en el reconocimiento de la equivalencia yo-otro surgió un respeto mutuo entre los socios, y un sentido de merecimiento mutuo de los socios, creando así agentes de segunda persona (véase Darwall, 2006). Estos agentes de segunda persona estaban en posición de hacer compromisos conjuntos para colaborar y autorregular conjuntamente su colaboración (véase Gilbert, 2014). Así, ahora la actividad intencional conjunta era lo que los teóricos sociales llamarían contractualista, pues estaba constituida por un acuerdo real entre agentes de segunda persona. El resultado fue lo que podemos llamar una moralidad de segunda persona: una moral diádica de interacciones cara a cara entre los agentes de segunda persona «yo» y «tú» (definidos en perspectiva) que colaboraban juntos y se sentían responsables ante el otro, como un «nosotros» comprometido conjuntamente. Esta nueva moral existía solo dentro del compromiso colaborativo mismo, o cuando se tenía en cuenta una interacción de ese tipo, y no en otros dominios de la vida. Aparte de estos contextos colaborativos especiales, las interacciones sociales de los humanos primigenios habrían permanecido casi totalmente iguales a las de los simios.

El procedimiento en este capítulo es como sigue. Primero miraremos las nuevas formas de colaboración interdependiente de los humanos primigenios y cómo estas dieron lugar a un aumento en el interés y la ayuda empáticos, la primera moralidad de empatía. Para caracterizar la primera moralidad de equidad, miraremos tres conjuntos de procesos psicológicos. Primero están los procesos cognitivos de intencionalidad conjunta que estructuraron las actividades colaborativas de los primeros humanos mediante una nueva forma de agente plural («nosotros»). En segundo lugar están los procesos socio-interactivos de agencia de segunda persona, que surgieron en el contexto de la elección y el control del socio por parte de los humanos primigenios, creando en los participantes un sentido de respeto y merecimiento mutuos. En tercer lugar están los procesos autorregulatorios desencadenados por los compromisos conjuntos, diseñados para mantener la colaboración por buen camino hasta su consumación, una autorregulación conjunta que le creaba a cada socio un número de responsabilidades con el otro.

Metodológicamente, aunque no hay hoy seres vivos idénticos a los primeros moralistas que estamos imaginando aquí, podemos sin embargo citar como relevantes varias líneas de investigación empírica con niños pequeños, la mayoría de tres años o menos. En nuestra opinión, los niños de dos y tres años son equivalentes apropiados al menos de cierta forma, pues se comprometen directamente con otros en interacciones y relaciones diádicas —su «motor de interacción» para encuentros cara a cara ha arrancado (Levinson, 2006)— pero aparentemente no tienen casi, o no tienen, habilidades sociales para actuar en grupos *qua* grupos. Los niños de esta edad, por lo tanto, tienen algunas habilidades y motivaciones únicas de la especie para la acción moral y el juicio hacia los individuos, pero todavía no participan activamente en las convenciones, las normas y las instituciones sociales de su grupo cultural.

## Colaboración y ayuda

Empezamos con los orígenes de la ayuda más extendida que se prestaban los primeros humanos (en comparación con otros grandes simios) y su interés por otros, motivado por la empatía. Es decir, nuestro interés en esta sección es averiguar cómo la prosociabilidad de los grandes simios hacia los parientes y los amigos se convirtió en la moralidad de empatía de los humanos primigenios. Sostendremos que esta surgió en el contexto de una "domesticación" general de la especie y una nueva manera colaborativa de obtener los recursos básicos.

### Autodomesticación

El movimiento inicial en la dirección de la moralidad humana fue una suma por sustracción. Específicamente, lo que hubo que sustraer fue la confianza casi total de los grandes simios en el dominio —por parte de individuos o de coaliciones— para arreglar cualquiera y todas las disputas. Los individuos tenían que volverse menos agresivos y hostigar menos a los otros, si querían conseguir alimento juntos de manera colaborativa y compartir pacíficamente el botín al final. La propuesta es que esto comenzó a pasar muy pronto después del surgimiento del género *Homo*, hace unos dos millones de años, en una transformación que puede interpretarse como una cierta autodomesticación (Leach, 2003; Hare *et al.*, 2012).

Esta transformación fue seguramente el producto de tres procesos entrelazados entre sí. Primero, los humanos primigenios comenzaron a acoplarse a través del vínculo de pareja. Esta nueva forma de acoplamiento (es decir, nueva entre los grandes simios) tuvo una cascada de efectos sobre las emociones y motivaciones humanas. Chapais (2008) señala que el vínculo de pareja también produjo —a través del mismo mecanismo que opera en el reconocimiento entre hermanos— un nuevo reconocimiento de la paternidad en ambas direcciones: todo el que ande alrededor de la hembra con quien estoy unido es mi pariente cercano. Si bien esta nueva forma de vinculación tuvo muchas ramificaciones, lo más importante para nuestros propósitos es el hecho de que los machos ahora reconocían a todas sus crías (lo mismo que a los hermanos y a las compañeras de apareamiento) en el grupo social, y esto los llevaría a ser menos agresivos indiscriminadamente.

Una segunda parte de la historia tiene que ver con una nueva estrategia de subsistencia. La mayoría de los teóricos que hacen énfasis en la importancia de la caza colaborativa en la evolución humana reconocen una etapa transicional dedicada a buscar carroña. Los individuos se habrían visto forzados a trabajar en coalición para alejar a los leones o hienas que devoraban un cadáver antes de que ellos mismos pudieran comer de él (Bickerton y Szathmáry, 2011). Así, cualquier individuo que acaparara toda la carne habría sido el objetivo de otra coalición dispuesta a detenerlo. Boehm (2012) ha hecho énfasis en que, en general, casi todos los grupos contemporáneos de cazadores-recolectores son altamente igualitarios, y los individuos excesivamente dominantes son rápidamente reducidos por coaliciones de otros. Evolutivamente esto habría querido decir que había una selección social contra los matones, los acaparadores de alimento y otros individuos dominantes y, por lo tanto, una selección social a favor de aquellos individuos que mostraban mayor tolerancia hacia los otros cuando comían juntos. En efecto, en los chimpancés de hoy, la colaboración en una tarea de consecución de alimento creada experimentalmente funciona mejor cuando la pareja está conformada por individuos que son tolerantes uno con el otro mientras comen (Melis *et al.*, 2006b).

Tercero, aunque no sabemos con precisión cuándo se dio esta evolución, los humanos son los únicos grandes simios que practican el cuidado colaborativo de los niños (también conocido como crianza cooperativa; Hrdy, 2009). Individuos que no son padres, y a veces ni siquiera parientes cercanos, de todas maneras ayudan a alimentar y cuidar a los niños. Mientras que los padres y los abuelos habrían tenido obvias bases evolutivas para prestar esta ayuda, los no parientes pueden haber desarrollado una tendencia a cuidar a los hijos de otros en el contexto de la búsqueda colaborativa de alimento. Entre los cazadores-recolectores contemporáneos, las mujeres pueden ser mucho más productivas en la recolección de alimento vegetal si no tienen varios niños que cuidar al mismo tiempo. Podríamos, entonces, especular que el cuidado colaborativo de los niños evolucionó junto con la búsqueda colaborativa de alimento, como una división del trabajo para maximizar la producción de alimento, suponiendo que el recolector compartiera el botín con los cuidadores. Los primates no humanos que practican la crianza cooperativa, tales como los tities y los tamarinos, parecen tener un número mayor de tendencias prosociales comparados con otros monos, y algunos teóricos incluso han especulado que la crianza cooperativa en sí misma es la principal instigadora de la gran cantidad de comportamientos prosociales de los humanos modernos (por ejemplo, Hrdy, 2009; Burkart y Van Schaik, 2010).

El resultado de estos tres procesos precursores fue la evolución de interacciones sociales menos basadas en el dominio, y de temperamentos personales más suaves, un paso hacia el primer prerrequisito de Hume para un mayor equilibrio de poder entre los individuos (véase el capítulo 2). Por lo tanto, fue esta criatura unida en pareja, cuidadora de sus crías, relativamente tolerante y mansa —un gran simio autodomesticado— la que dio el paso hacia los modos de vida nuevos y más colaborativos que, según nuestra propuesta, constituyen los orígenes evolutivos de la cooperación y la moralidad exclusivamente humanas.

## Búsqueda de alimento colaborativa y obligada

Ahora viene el paso realmente crucial. Como siempre en la evolución, el factor instigador fue un cambio ecológico. Hace cerca de dos millones de años, a medida que el género *Homo* comenzaba a surgir en África, un período global de enfriamiento y sequía produjo una expansión de los ambientes abiertos y una propagación de monos terrestres (por ejemplo, babuinos) que pudieron haber competido con el *Homo* por muchos recursos. Esto significó que la alimentación preferida de los humanos primigenios (es decir, las frutas y otra vegetación nutritiva) se volvió escasa y se hizo necesario buscar nuevas opciones. Una opción que las coaliciones de individuos podían explotar habría sido la de buscar la carroña de cadáveres grandes cazados por otros animales.

Pero en algún momento los primeros humanos comenzaron a hacer intentos más activos por cazar animales grandes. Se puede pensar que, aunque comenzó antes, esta tendencia estaba totalmente consolidada para el momento en que surgió el *Homo heidelbergensis* (el ancestro común de los neandertales y los humanos modernos), hace aproximadamente 400 000 años. Existe mucha evidencia de que estas criaturas, por ejemplo, cazaban grandes presas de manera colaborativa y sistemática (véase la reseña de Stiner, 2013). La estructura resultante de esta y otras formas de búsqueda de alimento colaborativa habría sido, posiblemente, la de la caza del ciervo: los individuos podían optar por un alimento fácil, de escaso valor, u optar por una alternativa más riesgosa pero de mayor valor, mediante la colaboración con un socio (Skyrms, 2004). Mientras que otros simios obtenían (y todavía obtienen) la gran mayoría de su nutrición principalmente gracias a esfuerzos solitarios, estos primeros humanos obtenían la gran mayoría de su alimento gracias a esfuerzos colaborativos. Y, es importante anotarlo, si la colaboración fallaba, no tenían, o tenían pocas, opciones satisfactorias de reemplazo. La colaboración era obligada. Esto quería decir que los individuos eran interdependientes uno del otro de maneras mucho más apremiantes y generalizadas que los otros simios: tenían que colaborar con otros diariamente o morir de hambre[1].

[1] El proceso habría sido significativamente diferente del practicado por buscadores de alimento contemporáneos, ya que los buscadores de alimentos modernos tienen poderosas armas que los capacitan para cazar individualmente si lo desean. Además, los buscadores de alimento contemporáneos no son buenos modelos porque han pasado por el segundo paso en nuestra historia evolutiva y viven en culturas con mentalidad de grupo; así, por ejemplo, aunque busquen alimento solos, traen de vuelta el botín para compartirlo con el grupo.

Para que la búsqueda colaborativa de alimento despegue, claro está, cada socio debe esperar algún beneficio. Así, la cacería en grupo de monos por parte de los chimpancés funciona porque cada individuo espera atrapar al mono por sí solo y puede contar con que obtendrá alguna sobra aunque no sea así. Pero en situaciones en las que el captor puede monopolizar el botín, las cosas se desbaratan. Por ejemplo, en un estudio experimental, Melis *et al.* (2006b) presentaron parejas de chimpancés a las cuales les habían puesto comida que estaba fuera de su alcance y que solo podían obtener si los dos socios halaban simultáneamente los dos extremos de una cuerda conectada a una plataforma. Cuando había dos montones de comida, uno en frente de cada individuo, las parejas a menudo podían hacerlo; sin embargo, cuando solo había un montón de comida en la mitad de la plataforma, el ejercicio de halarla y acercarla por lo general terminaba en que el individuo dominante monopolizaba toda la comida. Naturalmente, esto desmotivaba al subordinado para futuros esfuerzos colaborativos, y la cooperación se desvanecía a lo largo de las pruebas. En claro contraste, en un estudio que Warneken *et al.* (2011) diseñaron para que fuera lo más comparable posible, a niños de tres años no les molestó en absoluto que la comida estuviera en un solo montón en la mitad de la plataforma: los niños colaboraron con éxito a lo largo de muchas pruebas, sin importar cómo estuviera dispuesta la comida. Los niños sabían que, pasara lo que pasara, al final siempre podrían dividirla de manera mutuamente satisfactoria, lo que casi siempre hacían (véase Ulber *et al.*, 2015, para algo similar con niños aún más pequeños). Por lo tanto, podemos deducir que cuando los primeros humanos se vieron forzados a buscar alimento colaborativamente, quienes tuvieron más éxito con el tiempo fueron aquellos que compartían el botín entre ellos de manera natural y mutuamente satisfactoria.

Sobra decir que la colaboración podía fallar si los individuos elegían socios incompetentes o glotones. Así, la interdependencia de los humanos primigenios cuando buscaban alimento estaba reforzada por un fuerte sistema de elección del socio. Como se anotó en el capítulo 2, no hay evidencia convincente de que cuando los chimpancés y los bonobos cazan en grupo elijan socio. Sin embargo, los primeros humanos experimentaron presiones mucho más fuertes para buscar selectivamente buenos socios y evitar a los que no eran buenos —de nuevo, debido a una escasez de opciones de reemplazo—, y así fue surgiendo la selección social de buenos colaboradores. Solo los individuos que podían trabajar bien con otros comían bien y así pasaban sus genes prolíficamente. Y, como veremos más tarde, los primeros humanos también desarrollaron modos muy fuertes de controlar a los socios, mediante los cuales intentaban convertir a los malos socios en buenos.

Estos cambios aparentemente pequeños a partir de la caza en grupo de los grandes simios hasta la búsqueda de alimento colaborativa de los primeros humanos —a medida que la colaboración se volvía más obligatoria y la elección y control de los socios se volvían más importantes— reestructuraron totalmente las exigencias socioecológicas para los individuos. En las otras secciones de este capítulo exploraremos varias y novedosas adaptaciones a estas exigencias; lo que queda de esta sección se concentra en lo más básico: un aumento cuantitativo, y quizás un cambio cualitativo, en el sentimiento de empatía que los individuos mostraban unos por otros.

## Preocupación por el bienestar del socio

Muchas personas han especulado que la empatía por otros se originó en la preocupación por las crías propias. Los chimpancés y otros grandes simios, como se documentó previamente, pueden además sentir empatía y por lo tanto ayudar a amigos de los cuales dependen para formar coaliciones y ayudarse. Nuestra propuesta aquí es, simplemente, que a medida que los humanos se volvieron más interdependientes de una variedad más amplia de individuos en el contexto de una búsqueda de alimento colaborativa y obligada, surgió una aplicación más profunda y amplia del interés y ayuda empáticos.

El punto principal es este: en el contexto de la búsqueda de alimento colaborativa y obligada, ayudar al socio paga dividendos directos.

Si mi socio ha perdido o roto su lanza, me interesa ayudarlo a repararla o encontrarla, pues esto mejorará nuestra probabilidad de éxito conjunto. En este contexto el socio que recibe la ayuda no tiene incentivo para desertar súbitamente y salir corriendo —en la medida en que la situación mutualista que lo beneficiará todavía está en funcionamiento—, así que toma la ayuda y continúa colaborando con el otro. No sorprende, entonces, que cuando los buscadores de alimento del pueblo aché en Sur América están cazando, hagan por sus socios cosas como darles armas, limpiar el camino por donde van, compartir información, llevarles los hijos, repararles las armas y enseñarles las mejores técnicas (Hill, 2002). No hay informes de que los chimpancés se ayuden unos a otros cuando cazan monos en grupo, probablemente porque a nivel básico lo que están haciendo es competir por atrapar al mono, aunque en experimentos en que se elimina la competencia por el alimento incluso ellos ayudan a sus socios (Melis y Tomasello, 2013). Los agentes racionales sienten presión instrumental para lograr sus objetivos (deseos) dadas sus percepciones (creencias), así que cada socio que actúa en colaboración con otro siente presión instrumentalmente racional para ayudarle a su socio en lo que se necesite, a fin de lograr su propósito conjunto.

A diferencia de los casos sencillos imaginados por la mayoría de los que modelan la evolución humana, lo que estamos imaginando aquí son situaciones en las que el comportamiento humano está organizado jerárquicamente de manera que algunas acciones son ejecutadas para alcanzar objetivos a múltiples niveles. Ayudar a mi socio puede ser un obstáculo con respecto a mi segundo objetivo de eliminar la presa —porque detenerme para ayudarlo me demora—, pero en el contexto más amplio de esta actividad mutualista como mi gran objetivo, detenerme a ayudar a mi socio es algo que me resulta directamente beneficioso. Y así, en los humanos primigenios, el interés y la ayuda basados en la empatía se extendieron más allá de los parientes y amigos hacia los socios colaborativos en general, independientemente de cualquier relación personal o historia personal de cooperación. Y para los individuos que tenían algún sentido del futuro, la lógica de la interdependencia exigía que también ayudaran a socios potenciales que estaban por fuera de la actividad colaborativa misma, debido a que podían necesitarlos en el futuro. Si el socio con el que tengo éxito a diario tiene hambre esta noche, debo alimentarlo para que se sienta bien para la salida de mañana. Es de notar, repito, que esta explicación no depende de la reciprocidad en el sentido clásico, porque el individuo no es «recompensado» por su acto altruista con actos altruistas recíprocos del beneficiario a nivel del costo, sino, más bien, por medio de su mutua colaboración con él, la cual no le cuesta nada (de hecho lo beneficia) y es algo que de todas formas haría.

Aunque la interdependencia es una parte de la lógica evolutiva del altruismo humano, no tiene que incidir en la toma de decisiones personal de un individuo; la motivación inmediata puede ser simplemente ayudar a cualquiera que tenga ciertas características o dentro de cierto contexto. De hecho, la evidencia de esta posibilidad puede hallarse en una investigación experimental reciente que establece que los niños pequeños están intrínsecamente motivados a ayudar a otros (quizás debido al interés basado en la empatía):

- Desde muy temprana edad, los humanos están altamente motivados a ayudar a otros. Niños de tan solo catorce meses están dispuestos a ayudar a adultos que no conocen en actividades como traer objetos que están fuera de su alcance, abrir puertas y arrumar libros (Warneken y Tomasello, 2006, 2007). Niños de dos años de edad harán lo mismo, incluso con un alto costo para ellos (Svetlova *et al.*, 2010).
- Desde muy temprana edad, los humanos están internamente motivados a ayudar a otros, sin necesidad de incentivos externos. Los niños de dos años no ayudan más cuando sus madres los están observando o animándolos a que ayuden (Warneken y Tomasello, 2013); ayudan a alguien que ni siquiera sabe que le están ayudando (Warneken, 2013), y cuando les dan recompensas externas por ayudar, si luego suspenden las recompensas, su ayuda de hecho se reduce en relación con niños que nunca fueron recompensados (Warneken y Tomasello, 2008).

- Desde muy temprana edad, la ayuda humana está mediada por el sentimiento de empatía que despierta la desgracia de otros. Los niños pequeños tratan de consolar a personas que muestran señales de angustia (Nichols *et al.*, 2009) y, de hecho, cuanto más angustiados están por la situación de los otros, más posibilidad hay de que les ayuden (Vaish *et al.*, 2009).

En resumen, parecería que ayudar a otros es algo natural en los humanos jóvenes y que está intrínsecamente motivado por sentimientos de empatía.

Aunque la motivación inmediata de los humanos a ayudar no parece incluir el cálculo de cuánto dependemos de la ayuda del receptor, hay dos evidencias importantes que sugieren que la interdependencia es, sin embargo, una parte clave de su fundamento evolutivo. Primero, usando una medida fisiológica directa de la excitación emocional, como la dilatación de la pupila, Hepach *et al.* (2012) encontraron que los niños pequeños se sienten igualmente satisfechos cuando ayudan a alguien que lo necesita y cuando ven que a esa persona la está ayudando un tercero; y en ambos casos se sienten más satisfechos que cuando la persona no está recibiendo ninguna ayuda. Esto sugiere que su motivación no es proveer ayuda ellos mismos, sino solo ver que la otra persona la recibe. De manera importante, esto significa que el interés por la reciprocidad (sea directa o indirecta) no puede ser el fundamento evolutivo del hecho de que los niños pequeños ayuden, porque para beneficiarse de la reciprocidad uno tiene que ejecutar el acto uno mismo, de modo que lo puedan identificar como el que ayuda para recibir el pago más tarde. Pero si la motivación inmediata solo es que la otra persona reciba ayuda, esto coincidiría muy bien con un relato evolutivo en términos de interdependencia, según el cual a mí no me importa cómo recibe ayuda la persona mientras la reciba; solo me interesa su bienestar.

Segundo, es un hecho interesante e importante que los humanos estén especialmente motivados a ayudar a otros que se encuentren en serias dificultades físicas, por ejemplo, el extraño que yace herido en la calle. Nos preocupamos primordialmente por su bienestar físico, tanto que si él nos dice que lo que debemos hacer primero es recuperar su bicicleta antes de tratar de detener su hemorragia, hacemos caso omiso de sus deseos y tratamos de detener la hemorragia de todos modos. No nos preocupa tanto satisfacer sus deseos como ayudarle físicamente (véase Nagel, 1986). Según varios estudios de niños pequeños, esta ayuda paternalista (como se le llama) se da desde una edad muy temprana (véase Martin y Olson, 2013). El punto es que no ayudamos a otros a conseguir lo que quieren, si esto entra en conflicto con lo que ellos necesitan desde el punto de vista de su bienestar físico. Esta opinión se refuerza aún más con el hallazgo de Hepach *et al.* (2013) según el cual los niños pequeños no ayudan a otro cuando la necesidad expresada no les parece justificada por las circunstancias (por ejemplo, está llorando por algo trivial), sino solo cuando esta parece justificarse (véase Smith 1759/1982). Este hallazgo sugiere, de nuevo, que lo que los niños y los adultos tratan de satisfacer no son solo los deseos personales del otro —aunque pueden hacer esto en algunos casos—, sino que están, más bien, buscando principalmente el bienestar de quien recibe la ayuda. La ayuda paternalista, ofrecida selectivamente solo a aquellos que de verdad la necesitan, es, claro está, consecuente con una lógica evolutiva de tratar de conservar en buen estado físico a los potenciales socios colaborativos.

También son importantes para nuestro recuento global dos hallazgos adicionales. Primero, cuando a los niños pequeños se les da la oportunidad de ayudar a otro niño, lo hacen más fácilmente si esto se da en el contexto de una actividad colaborativa, que si se da en algún contexto neutro (mientras que esto no sucede con los chimpancés; Hamann *et al.*, 2012; Greenberg *et al.*, 2010). Esto constituye un respaldo bastante específico para un escenario evolutivo en el cual el contexto primordial para la expansión del altruismo humano hacia individuos no amigos es la colaboración mutua.

El segundo hallazgo es que los niños pequeños, pero no los grandes simios, ayudarán más cuando el otro ha sido previamente «perjudicado» por un tercero que cuando esto no ha pasado (Vaish *et al.*, 2009; Liebal *et al.*, 2014). Esto sugiere la posibilidad de una forma de empatía cualitativamente diferente, una que va más allá de la simple ayuda a un agente que tiene un problema instrumental para convertirse en una verdadera empatía hacia el otro, en el sentido de mirar las cosas desde la perspectiva del otro y ponerse uno «en sus zapatos». Esto es lo que Roughley (2015) llama «comprensión smithiana» y da como ejemplos (siguiendo a Smith, 1759) la manera como nos sentimos mal por la muerte de una persona o por un enfermo mental —aunque él mismo no se sienta mal al respecto— con base, supuestamente, en cómo me sentiría yo si (en mi actual estado consciente) estuviera en su situación. El estudio de la ayuda paternalista citado antes también puede interpretarse de esta manera, claro está: le llevo al otro no lo que él quiere sino lo que yo quisiera si, dado mi conocimiento actual, yo estuviera en sus zapatos. Este mirar las cosas desde la perspectiva del otro y autoproyectarse son, supuestamente, cosas que los simios no hacen y que se apoyan, como argumentaremos más adelante, en el sentido exclusivamente humano de la equivalencia yo-otro.

Y así el primer componente de nuestro primer paso hacia la moralidad humana moderna es un interés motivado por la empatía, el cual se extiende hacia quienes no son ni parientes ni amigos y lleva a ayudarlos y, posiblemente, a una nueva comprensión cualitativamente smithiana, en la cual el individuo se pone en la situación del otro con base en un sentido de igualdad yo-otro. Debido a la interdependencia, estas empatía y comprensión por otros contribuye probablemente a la aptitud reproductiva del que ayuda a nivel evolutivo, pero, repito, el mecanismo próximo que evolucionó no contiene ningún elemento de interdependencia y aptitud reproductiva. Se basa solo en una pura empatía por los otros, que puede competir después con una variedad de otros motivos, incluidos los motivos egoístas, en la toma concreta de decisiones de conducta.

Sin embargo, por puro y poderoso que sea, el interés por el bienestar de los otros no es, en sí mismo, suficiente para explicar el otro gran pilar de la moralidad humana: la moralidad de equidad basada en un sentido de obligación. Esta moralidad no implica ayudar a otros sino, más bien, equilibrar sus muchos y variados intereses (y los de uno mismo) —los cuales están a veces en conflicto— cuando estos interactúan en situaciones complejas. Para dar cuenta de esta nueva actitud moral, tendremos que especificar tres conjuntos adicionales de procesos psicológicos que también surgieron en el contexto de la búsqueda de alimento colaborativa y obligada de los primeros humanos:

- procesos cognitivos de intencionalidad conjunta,
- procesos socio-interactivos de agencia de segunda persona, y
- procesos de autorregulación del compromiso conjunto.

Esto es lo que haremos, cada uno a su vez, en las tres secciones que siguen.

## Intencionalidad conjunta

En su libro de 1871, *El origen del hombre,* Darwin escribe: «Un animal cualquiera, dotado de instintos sociales pronunciados, adquiriría inevitablemente un sentido moral o una conciencia, tan pronto como sus facultades intelectuales se hubiesen desarrollado tan bien, o casi tan bien como en el hombre» (p.176). En ausencia de alguna investigación comparativa detallada sobre las habilidades cognitivas de los humanos y otros animales, Darwin no podía saber con precisión cuáles «facultades intelectuales» únicamente humanas eran las cruciales. Pero nuestra propuesta —respaldada por la investigación comparativa sistemática reportada aquí— es que ahora sí lo sabemos, por lo menos en un esquema general. Las habilidades cognitivas únicamente humanas responsables de la evolución de la moralidad humana, especialmente en relación con un sentido de equidad y justicia, caen todas bajo la categoría general de *intencionalidad compartida* o, más precisamente, en este primer paso de nuestra historia, de *intencionalidad conjunta,* como la que se logra con una díada colaborativa. Sin ser en sí mismas morales (o igualitarias o justas), estas habilidades proporcionaron, sin embargo, la base necesaria para un primer paso en esta dirección.

## La estructura de nivel dual de la agencia conjunta

Una actividad colaborativa estructurada por la intencionalidad conjunta tiene una estructura de dos niveles de conjunción e individualidad: cada individuo es al mismo tiempo el «nosotros» que está buscando un objetivo común con su socio (con atención conjunta) y un individuo que tiene su propio rol y perspectiva (Tomasello, 2014). Participar en actividades de intencionalidad conjunta conecta a los socios uno con otro psicológicamente de manera única: ahora forman lo que podemos llamar un agente conjunto. Así, si de cara a una tormenta dos personas corren al mismo refugio, la búsqueda de refugio no es su objetivo conjunto sino que es, solamente, el objetivo individual de cada uno de ellos por separado (Searle, 1995). Cuando los chimpancés cazan monos actúan así: no tienen el objetivo conjunto de capturar al mono, más bien, cada uno tiene el objetivo personal de capturar al mono para sí mismo (como lo evidencian sus intentos de monopolizar después el cadáver). Por el contrario, un agente conjunto se crea cuando cada uno de los dos individuos tiene la intención de que el «nosotros» actúe conjuntamente con el fin de lograr un objetivo único, y los dos saben en un terreno común (los dos saben que los dos saben) que esto es lo que los dos pretenden (véase Bratman, 1992, 2014).

La creación de una meta conjunta se apoya en un sentido mutuo de confianza; por lo menos, un sentido mutuo de «confianza estratégica» según el cual los dos sabemos, y sabemos juntos que sabemos, lo que es individualmente racional que cada uno de nosotros haga para lograr el éxito conjunto. (Más adelante introduciremos la noción más sofisticada de «confianza normativa», que vincula a los socios en un «nosotros» más fuerte sobre la base de su compromiso conjunto explícito). Los niños pequeños son capaces de crear con otros objetivos conjuntos poco después de su primer cumpleaños. Así, cuando se da el caso de niños de 14 a 18 meses que están colaborando con un socio adulto y este simplemente deja de interactuar sin ninguna razón, ellos intentan activamente volverlo a comprometer en la tarea, llamándolo con señas o gesticulando, mientras que los chimpancés nunca intentan volver a comprometer a su socio en la misma situación experimental (Warneken *et al.*, 2006). En este experimento, los niños no solo están intentando reactivar al adulto como «herramienta social» hacia un fin personal: cuando hay alguna razón externa para la interrupción (por ejemplo, que al adulto lo llame otro adulto), los niños esperan pacientemente a que vuelva, *incluso si pueden llevar a cabo la tarea ellos solos fácilmente* (mientras que, si deja de cooperar sin ninguna razón aparente, continúan intentando volver a comprometerlo; Warneken *et al.*, 2011). De este modo, los intentos de volver a comprometer al adulto se ven afectados por el estado intencional de este —si lo llaman probablemente se mantiene el objetivo conjunto, pero si se va sin ninguna razón probablemente lo pierde— y los niños no solo intentan reinstaurar una actividad divertida sino, más bien, reconstituir su «nosotros» perdido.

Epistémicamente, cuando dos individuos actúan de manera conjunta, es natural que presten atención conjunta a situaciones que son relevantes para su objetivo común. Así, las actividades de intencionalidad conjunta tienen como componente crucial la atención conjunta entre los participantes. En un ejemplo análogo al del refugio para la lluvia, el hecho de que dos individuos le presten atención a la misma situación al mismo tiempo no es suficiente para lograr una atención conjunta; deben prestarle atención juntos, en el sentido de que ambos sepan que están prestándole atención a esa situación juntos. Al definirlas de esa manera, los grandes simios no participan en actividades de atención conjunta (véase Tomasello y Carpenter, 2005, para evidencia empírica), mientras que los niños entre nueve y doce meses de edad sí participan en episodios de atención conjunta con otras personas, y estas interacciones forman la base de todo: desde las actividades colaborativas hasta la comunicación intencional y la adquisición del lenguaje (Tomasello, 1995). Cuando dos individuos han experimentado cosas juntos en actividades de atención conjunta, esta experiencia compartida se convierte en parte de su terreno común personal, por ejemplo, que los dos sabemos lo que hay que hacer para recolectar miel. El terreno común personal es parte de lo que define una relación social y los individuos dependen ampliamente de su terreno común personal con los otros para tomar muchas decisiones sociales cruciales (Moll *et al.*, 2008; Tomasello, 2008).

Los individuos que participan como parte de un «nosotros» en una actividad intencional conjunta no pierden por eso su individualidad. A nivel del comportamiento, cada uno tiene su rol individual que desempeñar, y normalmente cada uno conoce ambos roles. Así, en un estudio reciente, niños de tres años desempeñaron primero un rol en una actividad colaborativa y después fueron forzados a desempeñar el otro rol. Su actuación demostró que ya habían aprendido mucho acerca de este otro rol, puesto que eran mucho más hábiles que niños que no habían participado antes. En el caso de los chimpancés, no se observó este «valor agregado» por desempeñar el rol opuesto, lo cual sugiere que su participación con el socio era más individualista (Fletcher *et al.*, 2012). Es importante anotar que cuando simulan a su socio en su rol, incluso los niños muy pequeños entienden que pueden intercambiar roles con él y aun así lograr el éxito conjunto (Carpenter *et al.*, 2005); de nuevo, esto no sucede con los chimpancés. El que entiendan que los roles pueden intercambiarse sugiere que los participantes conceptualizan la actividad colaborativa como un todo desde una «visión de conjunto», incluyendo en el mismo formato representacional la perspectiva y el rol propios y los del socio.

A nivel epistémico, cada socio en un acto de atención conjunta tiene también su propia perspectiva individual y sabe algo de la perspectiva del socio. En efecto, uno podría argumentar que la participación en actividades de atención conjunta es lo que crea la noción completa de perspectiva en primer lugar: necesitamos estar concentrados en algo en común para que siquiera surja la noción de que existe una perspectiva diferente sobre eso (Moll y Tomasello, 2007a). Una sólida evidencia que respalda esta interpretación viene del hecho de que los niños pequeños no registran lo que otros están experimentado cuando simplemente los observan actuar desde lejos; sol'o tienen en cuenta la perspectiva del otro cuando interactúan conjuntamente con él (Moll y Tomasello, 2007b). Tener en cuenta esta perspectiva es, probablemente, lo que le permite a cada socio en una actividad conjunta monitorear el rol del otro (y viceversa).

Para coordinar hábilmente las diferentes perspectivas, y por lo tanto los roles, en una actividad intencional conjunta, se necesita algún tipo de comunicación. Tomasello (2008) argumenta y presenta evidencia de que, en efecto, las actividades intencionales conjuntas fueron la cuna de las formas únicamente humanas de comunicación cooperativa, comenzando con los gestos naturales de señalar y hacer pantomimas. La comunicación cooperativa se distingue de la comunicación de los grandes simios en general por el hecho de que el comunicador le está informando al receptor algo que le será útil o de ayuda, y este, debido a que la comunicación ocurre dentro del contexto de la actividad colaborativa mutua, confía en la información. Es importante tener en cuenta, en el contexto actual, que cuando algo se comunica explícitamente, queda «a la vista de todos» en la atención conjunta y el terreno común de los interactuantes. Esto significa que no hay posibilidad de que se desconozca esta información, y por eso, si tiene consecuencias interpersonales, uno no puede hacer caso omiso de ellas alegando ignorancia. Por lo tanto, si yo pido tu ayuda explícitamente, valiéndome de medios comunicativos que los dos sabemos que tú entiendes —según nuestro terreno común—, no puedes actuar como si no supieras que necesito ayuda. Esta «apertura» desempeñará un papel decisivo más adelante en nuestra explicación de la creación de compromisos conjuntos, los cuales crean sentimientos interpersonales de «deber» en el acto colaborativo (confianza normativa y responsabilidad de segunda persona). En general, el entendimiento de terreno común de una situación es parte integral de cualesquiera dimensiones normativas que pueda tener, y la comunicación manifiesta es la mejor forma de crear ese entendimiento de terreno común.

Un resultado crucial de todo esto fue que la estructura cognitiva de nivel dual propia de la intencionalidad conjunta hizo que se estableciera entre los humanos primigenios un nuevo tipo de relación social más allá de la amistad: la relación que «yo», como socio colaborativo, tengo «contigo», como mi alter ego colaborativo, en el contexto de nuestro «nosotros» como agente conjunto que trabaja, dentro del contexto de nuestro terreno común personal, hacia una meta conjunta (con un «yo» y un «tú» definidos perspectivalmente, desde luego). Y así nació el nuevo elenco de personajes que los individuos deben cuidar si aspiran a tener éxito en actos de intencionalidad conjunta: el «yo», el «tú» y el «nosotros», el *ménage* à *trois* esencial del cual ha surgido la moralidad humana de equidad.

## Ideales de rol colaborativo

A medida que los primeros socios humanos fueron colaborando unos con otros de manera repetida, surgió entre ellos un entendimiento de terreno común acerca de la manera ideal en que cada rol debía desempeñarse en una actividad particular de búsqueda de alimento. Por ejemplo, a medida que una díada interactuaba repetidamente, digamos, en la caza de un antílope, fue desarrollando una comprensión de terreno común de lo que constituía la actuación ideal del que desempeñaba el rol del perseguidor. Debido a que estos ideales existían solo dentro del terreno común de una díada particular, con respecto a una actividad colaborativa particular, podemos llamarlos ideales de rol específico: nuestra submeta para quien quiera que esté desempeñando este rol. Y, claro, mediante alguna clase de abstracción podían desarrollarse ideales más generales que se aplicaban del mismo modo a todos los roles, cosas como hacer esfuerzo, compartir el botín y no dejar de colaborar por distracciones triviales. Como parte de este terreno común, los socios sabían, desde luego, que si uno o el otro no desempeñaba su rol de manera ideal, ambos fracasarían. Así, cada socio soportaba una presión instrumental positiva hacia el éxito y una presión instrumental negativa contra el fracaso, y estos diferentes resultados los afectaban a los dos más o menos igualmente. Esto quería decir que también había efectos sobre su agente plural «nosotros», en el sentido de la continuación de su sociedad en general.

Podemos pensar que esta comprensión de terreno común acerca del desempeño ideal del rol —un desempeño virtuoso, si se quiere— constituye el fundamento estratégico de los estándares normativos socialmente compartidos. Claro, estos ideales primitivos de roles no son todavía la clase de estándares normativos a los cuales los filósofos morales atribuyen tan fundamental importancia; aún son básicamente instrumentales y locales. Pero tampoco son una simple extensión de la instrumentalidad individual. Son, más bien, una especie de socialización de la instrumentalidad individual, como puede verse en tres características que van mucho más allá de la individualidad intencional de otros grandes simios. Primero, el ideal de rol no es simplemente la meta de un agente individual; más bien, es la submeta del agente conjunto «nosotros», pues tiene sentido solo en el contexto de un objetivo conjunto con roles coordinados (por ejemplo, perseguir a un antílope solo tiene sentido si hay alguien esperando más adelante para clavarle una lanza). Segundo, la noción de que el éxito o el fracaso en el cumplimiento de un ideal de rol afecta no solo al individuo que desempeña ese rol sino también al valioso socio («tú»), así como a la sociedad de más largo plazo («nosotros»), hace parte del conocimiento de terreno común de los socios, lo cual añade una dimensión social a la presión instrumental sobre cada socio. Y tercero, el ideal de rol especifica lo que debería hacer un agente en un rol para contribuir al éxito del agente conjunto, pero es a la vez independiente del socio: se aplica a cualquiera y a todos por igual, independientemente de cualesquiera características personales y/o relaciones sociales. Así, podemos decir, en general, que la racionalidad instrumental individual de los grandes simios se ha socializado y convertido en la racionalidad instrumental conjunta de un par de humanos primigenios que actúan como un agente conjunto.

En resumen, es difícil imaginar que los estándares normativos socialmente compartidos tengan algún origen distinto al de los ideales de rol de terreno común en actividades colaborativas. La principal alternativa es que el individuo se siente presionado de alguna manera por una multitud de otros (o un otro especialmente poderoso) a comportarse de cierta manera (por ejemplo, Von Rohr *et al.*, 2011). Pero entonces el estándar es el estándar de «ellos o de él» y mi adhesión a él es solo una cuestión de instrumentalidad individual o estrategia con respecto a una coacción externa. En contraste, los ideales de rol de terreno común de las actividades intencionales conjuntas trascienden esta individualidad porque son estándares socialmente compartidos que respalda quien ejecuta el rol (véase más adelante la discusión sobre el compromiso conjunto), y cuyo sostenimiento facilita el éxito no solo para el individuo sino para su valioso socio y la sociedad.

## Equivalencia yo-otro

La manera como los socios en una actividad intencional conjunta entienden lo que están haciendo es crucial. Hemos afirmado que, en una actividad intencional conjunta, el individuo entiende lo que está haciendo desde una especie de «visión de conjunto». No escudriña desde el interior de su rol y perspectiva hacia el exterior del socio y lo que este está haciendo. Más bien, mientras está colaborando, el individuo se imagina que está en el rol y perspectiva del socio, por una parte, y también se imagina cómo el socio se está imaginando su rol y perspectiva, por otra parte. Puede imaginarse a cada persona en cualquier rol (también llamado inversión de roles) porque, como acabamos de afirmar, entiende que las exigencias instrumentales de los roles son independientes del socio; para lograr cumplir la tarea, todas las personas son iguales. (Esto no quiere decir que no haya diferencias individuales en qué tan bien se desempeña un rol, solo que el éxito depende de que el individuo, quien quiera que sea, desempeñe el rol de la mejor manera posible.) Por lo tanto, la «visión de conjunto» de la actividad colaborativa es, en un sentido importante, imparcial. No importa si tú eres mi amigo, un niño, mi pareja o un experto, lo que importa son los roles independientes de los socios y su desempeño exitoso, no las características personales de quienes los están desempeñando.

Esta manera de ver las cosas tuvo inmensos efectos sobre las relaciones interpersonales entre individuos. Nagel (1970) afirma que el reconocimiento de otras personas como agentes o personas tan reales como uno mismo —de manera que uno se vea solo como un agente o persona entre muchas— es una razón para considerar que los intereses de los otros son equivalentes a los de uno. Su descripción de lo que hemos llamado «visión de conjunto» y la reversibilidad o intercambiabilidad de roles es esta: «Tú ves la situación actual como una muestra de un esquema más general, en el cual los personajes pueden intercambiarse» (p. 83). Esto constituye la base de lo que Nagel considera el argumento más básico que una víctima puede presentarle a un victimario: «¿A usted le gustaría que le hicieran esto?» (es decir, si hubiera inversión de roles; p. 82). Nuestro argumento aquí es, simplemente, que el reconocimiento de la equivalencia yo-otro surgió en la evolución humana como una percepción de la lógica instrumental de las actividades colaborativas con estructura de nivel dual, de metas conjuntas y roles individuales asociados a ideales de rol.

Pero lo más importante —y este es el punto más profundamente filosófico de Nagel— es que el reconocimiento de la equivalencia yo-otro *no* es por sí solo una noción o motivación moral; es simplemente el reconocimiento de un hecho ineludible que caracteriza la condición humana. Yo puedo hacer caso omiso de esta percepción en la toma de decisiones con respecto a mi comportamiento actual y, en efecto, podría incluso desear que no fuera verdad. Pero eso no importa: un hecho es un hecho. El reconocimiento de la equivalencia yo-otro no es, por lo tanto, de ninguna manera suficiente para tomar una decisión equitativa o justa en las relaciones interpersonales de uno con los otros; es, simplemente, la estructura de la manera como los humanos entienden el mundo social en que viven. Pero aunque no es suficiente para motivar actuaciones con equidad y justicia, verse a uno mismo y ver a los otros como iguales en algún sentido es, como todo el mundo ha reconocido desde Aristóteles, necesario.

En esta explicación, entonces, el reconocimiento de la equivalencia yo-otro no constituye en sí mismo ninguna clase de acción o juicio moral; más bien, sirve para transformar varias acciones y juicios concretos, basados en nociones estratégicas o contractarianas

—compartir alimento con otros solo por los beneficios predecibles que puede traerme en el futuro— en acciones y juicios basados en nociones más morales o contractualistas, en los cuales los individuos toman decisiones y hacen juicios imparciales, al menos hasta cierto punto, poniéndose a sí mismos y a los otros en un plano fundamentalmente igual. El reconocimiento de la equivalencia yo-otro tuvo su efecto más directo en las nuevas maneras en que los primeros individuos humanos trataban a sus socios colaborativos y esperaban ser tratados por ellos. En particular, en el contexto de la elección de socio, llevó a los colaboradores, o colaboradores potenciales, a tratarse unos a otros con respeto mutuo como socios igualmente meritorios. Estas nuevas maneras de tratar a los socios y a los socios potenciales constituyeron lo que podemos llamar la agencia de segunda persona (véase la siguiente sección), que dotó a los primeros individuos humanos de las herramientas para crear verdaderos contratos sociales unos con otros, en la forma de compromisos conjuntos (véase la sección después de la siguiente).

## Resumen

Dentro de sus díadas de interacción cooperativa, los humanos primigenios crearon un nuevo orden social que existió en dos niveles simultáneamente: en un nivel había un «nosotros» creado a partir del reconocimiento mutuo de la interdependencia de los socios (basado en la confianza estratégica), el cual podía actuar como un agente conjunto; en el otro nivel había dos «yoes» que constituían este «nosotros» (donde cada uno perspectivizaba al otro como «tú»), que reconocían mutuamente su igualdad en la actividad colaborativa como agentes que se conformaban, bajo presión instrumental, a un ideal de rol específico. De este modo, el agente conjunto así constituido tenía su propia nueva forma de racionalidad instrumental, la cual motivaba a cada socio a ayudar y compartir con el otro. Una vez que los primeros individuos humanos comenzaron a conceptualizarse a ellos mismos y a su socio equivalente como un agente común «nosotros» —y a preocuparse por cómo ese «nosotros» se relacionaba tanto «contigo» como «conmigo»—, se establecieron los problemas básicos para los cuales una moralidad de la equidad fue la solución.

## Agencia de segunda persona

Las actividades intencionales conjuntas de los humanos primigenios eran, pues, instrumentalmente racionales de nuevas maneras sociales. No había nada específicamente moral en estas actividades, más allá de la empatía, pero el entendimiento de terreno común según el cual había unos ideales de rol independientes del socio (como precursor de los estándares normativos socialmente compartidos) y una equivalencia yo-otro (como precursor de la imparcialidad) fue la semilla cooperativa que pronto daría frutos morales. Para que esto sucediera, sin embargo, se necesitaban individuos mucho más aptos para la búsqueda de alimento colaborativa y obligada, específicamente, para los desafíos de elegir socios dentro de una mayor reserva de colaboradores potenciales. Más importante aún, los primeros individuos humanos tuvieron que aprender a crear sociedades beneficiosas con otros por medio de la evaluación y después la selección de buenos socios colaborativos, lo cual hacían anticipando las evaluaciones de otros y actuando de manera que fueran elegidos como socios ellos mismos y, en general, manejando y controlando sus asociaciones de manera satisfactoria.

### Selección de socio y respeto mutuo

Selección de socio significa seleccionar como socio colaborativo a un individuo entre otros, presumiblemente el más competente (por ejemplo, el más conocedor y físicamente hábil) y más cooperativo (por ejemplo, el más inclinado a hacer su parte del trabajo y a tomar solamente su porción del botín). En el contexto de la búsqueda de alimento colaborativa y obligada, no ser elegido por ningún socio sería, claro está, fatal.

En un mercado de selección de socio, la habilidad básica «positiva» es identificar buenos socios cooperativos. Resulta interesante notar que tanto los grandes simios como los humanos muy jóvenes ya tienen preferencias por los individuos cooperativos. Por ejemplo, en un par de estudios recientes, los chimpancés y los orangutanes eligieron aproximarse y pedir alimento a un humano que había llevado a cabo actos prosociales —hacia ellos o hacia un tercero— más que a un humano que había ejecutado actos antisociales (Herrmann *et al.*, 2013). De la misma manera, niños muy pequeños muestran preferencias sociales similares. Por ejemplo, niños de un año o menos ya prefieren interactuar con personas que «ayudan» versus «las que ponen obstáculos» (véase Kuhlmeier *et al.*, 2003; Hamlin *et al.*, 2007). La versión «negativa» de este mismo proceso es evitar los malos socios. Los chimpancés evitan de manera sistemática los socios con los que previamente han fracasado en tareas colaborativas (Melis *et al.*, 2006a), y los niños pequeños se niegan selectivamente a ayudar o a compartir recursos con un individuo que de alguna manera perciben como «más malo» que otro (Vaish *et al.*, 2010).

Así, los humanos primigenios fueron construyendo actitudes evaluativas sobre el comportamiento cooperativo de otros individuos. Pero, y esto solo sucede entre los primates, también comenzaron a darse cuenta de que otros estaban construyendo actitudes evaluativas sobre ellos, de modo que trataron de influenciar el proceso. En un experimento reciente, a unos niños de cinco años se les dio la oportunidad de ayudar o robar a otro niño ficticio. En algunos casos estaban siendo observados por un compañero y en otros casos estaban solos en la habitación. Como era de esperarse, ayudaron más al otro niño, y le robaron menos, cuando los estaba observando un compañero que cuando estaban solos. En las mismas situaciones, a los chimpancés no les importó si estaban siendo observados o no (Engelmann *et al.*, 2012). En otra situación experimental, diseñada de manera que tuviera una estructura similar a la que enfrentaban los humanos primigenios, los individuos compitieron entre sí por ser más serviciales y generosos, para que un observador los viera como mejores cooperadores y los eligiera como socios en una colaboración mutualista (Sylwester y Robert, 2010). Los humanos primigenios que estamos describiendo aquí, entonces, no solo formaban actitudes evaluativas sobre otros en el proceso de selección de socio, sino que también sabían que otros estaban haciendo lo mismo con respecto a ellos, y así iniciaban un proceso activo y estratégico para administrar la buena impresión (Goffman, 1959)[2].

Esto tuvo como resultado que los primeros humanos comenzaran a llevar un control de los actos específicos cooperativos y no cooperativos que habían experimentado, como actores y como receptores, con socios específicos. Claramente, todo el mundo prefería trabajar con los socios más competentes y cooperativos. Esto permitió que algunos individuos tuvieran mayor demanda como socios y entonces usaban su popularidad como poder negociador para obtener un mejor acuerdo. Como ha sido esbozado muy sistemáticamente por Baumard *et al.* (2013), en un mercado completamente abierto de elección de socio (con plena información), los socios más competentes y cooperativos —aquellos con quienes uno tendría más posibilidad de éxito— tenían mayor demanda. Podían, por lo tanto, exigir de un socio en potencia más de la mitad del botín, o el rol más fácil, o lo que fuera, porque el socio «más débil» querría que el «más fuerte» colaborara de nuevo con él en el futuro, más que lo contrario. En este aspecto, el mercado era altamente competitivo.

Pero hay otras clases de mercados bajo condiciones diferentes. Por ejemplo, la competencia no será tan marcada si hay muchas buenas alternativas de buscar alimento que no requieren socios excepcionales —cualquiera serviría—, o si la búsqueda colaborativa de alimento comienza la mayoría de las veces de manera oportunista

[2] En general, citamos en este capítulo solamente estudios de niños de tres años o menores. En este caso, sin embargo, nos hemos desviado de esta regla porque no se han hecho estudios de manejo de impresiones con niños menores de cinco años. Pero incluso los infantes de un año saben claramente cuándo los están observando y se comportan diferente, especialmente inhibiendo su comportamiento y mostrando timidez, cosa que otros simios no hacen (Rochat, 2009)

con quienquiera que esté cerca, restringiendo severamente las opciones disponibles de socio. Pero más importante en el contexto actual, un mercado totalmente abierto no sería operativo si la información sobre los socios se limitara a experiencias personales directas con diferentes socios, sin que hubiera una reputación pública basada en el chisme; entonces sería extremadamente difícil para individuos solos ejercer mucho poder negociador con otros, pues cada uno percibiría la situación de la reputación de manera diferente. Con respecto a este último punto, Tomasello (2008) argumentó y presentó evidencia de que los primeros humanos no tenían en ese entonces un lenguaje convencional sino solo los gestos naturales de señalar con el dedo y hacer pantomima (como se anotó anteriormente), con los cuales sería extremadamente difícil transmitir información narrativa completa acerca de comportamientos pasados del socio. Además de todo esto, si a los humanos primigenios les preocupaba tanto el destino de sus compañeros como estamos diciendo aquí, entonces un individuo no querría ejercer su poder de negociación respecto de los socios buenos en detrimento de estos. Por regla general, entonces, todos los individuos en este mercado más restringido, sin importar sus habilidades, sabrían que tenían un poder de negociación básicamente similar al de los distintos socios de los que dependían.

Así, en el mercado más igualitario y de reducida información que estamos imaginando aquí, lo importante era, sencillamente, encontrar un socio con el que uno pudiera esperar tener éxito, y de estos había bastantes, con un poder de negociación más o menos equivalente. Con individuos que solo podían ver a un socio colaborativo como alguien más o menos igual a ellos mismos, el resultado psicológico habría sido una actitud de respeto hacia los socios y, ciertamente, un *respeto mutuo* entre socios (lo que Darwall [1977] llama «respeto de reconocimiento»). Este respeto mutuo habría tenido, entonces, un componente estratégico —cada socio reconocía el poder de negociación igual del otro—, pero también un componente no estratégico, basado en el sentido genuino de igualdad o equivalencia del socio (yo-otro), que todos los individuos reconocían como resultado de su participación y adaptación a actividades intencionales conjuntas. Juntos, estos dos componentes, el estratégico y el genuino, llevaron a un «respeto mutuo entre personas mutuamente responsables» (Darwall, 2006, p. 36). Y así nacieron agentes cooperativos de segunda persona que respetaban el estatus de igualdad del otro, con base en su participación tanto en la actividad colaborativa misma (los ideales de rol independientes del socio llevaron a un sentido de equivalencia yo-otro) como en el mercado más amplio de la elección de socio (en el cual los dos tenían igual poder de negociación).

## Control del socio y merecimiento mutuo

En la elección de socio, uno trata de encontrar y comprometer a un buen socio. En el control del socio, uno intenta mejorar el comportamiento de un socio que no es tan colaborativo, por ejemplo, por medio del castigo u otros medios. Cuando la reserva de socios potenciales es limitada, ser capaz de convertir a un mal socio en uno bueno tiene obvias ventajas adaptativas.

Una situación especialmente importante para el control del socio en la búsqueda colaborativa de alimento de los humanos primigenios habría sido intentar controlar a los aprovechados. Y esto no es algo que se pueda dar por hecho. En la caza de monos en grupo que hacen los chimpancés, aprovecharse es muy generalizado —individuos que no contribuyen con nada a la caza en grupo sin embargo consiguen carne— y los participantes no intentan controlarlos. Según Boesch (1994), los individuos chimpancés de hecho consiguen más carne cuando participan en la cacería que si son espectadores, pero aun así los espectadores consiguen bastante. Esta distribución no se debe probablemente al acto de participar sino simplemente al hecho espacial de que los cazadores están más cerca del captor cuando se hace la captura y así se unen al festín más rápidamente, mientras que los espectadores llegan más tarde y deben rogar y acosar para obtener carne desde fuera del círculo inmediato de los consumidores. Esta interpretación se apoya en un experimento reciente diseñado para imitar exactamente esta situación. El hallazgo fue que quienes se hacían al botín de una colaboración no compartían más con los otros contribuyentes colaborativos que con los no contribuyentes, si estaba controlado experimentalmente cuán cerca o lejos estaban los individuos del «sitio de la captura» (Melis *et al.*, 2011a). En contraposición, en una situación similar, los niños que hacían las veces de «captores» compartían más con los contribuyentes colaborativos que con los no contribuyentes, sin importar cuán cerca o lejos estaban en el momento de la captura; los niños excluían activamente a los aprovechados (Melis *et al.*, 2013).

Para los humanos primigenios que estamos describiendo aquí, el hecho de aprovecharse no fue un problema al comienzo, porque el número de individuos disponible era el mismo que se necesitaba para que la búsqueda de alimento tuviera éxito —dos— y, así, fallar era derrotarse ellos mismos: si yo no hago mi trabajo, entonces ni mi socio ni yo vamos a conseguir comida. Pero otros podían venir después de la matanza y eran en esencia competidores —de fuera—, así que en algún momento los humanos también desarrollaron la tendencia a disuadir, y así tratar de controlar, a los aprovechados, negándoles una parte del botín. Es posible imaginar que tales intentos de excluir a los aprovechados fueron los actos originales de retribución: tú no colaboraste, por lo tanto no puedes compartir el botín. En este caso todos los socios que contribuyen se ven como iguales o equivalentes, pero los que no contribuyen no.

El proceso de excluir a los aprovechados abre la puerta a la división de los recursos sobre la base de algún tipo de merecimiento. El esquema de distribución más simple es que los participantes obtienen porciones más o menos iguales y los que no participan no obtienen nada y, de hecho, los niños pequeños tienden a dividir las ganancias de una colaboración igualitariamente (Warneken *et al.*, 2011; Hamann *et al.*, 2011; Ulber *et al.*, 2015). Pero en casos extremos, el grado de participación también puede tenerse en cuenta. Por ejemplo, un individuo que llegó tarde y se unió a la colaboración solo al final, pero de modo crucialmente importante, puede merecer algo del botín. Y los niños, en algunos casos extremos, distribuirán los recursos entre socios colaborativos sobre la base del esfuerzo invertido en el trabajo y la contribución (Hamann *et al.*, 2014; Kanngiesser y Warneken, 2012). En la actual hipótesis evolutiva, excluirlos del botín (o de parte de él) habría sido, inicialmente, el único castigo inmediato dado a los rezagados y a los aprovechados, y uno ciertamente podría decir que este es un proceso de exclusión estratégico. Pero como hemos destacado, en este momento los humanos primigenios también tenían un reconocimiento no estratégico de la equivalencia o igualdad de los socios, entre los cuales estaban incluidos de manera muy importante el yo y el otro. Una vez más, entonces, podemos imaginarnos una combinación de consideraciones estratégicas y no estratégicas —la exclusión estratégica de los aprovechados y el reconocimiento genuino de la equivalencia (yo-otro) de los socios— que lleva al surgimiento de algo como un sentido del *merecimiento* relativo de los individuos a compartir el botín según su participación, o la falta de ella, en la búsqueda de alimento. Los individuos que no contribuyeron no merecen nada del botín, y los individuos que sí contribuyeron merecen partes iguales del botín (con alguna libertad de gradaciones).

## Identidad cooperativa

Hasta ahora nuestra explicación ha registrado dos ámbitos sociales relacionados pero diferentes. Por una parte están las interacciones diádicas que los primeros individuos humanos tuvieron con socios colaborativos: «yo» relacionándome «contigo» como parte de un «nosotros». Por otra parte está la mayor reserva de socios potenciales en el grupo social, como un todo en situaciones de elección del socio. En esta reserva social más grande, lo que un individuo necesitaba era que lo percibieran como un socio colaborativo competente, es decir, que pudiera asociarse bien con múltiples individuos para la búsqueda de alimento (a falta de una reputación completamente pública). Otro modo de decir esto es que el individuo necesitaba una identidad social como un socio colaborativo competente —un agente de segunda persona competente—, que mostrara igual respeto por otros socios merecedores.

A medida que los primeros individuos humanos fueron creando una identidad social, simultáneamente fueron creando un sentido personal de identidad. Como una aplicación específica de su comprensión de la inversión y la intercambiabilidad de roles, los primeros humanos entendieron ambos roles en el proceso evaluativo y la manera como estos se interrelacionaban: evaluaban a los socios y sabían que ellos también estaban siendo evaluados. El resultado fue que un individuo podía imaginarse a sí mismo en el lugar de otro mientras este lo evaluaba a él y viceversa. Como consecuencia de esto, así como cada uno de los socios llegaba a sentir que los aprovechados no merecían nada, el individuo también podía juzgar, en una situación dada, que él tampoco merecía nada. Esta intercambiabilidad de roles en la evaluación de los socios vinculaba la identidad social del individuo en el grupo como un socio colaborativo competente a su sentido de identidad personal. El sentido de identidad personal de los humanos primigenios, entonces, se basaba en un juicio esencialmente imparcial, que no favorecía al individuo sobre los otros. Yo me juzgo a mí mismo como juzgaría a otros porque no puedo evitar hacerlo, dado que veo que yo y los otros somos básicamente iguales, y de manera natural invierto los roles en todos mis juicios en los cuales están involucrados no solo los otros sino yo mismo.

En los humanos primigenios, el proceso de crear una identidad cooperativa comenzaba desde la niñez temprana. Cada niño empezaba por ver con asombro a los adultos competentes y poderosos que hacían cosas difíciles e interesantes. El pequeño no tenía ninguna de las competencias requeridas para participar y él lo sabía. A medida que iba creciendo, iba adquiriendo las competencias y el conocimiento necesarios para participar en actividades colaborativas específicas. Al intentar participar, pedía implícitamente a los adultos reconocimiento mediante la inclusión (Honneth, 1995), y sabía que este reconocimiento solo podía venir de aquellos a quienes se lo estaba pidiendo, porque ese era el único juicio que importaba. (Si uno quiere ser aceptado como un jugador de ajedrez competente, el reconocimiento de la madre de uno importa poco.) El niño en desarrollo estaba buscando respeto y reconocimiento como un socio colaborativo competente —como un agente de segunda persona merecedor de respeto mutuo— y cuando se los concedían, esto se convertía en una parte integral de su identidad cooperativa y por tanto personal. (Vamos a reservar el término *identidad moral* para nuestro próximo paso evolutivo en el contexto de una comunidad moral —no solo un grupo social vagamente estructurado— que gobernaba todos los aspectos de la vida de los individuos.) Debido a que el individuo necesitaba colaborar o de lo contrario moriría de hambre, la manera como los otros lo veían —y su sentido de identidad personal cooperativa resultante— era un asunto de vida o muerte.

A medida que los individuos se fueron convirtiendo en agentes de segunda persona, y necesitaban ser elegidos como socios, era importante señalarles a los otros tanto la identidad cooperativa de uno como el reconocimiento de uno de la identidad cooperativa de ellos. Un modo importante de hacer esto era mediante la comunicación cooperativa por medio de la llamada interpelación de segunda persona. Así, uno abría el canal de comunicación cooperativa interpelando al receptor con respeto y reconocimiento y esta interpelación pedía simultáneamente a cambio el mismo respeto y reconocimiento. Dada esta interpelación de segunda persona y su reconocimiento, tanto el comunicador como el receptor normalmente confiaban el uno en el otro. Si el receptor oía la interpelación de segunda persona pero después la rechazaba, eso constituía un serio rompimiento de sus suposiciones mutuas de cooperación, respeto y confianza. La interpelación de segunda persona, por tanto, daba por hecho y a la vez ayudaba a constituir lo que era, para un humano primigenio, ser un socio colaborativo competente. También permitió la elaboración del tipo de contrato local, temporal, entre dos personas, conocido como compromiso conjunto.

## Compromiso conjunto

Los tipos de actividades colaborativas descritos hasta ahora eran inherentemente riesgosos, porque se basaban solo en la confianza estratégica. Creo que conozco tus motivos y confío en ese conocimiento, pero fácilmente podría equivocarme: quizás tú has comido más recientemente de lo que pensé y por tanto estás desmotivado, o quizás crees que la caza será más difícil de lo que pensé y por tanto tienes objeciones, o quizás durante la caza surge algo inesperado y mejor, que te tienta a irte. Lo que necesitamos para arriesgarnos, entonces, es que cada uno de nosotros confíe en el otro de manera más profunda, de forma más comprometida. Lo que necesitamos es que cada uno sienta que verdaderamente *tenemos* que llevar nuestra colaboración hasta el fin, que verdaderamente eso es algo que nos *debemos* el uno al otro.

La percepción más profunda del más perceptivo de los teóricos sociales, Jean-Jacques Rousseau —modificada más tarde por Kant y los idealistas alemanes— fue que la única fuente posible de este genuino sentido personal de «deber» es mi identificación con, y deferencia hacia, un cuerpo social más grande (incluso idealizado) del cual yo soy parte. Yo otorgo libremente autoridad —autoridad legítima— sobre «mí» a una entidad supraindividual que es «nosotros», y en efecto, le cedo a ese «nosotros» tanta autoridad que si tú me reprendes por un comportamiento no ideal, yo me uniré a ti en el reproche (bien sea abiertamente o con un sentimiento de culpa personal), y juzgaré que sí es merecido. Elijo identificarme muy profundamente en la situación con el «nosotros» supraindividual, y no con el «yo», porque hacerlo de otra manera sería renunciar a mi identidad cooperativa y, por tanto, a mi identidad personal (véase Korsgaard, 1996a).

La entidad supraindividual original que pudieron crear los humanos primigenios fue el «nosotros» establecido por un compromiso conjunto entre dos socios colaborativos. Existe un debate teórico acerca de si los compromisos conjuntos son algo adicional a una actividad colaborativa conjunta estructurada por intenciones y objetivos conjuntos (Bratman, 1992, 2014), o si la noción de objetivo conjunto tiene sentido solo como parte de un compromiso conjunto existente (Gilbert, 2003, 2014). Nosotros creemos que puede haber actividades intencionales conjuntas en las cuales dos individuos simplemente «caen» y entonces forman un objetivo conjunto, dado su interés común y su confianza estratégica en que cada uno actuará racionalmente en pro de su mejor interés (como se dijo antes). Las actividades colaborativas iniciadas por compromisos conjuntos, por contraste, representan el caso especial en el que expresamos explícita y abiertamente nuestro compromiso recíproco como agentes de segunda persona mutuamente respetuosos, y así formamos un vínculo de «confianza normativa». Iniciar una actividad colaborativa por medio de un acto abierto y explícito de comunicación cooperativa saca todo a la luz, así que el compromiso conjunto resultante está firmado y respaldado por las identidades cooperativas de los signatarios. Esta autorregulación conjunta representa el tipo de control «nosotros > yo», como podemos llamarlo, el cual, cuando se internaliza, se convierte en un sentido de responsabilidad de segunda persona con el socio colaborativo.

## Los acuerdos originales

Hay muchas maneras diferentes de empezar una actividad colaborativa. Los chimpancés se apoyan más que nada en una estrategia de líder-seguidor. Al cazar monos, por ejemplo, por lo general un individuo comienza la caza y otros se unen. (Esto también es característico de la mayoría de los concursos de coalición, en los cuales lo más frecuente es que un individuo ya esté peleando y los amigos se le unen a su lado.) En una caza de venado construida de forma experimental, prácticamente todas las parejas de chimpancés adoptaron la estrategia de líder-seguidor (Bullinger *et al.*, 2011b). Pero esto es riesgoso para el líder porque está contando con que los otros lo sigan. En efecto, los líderes más frecuentes en las cacerías en grupo son los jóvenes (Boesch, 1994), que bien pueden desconocer los peligros o ser especialmente impulsivos, y los llamados «cazadores de impacto», que pueden ser individuos especialmente impulsivos, que buscan el riesgo o tienen demasiada confianza en sí mismos.

La principal manera como los individuos pueden reducir el riesgo en una cacería de venado es comunicarse con su socio antes de abandonar la presa. En situaciones con un alto grado de riesgo construidas con fines experimentales, los chimpancés básicamente nunca hacen esto, mientras que los niños lo hacen muy a menudo (por lo general, con gestos para llamar la atención y enunciados verbales informativos que anuncian la llegada del ciervo; Duguid *et al.*, 2014). Por lo tanto, dada una situación de cacería de venado en la cual los dos socios tratan de reducir el riesgo, y dadas algunas habilidades iniciales de comunicación cooperativa, es posible imaginar que los primeros humanos comenzaron a usar algún tipo de vocalización o gesto para llamar la atención y coordinarse, antes de renunciar a la presa, bien fuera para indicar el propio plan de acción o sugerir un plan para el socio o la díada. Este tipo de actos comunicativos habrían sido extremadamente útiles para iniciar el cometido, pero obtener una respuesta comunicativa del socio, quizás incluso un compromiso, habría sido aún mejor. Puesto que cada socio está en la misma situación riesgosa, la mejor opción para cada uno es lograr el compromiso del otro, y el resultado es un compromiso conjunto.

Para los teóricos sociales que se concentran en la normatividad, el compromiso conjunto representa nada menos que los «átomos sociales» de la interacción social exclusivamente humana (Gilbert, 2003, 2014). Los compromisos conjuntos son básicos y esenciales porque reconocen explícitamente nuestra interdependencia mutua en la actividad colaborativa que viene y buscan manejarla. Suponen que cada persona es un agente de segunda persona con una identidad cooperativa, en el que puede confiarse y que va a responder como se debe en términos de su ideal de rol específico. Para poder ser digno de esta confianza, lo que llamaremos confianza normativa, un individuo no solo debe tener ciertas competencias cognitivas y físicas sino también una identidad cooperativa que resulta de tratar a otros agentes de segunda persona con respeto mutuo y juzgar a los individuos, incluido él mismo, por su merecimiento tanto de recompensas como de castigos. Y este individuo debe estar dispuesto a poner en juego su identidad cooperativa.

Para empezar, los compromisos conjuntos se crean cuando un individuo le hace a otro alguna clase de oferta comunicativa explícita para que «nosotros» hagamos x cosa, y entonces ese otro individuo acepta, ya sea explícitamente mediante su propio acto comunicativo cooperativo o implícitamente empezando a desempeñar su rol (basándose en su comprensión de la oferta comunicativa). Para iniciar y aceptar una invitación a una actividad conjunta se emplea la interpelación de segunda persona, la cual presupone una actitud mutua de cooperación y hace explícitos los supuestos de terreno común de la díada con respecto a los ideales de rol específico. Cada individuo invita al otro intencionalmente, de forma manifiesta, a hacer planes —incluso planes riesgosos— en torno al hecho de que él o ella hará x; a confiar en que él insistirá en lograr x —a pesar de la fatiga y las tentaciones exteriores— hasta que los dos estén satisfechos con el resultado (Friedrich y Southwood, 2011); a creer que él puede proceder sin miedo a fracasar debido a su lasitud o negligencia (Scanlon, 1990), y en general, a depender de él[3]. Y, significativamente, los compromisos conjuntos solo pueden terminarse mediante algún tipo de acuerdo conjunto. Un socio no puede sencillamente decidir que ya no tiene ningún compromiso con el otro; debe pedirle que terminen el compromiso y el socio debe aceptar (Gilbert, 2011). Los compromisos conjuntos son conjuntos todo el tiempo.

Con criaturas que hablan, el prototipo es una oferta que comienza por algo como «Hagamos x», la cual es aceptada con un «Vale» (y termina con algo como «Lo siento, ahora tengo que hacer x, ¿vale? Vale»). Pero el lenguaje no es esencial; lo único que se necesita es algún tipo de acto comunicativo cooperativo. Así, cuando Warneken *et al.* (2006, 2007) pusieron a niños de catorce y dieciocho meses a interactuar con un adulto en una actividad colaborativa y de repente

[3] La palabra *promesa* se evita aquí (y este es el objetivo real de Scanlon [1990]), ya que las promesas son compromisos más públicos, hechos en lenguaje público, y por eso tratamos sobre ellas en el capítulo 4.

el adulto dejó de interactuar, los niños trataron de volver a involucrar al socio a través de intentos comunicativos, generalmente señalándolo o llamándolo. Es decir, utilizaron con el socio una interpelación de segunda persona, en la cual lo invitaban implícitamente: «Hagamos...», y esperaban, si no exigían, una respuesta de alguna clase. Como evidencia de esta interpretación, Gräfenhain *et al.* (2009, estudio 1) pusieron a un adulto a hacer un compromiso conjunto con unos niños de tres años —el adulto sugirió «Hagamos x» y los niños aceptaron explícitamente—, pero con otros niños, la interacción colaborativa se inició sencillamente haciendo que el adulto siguiera la actividad del niño. Luego el adulto dejó de interactuar abruptamente. Los niños que hacían parte del compromiso conjunto fueron mucho más proclives que los otros niños a tratar de volver a comprometer al socio recalcitrante. Aparentemente su razonamiento fue: si «nosotros» tenemos un compromiso conjunto, entonces «tú» debes continuar tanto como sea necesario.

Y los niños también saben lo que significan los compromisos conjuntos con respecto a su propio comportamiento con un socio colaborativo. Así, en un experimento reciente, niños de tres años se comprometieron a una tarea conjunta, pero luego un niño recibió su recompensa tempranamente, de manera inesperada. Para que el socio también se beneficiara, este niño tenía que seguir colaborando aunque ya no se le recompensaría más. El resultado fue que la mayoría de los niños ayudaron con entusiasmo a su desafortunado socio, de modo que todos terminaran recompensados. De hecho, así ayudaron más que si el socio simplemente les pedía ayuda en una situación similar pero fuera del contexto de una colaboración o compromiso (Hamann *et al.*, 2010). (Por contraste, cuando el experimento se hizo con parejas de chimpancés en la misma situación, tan pronto como el primer individuo consiguió su recompensa, abandonó al otro y se fue solo a consumirla [Greenberg *et al.*, 2010]). En un estudio de seguimiento, Gräfenhain *et al.* (2013) encontraron que parejas de niños de tres años que se habían comprometido a hacer un rompecabezas juntos, hacían cosas tales como esperar a su compañero cuando este se demoraba, reparar daños hechos por el compañero, refrenarse de acusar a su compañero y desempeñar el rol del compañero cuando este no podía (es decir, más de lo que hacían las parejas de niños que sencillamente jugaban en paralelo durante el mismo tiempo). Cuando los niños pequeños hacen un compromiso conjunto con un compañero, lo ayudan y lo apoyan con mucha más fuerza que cuando solo están jugando juntos.

## Protesta de segunda persona

El contenido del compromiso conjunto es tal que cada socio desempeña su rol colaborativo diligentemente y de la manera ideal hasta que los dos se benefician. Pero ¿qué pasa si un socio no lo hace? La respuesta es que es sancionado y, esto es de crucial importancia, la sanción viene del «nosotros». Es decir, en los compromisos conjuntos es esencial que «nosotros» acordemos sancionar juntos a cualquiera de nosotros que no cumpla con su ideal de rol específico. Esto da a la sanción una fuerza legítima, socialmente normativa, que actúa como un recurso autorregulatorio para mantener la actividad conjunta andando, a pesar de las tentaciones individuales y otras amenazas exteriores. La fuerza normativa del compromiso conjunto se compone, por lo tanto, de la fuerza positiva del respeto equivalente que cada socio siente por el otro —mi respetado socio merece mi diligencia— y de la fuerza negativa de las sanciones legítimas, las sanciones merecidas, por no cumplir. Para reducir el riesgo, entonces, *cada socio que hace un compromiso conjunto autoriza al otro a iniciar la sanción cuando, según los estándares de terreno común explícitos mediante el compromiso conjunto, esta sea merecida.* La inversión de roles en los juicios evaluativos es clave aquí, pues un socio negligente también se juzga a sí mismo como merecedor de resentimiento y de sanción. Así, cada parte interesada de un compromiso conjunto concede al otro lo que Darwall (2013) llama la «autoridad representativa» (que representa nuestro «nosotros») para llamarlo al orden respecto de cualquier desviación de sus ideales de rol de terreno común.

Como parte de este proceso de autorregulación conjunta, los humanos primigenios forjaron una síntesis creativa de la elección de socio y el control del socio —que también empleaba la comunicación cooperativa— la cual podemos denominar protesta de segunda persona (también llamada por Darwall [2006], Smith [2013] y otros «protesta legítima» y «protesta moral»). Para ilustrar esto, volvamos a la situación experimental en la que dos individuos colaboran para atraer hacia ellos una tabla en la que hay un montón de alimento en la mitad. Los chimpancés lidiaron con esta situación basándose principalmente en el dominio: si el subordinado intentaba agarrar el alimento, el dominante lo atacaba, y si el dominante intentaba agarrar el alimento, el subordinado simplemente lo dejaba (Melis *et al.*, 2006b). Por contraste, los niños de tres años no hicieron ninguna de estas cosas, aunque eran perfectamente capaces de hacerlas. Lo que sucedió más a menudo, en cambio, fue que si un glotón intentaba agarrar todos los dulces, el otro protestaba (Warneken *et al.*, 2011). El niño agraviado expresaba resentimiento por las acciones del glotón gritándole, por ejemplo, o diciéndole «¡Oye!» o «¡Marta!». Es importante notar que si ninguno de los dos niños tomaba más de la mitad de los dulces, no había protesta, y cuando sí la había porque uno de los dos había tomado una porción desigual, el glotón casi siempre cedía.

A diferencia de los chimpancés, entonces, ante un acto de glotonería después de una colaboración, los niños pequeños casi siempre responden con un acto de comunicación cooperativa iniciado a través de una interpelación de segunda persona en la que expresan resentimiento. Pero, ¿qué es exactamente lo que resiente el niño que protesta? Sus acciones posteriores dejan en claro que quien protesta no intenta obtener más alimento sino, más bien, conseguir una cantidad igual de alimento —la protesta solo se da cuando la división es desigual— y así es como lo entiende el niño glotón. La protesta tenía, entonces, como premisa el entendimiento de terreno común de los niños sobre el comportamiento ideal de los socios colaborativos al dividir el botín —igualdad—, entendimiento que el glotón acababa de violar. Y así, no solo se trata de conseguir más alimento, en cuyo caso el niño debe protestar por cualquier partición diferente del cien por ciento para él, sino, más bien, de que el individuo consiga lo que merece. En palabras de Adam Smith (1759/1982, pp. 95-96), el objetivo de la protesta resentida es «hacer que [el socio de uno] sea consciente del hecho de que la persona a quien injurió no merecía ser tratada de esa manera». La protesta de segunda persona es, por lo tanto, una respuesta cooperativa y respetuosa a las acciones irrespetuosas del infractor; no busca castigar al socio directamente, solo informarlo del resentimiento, suponiendo que él es alguien que sabe que no debe hacer eso (es decir, tratar a los otros como menos que iguales). El niño ofendido hace una exigencia de segunda persona: tú debes reconocer que yo no debo ser tratado como menos que un igual.

Pero ¿por qué debe el ofendido respetar este reclamo? La razón es que está dirigido a él como segunda persona con una suposición de cooperación, y si de verdad es cooperativo, y desea mantenerse así, debe responder apropiadamente (Darwall, 2006, 2013). La protesta de segunda persona es, pues, un acto proléptico: trata al infractor respetuosamente como un socio cooperativo competente, y si él se porta así y respeta ese reclamo, entonces conserva esa identidad; si no, se arriesga a perder su identidad cooperativa. El intento de controlar al socio mediante la protesta de segunda persona está, así, implícitamente respaldado —en el caso de que el infractor agrave el irrespeto al no tener en cuenta la protesta— por la amenaza de exclusión mediante la elección de socio: si no te portas bien, yo me retiro [de esta asociación]. Pero la cosa casi nunca llega a esto porque, en primer lugar, el infractor no puede evitar ver la protesta como algo legítimo y merecido: el socio al que ha irrespetado y le ha quitado algo es un individuo como él, igual a él, que ha contribuido a conseguir el botín tanto como él, y por lo tanto no merece menos de la mitad del botín. Y en segundo lugar, además de esto, está el compromiso conjunto en el cual dos socios se juegan abiertamente su identidad cooperativa (renunciando a la excusa de la ignorancia): si me porto mal, me comprometo a hacer un juicio de inversión de roles a propósito de mi conducta y afirmo que tu censura es merecida.

Es diciente que la protesta de segunda persona como acto comunicativo puede estar totalmente vacía de cualquier alusión a un referente: un simple «¡Oiga!» o un grito funcionará. El lenguaje complejo no es necesario porque está en el entendimiento de terreno común que la gente no debe ser tratada irrespetuosamente, y así lo único que se necesita es una interpelación de segunda persona que exprese resentimiento. Por ejemplo, los niños en estos experimentos a menudo dicen cosas como: «Yo solo tengo uno», es decir que suponen que es de conocimiento común que las cosas deben ser de otra manera, y en este contexto los dos saben lo que esa otra manera debe ser. La premisa cooperativa de la interpelación de segunda persona es que tú vas a querer saber por qué me estoy comunicando, en este caso, para expresar mi resentimiento; lo cual hará que tú quieras hacer algo antes de que este aumente. Al no especificar lo que tú debes hacer, sino solo registrar una protesta, te estoy tratando como un agente cooperativo que solo necesita que le recuerden lo que tú ya sabes que hay que hacer.

Dada su exigencia de tratamiento igual, la protesta de segunda persona puede ser vista como la implementación más explícita del reconocimiento de todos los socios cooperativos como individuos igualmente merecedores, es decir, como agentes de segunda persona con el estatus requerido para hacer compromisos conjuntos. La protesta es expresada por el socio que ha sido agraviado —lo que supuestamente es más natural— pero supone que el infractor reconocerá, por su propia voluntad, la validez del reclamo y rectificará la situación. Y, en efecto, este es el punto más general que Darwall (2013) cree que falta en las explicaciones clásicas de la moralidad humana (y aquí se enfoca en Hume): que estas no reconocen la naturaleza interpersonal del sentido humano de equidad y justicia. En muchas explicaciones clásicas, el individuo aprueba o desaprueba el comportamiento de otros (quizás desde un «punto de vista general») basado, en últimas, en la empatía por aquellos que puedan ser perjudicados (o posiblemente por el grupo y su funcionamiento). Pero la estructura de la protesta de segunda persona muestra que, por lo menos en muchos casos, la aprobación o desaprobación no está influida por la empatía con los perjudicados sino, más bien, por el resentimiento contra el irrespeto, resentimiento por ser tratado como alguien menos que un igual. Yo protesto directamente ante ti —con una interpelación de segunda persona que expresa resentimiento y exige respeto— y espero que tú legitimes mi reclamo y reacciones apropiadamente. La estructura no es, entonces, simplemente la de un juicio privado —aunque en algún sentido incluye esto— sino, más bien, la de un lado de un diálogo que constituye nuestra interacción interpersonal como socios mutuamente respetuosos.

## Dividir el botín equitativamente

¿Y qué pasa con la división del botín de una actividad colaborativa estructurada por un compromiso conjunto? Como se documentó antes, incluso niños muy pequeños comparten libremente los recursos cuando han colaborado para conseguirlos, y este compartir casi siempre resulta en igualdad entre los socios (véase Warneken *et al.*, 2011). Pero en esos estudios los niños no tenían que renunciar a nada que fuera de ellos, solo refrenarse de acaparar recursos sin dueño. Esto podría haber sucedido simplemente por miedo al conflicto con el compañero.

Hamann *et al.* (2011) hicieron que la cosa fuera más difícil para los niños. En su estudio, parejas de niños de tres años siempre terminaban en una situación en la que uno de ellos recibía tres recompensas (el niño afortunado) y el otro solo una (el niño desafortunado), así que para que hubiera una distribución igual, el niño afortunado tenía que sacrificarse. Lo diferente en las tres situaciones experimentales era lo que había llevado a la distribución asimétrica. En una situación, la distribución desigual era resultado de que los participantes simplemente entraron en la habitación y encontraron tres recompensas, versus una, en cada lado de una plataforma. En esta situación, los niños fueron egoístas: el niño afortunado casi nunca compartió con el compañero. En una segunda condición, cada niño haló su propia cuerda separada, y esto dio como resultado las mismas recompensas asimétricas. En esta situación, el niño afortunado compartió algunas veces. Pero en una última situación, las recompensas asimétricas fueron resultado de un esfuerzo colaborativo igual, en el cual los dos niños halaban juntos. En este caso, ¡el niño afortunado compartió con el niño desafortunado (para crear una repartición igual 2:2) casi todo el tiempo! Supuestamente, sentían que si los dos habían trabajado por igual para producir las recompensas, los dos las merecían igualmente. (De manera notable, cuando se hizo el mismo experimento con chimpancés, estos casi no compartieron, ni siquiera cuando lo único que tenían que hacer era no bloquear al otro para que pudiera acceder a la recompensa adicional, y este resultado no varió de acuerdo con la condición). Así, los niños de tres años están dispuestos a renunciar a un recurso (muestran aversión a la injusticia positiva) con el fin de equilibrar las cosas con, y solo con, su socio colaborativo.

La interpretación obvia de esto es que, en el contexto de una actividad intencional conjunta, los niños pequeños sienten que ellos y sus socios *merecen* una parte igual del botín. (Podría argumentarse que estos niños solo estaban siguiendo ciegamente una regla de compartir aprendida de sus padres. Pero en ese caso, han debido dividir las recompensas por igual en todas las tres situaciones, a menos que —lo cual resulta inverosímil— la regla fuera compartir recursos solo después de la colaboración.) Pero, ¿a qué se debe que la colaboración tenga un efecto tan dramático en la disposición de los niños pequeños a renunciar a un recurso que ya tienen para llegar a una situación equitativa con su compañero? Supuestamente, una vez que los niños entraban en la actividad colaborativa, se comprometían con los ideales de comportamiento pertinentes. De hecho, algunos niños hicieron una especie de compromiso conjunto antes de empezar a halar juntos, mientras que otros simplemente se miraron a los ojos para establecer contacto visual antes de empezar, lo cual, dado su conocimiento de terreno común acerca de cómo funcionaba el aparato, podía verse como un tipo de compromiso conjunto implícito. En cualquier caso, algo acerca de la colaboración parece haber engendrado un «nosotros» que llevó a los niños pequeños a mirar a su compañero como igualmente merecedor del botín. En nuestra opinión, este sentido de merecimiento igual fue lo que motivó a los niños de tres años a renunciar voluntariamente a un recurso que ya tenían en sus manos, cosa que de otra manera no hubieran hecho.

La afirmación de que los niños de estos estudios tienen un sentido de merecimiento —opuesto a, digamos, una simple preferencia— es crucial para cualquier argumento sobre su moralidad. El punto esencial es que, aunque la división del botín parecería tener que ver con los recursos involucrados, el comportamiento de los niños en los experimentos muestra que, de hecho, tiene que ver con algo distinto, algo más interpersonal. La observación clave es que la satisfacción de la gente con una división de recursos no depende del valor absoluto de lo que han recibido, sino de lo que han recibido en relación con lo que han recibido otros individuos (Mussweiler, 2003). Así, en los experimentos de Warneken *et al.* (2011), Hamann *et al.* (2011) y otros, para crear igualdad se requería que al menos un niño hiciera una comparación social entre lo que él obtenía y lo que su socio obtenía. El resultado que producía insatisfacción —y, en efecto, resentimiento, como se expresó mediante protestas de segunda persona en muchos casos— no fue la cantidad absoluta recibida sino, más bien, la cantidad recibida en relación con la del socio. La satisfacción de los socios se basaba fundamentalmente en una comparación social.

Siguiendo a Honneth (1995), entonces, podemos decir que mi resentimiento en tales situaciones no es por la cantidad absoluta de recursos que yo reciba —con los que, de otra manera, estaría satisfecho— sino, más bien, por el irrespeto que tú me demuestras al tomar más que yo, es decir, al considerar que yo merezco menos que tú. Eso no es justo. En efecto, tampoco pienso que sea justo que yo reciba más que tú, porque de verdad te veo como un individuo igualmente merecedor y, además, hice un compromiso conjunto de respetar a mi socio como un agente de segunda persona equivalente. Así, dividir el botín justamente no es un asunto de igualdad entre «las cosas», sino un asunto de igualdad en el respeto. Por esta razón no solo me siento decepcionado por recibir menos que tú, sino que estoy supremamente resentido. Un compromiso conjunto, por tanto, eleva lo que está en juego cuando es tiempo de dividir el botín de nuestros esfuerzos colaborativos. Los socios de un compromiso conjunto no solo prefieren compartir equitativamente; sienten que cada uno le debe al otro compartir de manera igualitaria.

## Responsabilidad de segunda persona y culpa de segunda persona

Afirmamos antes que los ideales de rol específico fueron los primeros estándares normativos construidos socialmente. Y ahora, como resultado de sus compromisos conjuntos con el otro, los primeros individuos humanos se sintieron responsables ante sus socios de cumplir esos estándares compartidos. (N.B.: Debido a que los primeros humanos solo se sentían responsables ante su socio en un compromiso conjunto, diremos que tenían un sentido de responsabilidad de segunda persona hacia su socio; reservaremos el término *obligación* para el siguiente paso en nuestra historia, que involucra una comunidad moral más amplia.)

Desde el punto de vista estratégico, un individuo humano primigenio se comportaba cooperativamente siempre que podía, con el fin de crear y mantener, en medio de la reserva de colaboradores potenciales, una identidad cooperativa como alguien en quien podía confiarse y que cumpliría sus compromisos conjuntos. Esto hacía que hubiera cierta necesidad urgente de tratar a los otros cooperativamente, pero la urgencia no es «deber» o, por lo menos, no es un «deber» moral. Para eso necesitamos dos actitudes nuevas. La primera es que yo trato a los otros cooperativamente porque eso es lo que merecen. Trato a mi socio como a alguien igualmente merecedor porque, bueno, él lo es. La segunda es que me identifico con nuestro agente común «nosotros» y, de hecho, este «nosotros» es el que hace juicios de merecimiento. Estos juicios, entonces, no representan lo que «*ellos*» piensan de mí sino, más bien, lo que «*nosotros*» pensamos de mí. Yo desarrollo un sentido de identidad personal basado en cómo «nosotros», nuestro agente conjunto, me juzga. Puesto que yo, como representante de nuestro «nosotros», me juzgo a mí mismo de la misma manera que juzgo a otros, todos mis juicios tienen una imparcialidad que les da más legitimidad, en el sentido de que claramente no representan mis motivos egoístas para ayudarme a mí mismo. El sentido de la responsabilidad de segunda persona de los humanos primigenios —sentir que ellos «debían» tratar a su socio cooperativamente— no fue, entonces, un manejo estratégico de la reputación sino, más bien, un tipo de autorregulación socialmente normativa.

La culpa es, en esencia, usar este proceso de autorregulación socialmente normativa para juzgar las acciones propias. (N.B.: Debido a que los primeros individuos humanos sentían culpa solo dentro de los confines de un compromiso conjunto con un socio, diremos que sentían un tipo de culpa de segunda persona.) No solo se trata de castigarse uno mismo, aunque hay un elemento de eso; se trata de juzgar que «yo no he debido hacer eso». Este «debido» significa, de nuevo, que el juicio proviene de algo más grande con lo que yo me identifico —específicamente, nuestro «nosotros»— y así confío en su legitimidad. Aquellos que se comportan de manera no cooperativa y después se arrepienten solo por miedo a que otros los descubran y los castiguen, no se sienten realmente culpables. Sentirse culpable significa que mi yo actual, como representante del «nosotros» que formé con mi socio mediante un compromiso conjunto, cree que mi acto no cooperativo merece ser condenado. Y hay un sentido adicional de legitimidad, que viene del hecho de que me estoy juzgando imparcialmente, de la misma manera en que juzgo a otros, por actos no cooperativos: yo condeno a quien quiera que actúe así, incluido yo mismo.

La fuerza normativa (y no solo estratégica) de la culpa está manifiestamente clara en la manera como lleva a los individuos a tratar de reparar el daño que han hecho. Por ejemplo, en un experimento reciente, cuando niños de tres años sentían empatía por otro niño cuyo juguete se había roto, no intentaban repararlo muy a menudo (aunque esto podría haber sido un gesto que generara gratitud). Pero cuando ellos habían roto accidentalmente el juguete del otro niño, hacían grandes esfuerzos por repararlo (y mucho más que si hubieran roto el juguete cuando esto no le causaba daño a nadie; Vaish *et al.*, 2016).

La culpa, incluso la culpa de segunda persona, incita una renuncia al acto que induce la culpa e intenta una reparación.

El sentido de responsabilidad de segunda persona de los humanos primigenios, entonces, se derivó tanto de la motivación positiva a cumplir con la identidad cooperativa y personal —de manera que yo puedo juzgarme a mí mismo como alguien que merece tratamiento respetuoso como un agente de segunda persona—, como de una especie de intento preventivo por evitar el castigo legítimo de mi socio y de mí mismo. Como ejemplo, en un experimento reciente, Gräfenhain *et al.* (2009, estudio 2) hicieron que un niño y un adulto se comprometieran a jugar juntos. A continuación, otro adulto convenció al niño de que jugara con él un juego nuevo y más atractivo. En respuesta, los niños de dos años sencillamente lo dejaron todo e iniciaron el nuevo juego. Pero los de tres años entendieron su compromiso conjunto y actuaron responsablemente; antes de irse (si es que de verdad se fueron) dudaron y miraron al adulto, y a menudo hicieron una especie de gesto manifiesto de «despedida», por ejemplo, entregar la herramienta que usaban en el juego, o incluso pedir perdón verbalmente (mucho más que en la misma situación en la cual no habían hecho un compromiso previo). Los niños reconocieron que tenían un compromiso conjunto, y como romperlo perjudicaría y sería un irrespeto con el compañero, tenían la responsabilidad de reconocer que lo estaban rompiendo y que lo sentían. En situaciones similares, los adultos siempre «se despiden» porque saben que para romper un compromiso conjunto deben pedir permiso y su socio debe otorgarlo. Esto es actuar responsablemente con el socio de uno, antes de que se suscite algún tipo de protesta de segunda persona o sentido de culpa por no cooperar.

La responsabilidad de segunda persona y la culpa de segunda persona fueron, entonces, las primeras actitudes socialmente normativas de la especie humana, supuestamente derivadas de una especie de internalización del proceso de la protesta resentida de segunda persona. El individuo, como representante del «nosotros» que había formado mediante un compromiso conjunto, protestaba contra sí mismo por tratar a otros de una manera en que no merecían ser tratados. Estas actitudes se basaban en parte en el interés estratégico de mantener la propia identidad cooperativa; pero al mismo tiempo eran también actitudes genuinamente morales, en el sentido de que el individuo juzgaba que debía comportarse responsablemente con su socio porque él lo merecía, y también porque el compromiso conjunto especificaba que la no cooperación de alguno de los socios debía ser condenada, imparcialmente, porque de hecho eso era lo que merecía.

En cualquier caso, y a riesgo de caer en una simplificación excesiva, la Ilustración 3.1 presenta una descripción esquemática de los elementos más básicos de una actividad intencional conjunta estructurada por un compromiso conjunto.

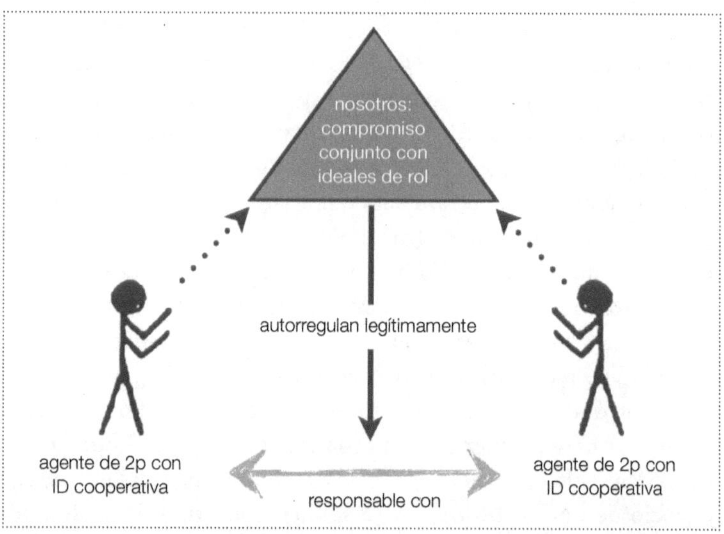


**Ilustración 3.1.** Actividad intencional conjunta en la cual dos agentes de segunda persona (2p) con identidades (ID) cooperativas usan su poder de intencionalidad conjunta y comunicación cooperativa para hacer un compromiso conjunto, con el fin de crear un «nosotros» supraindividual basado en la confianza normativa (dos flechas punteadas apuntando hacia el triángulo) que sirve legítimamente para autorregular (flecha sólida apuntando hacia abajo del triángulo) la actividad colaborativa (flecha horizontal en dos direcciones). El compromiso conjunto es actuar de acuerdo con sus ideales de rol de terreno común, que definen su contribución y la de su socio al éxito conjunto; es decir, el compromiso es actuar responsablemente para lograr el objetivo conjunto.

## Cuadro 1. Colaboración en los humanos y en los simios

La afirmación es que los humanos primigenios desarrollaron unas competencias psicológicas exclusivas de la especie para la búsqueda colaborativa de alimento. Una variedad de estudios experimentales presentados en este capítulo, que comparan a los grandes simios con niños, ilustran esta orientación más cooperativa y por lo tanto ofrecen evidencia por lo menos indirecta del primer paso en esta historia evolutiva hipotética. El hecho de que, en casi todos estos estudios, los niños fueran demasiado pequeños para ser del todo partícipes de la normatividad de mentalidad grupal de su cultura, sugiere la existencia de una etapa en la evolución de la moralidad humana que fue principalmente de segunda persona. He aquí un resumen de los estudios más pertinentes. En todos los casos, los resultados se resumen en afirmaciones de lo que los niños pequeños hacen y los otros grandes simios no hacen. En todos los casos, excepto cuando se indica específicamente, estos son estudios explícitamente comparativos, realizados con métodos diseñados para que fueran tan similares como fuera posible para las diferentes especies.

*Intencionalidad conjunta y comunicación cooperativa*: Niños pequeños pero no grandes simios

- Crean metas conjuntas y atención conjunta con otros, además de los roles individuales y las perspectivas individuales que estos implican (Warneken *et al.*, 2006; Tomasello y Carpenter, 2005);
- Invierten los roles en actividades colaborativas, de maneras que muestran un conocimiento perspectival de la intercambiabilidad de roles (Fletcher *et al.*, 2012); y
- Se comunican cooperativamente para coordinar la colaboración (Warneken *et al.*, 2006; Melis *et al.*, 2009), incluso para iniciar la colaboración en escenarios tipo cacería del venado (Duguid *et al.*, 2014).

*División del botín*: Niños pequeños pero no grandes simios

- Comparten el botín de un esfuerzo colaborativo, incluso cuando uno de los compañeros puede monopolizarlo fácilmente (Melis *et al.*, 2006b; Warneken *et al.*, 2011);
- Comparten recursos más igualitariamente con otros, si son el resultado de un esfuerzo colaborativo (Hamann *et al.*, 2011), y

- Prefieren la búsqueda colaborativa de alimento a hacerla solos, incluso cuando lo que se obtiene es idéntico (Bullinger *et al.*, 2011a; Rekers *et al.*, 2011).

*Elección de socio y control del socio*: Niños pequeños pero no grandes simios

- Comparten menos el botín producto de la colaboración con un aprovechado que con un compañero (Melis *et al.*, 2011a, 2013);
- Ayudan a otros en respuesta a ayuda inmediatamente anterior (Warneken y Tomasello, 2013; Melis *et al.*, 2008), y
- Modifican sus propios comportamientos cooperativos y no cooperativos, dependiendo de si los están observando compañeros de la misma especie (Engelmann *et al.*, 2012).

*Compromiso conjunto*: Niños pequeños pero no grandes simios

- Se comprometen con una actividad colaborativa hasta el final, incluso se quedan a ayudar a su compañero después de haber recibido su parte del botín (Hamann *et al.*, 2012; Gräfenhain *et al.*, 2013; Greenberg *et al.*, 2010);
- Permanecen más comprometidos cuando se ha hecho un compromiso conjunto explícito que cuando no y se despiden de otros cuando rompen un compromiso conjunto (Gräfenhain *et al.*, 2009; no hay estudios sobre simios directamente pertinentes), y
- Protestan respetuosamente cuando un socio rompe un compromiso conjunto, y entonces el socio responde apropiadamente (Warneken *et al.*, 2011; Melis *et al.*, 2006b) e incluso se sienten culpables si ellos mismos perjudican a otro (Vaish *et al.*, 2016; no hay estudios sobre simios directamente pertinentes).

En nuestra opinión, estos hechos empíricos establecen más allá de toda duda razonable que los seres humanos están adaptados biológicamente para la colaboración de una manera que otros grandes simios no lo están. Es posible que algunas de estas diferencias se deban a que los padres enseñan o muestran a sus hijos maneras cooperativas de hacer las cosas, y así la senda ontogenética normal incorpora aportes de los padres. Pero (1) los grandes simios padres no parecen inclinados a enseñar a sus hijos a cooperar de esta misma manera, y (2) nuestra hipótesis es que, mientras que la enseñanza y el ejemplo paternos influyen fuertemente la ontogenia de la cooperación más tarde en el desarrollo, no son necesarios para estas habilidades de surgimiento temprano. (Y el estudio de Hamann *et al.* [2011] sobre compartir después de colaborar, como se anotó antes, no se presta en absoluto para hacer explicaciones sobre socialización paterna.) Una investigación intercultural más extensa, que comprenda culturas que varíen en la preponderancia e importancia del ejemplo paterno y la enseñanza de la cooperación, ayudaría a resolver el asunto.

## El «deber» original

Los teóricos clásicos del contrato social como Hobbes y Rousseau se imaginaron individuos humanos aislados que se fueron uniendo y poniéndose de acuerdo sobre un contrato social para una sociedad civil plena. Ni ellos ni nadie tomaron esto como una descripción de eventos históricos reales, y en efecto, hoy en día los filósofos morales contractualistas suelen decir que la estructura de las sociedades es «como si» hubiera un acuerdo. Pero lo que estamos planteando aquí es un paso evolutivo inicial más allá de los grandes simios (que son sociales pero no muy cooperativos y, por lo tanto, hasta cierto punto, individuos aislados), en el cual los humanos primigenios crearon nuevas estructuras sociales supraindividuales mediante acuerdos explícitos concretos. Estas estructuras sociales supraindividuales están muy lejos de las sociedades civiles plenas —son solo compromisos conjuntos locales y temporales entre dos socios colaborativos— pero son, sin embargo, acuerdos reales y completos. Los primeros individuos humanos que colaboraron en actividades intencionales conjuntas, iniciadas y autorreguladas por compromisos conjuntos explícitos, representan, entonces, el primer paso evolutivo en una historia natural del contrato social humano.

El objetivo de este capítulo ha sido describir y explicar cómo llegó a darse el primer paso del contrato social humano. Básicamente hemos intentado caracterizar la psicología moral emergente de los humanos primigenios de hace aproximadamente cuatrocientos mil años, como un nuevo conjunto de adaptaciones psicológicas para poder funcionar dentro de un nuevo conjunto de condiciones sociales. La afirmación no es que este fue solo un modesto primer paso en el camino hacia una moralidad humana completamente moderna, sino, más bien, que este fue el paso moral decisivo que le dejó a la moralidad humana moderna todos sus elementos más esenciales y distintivos.

## Psicología moral de los humanos primigenios

Hemos caracterizado la moralidad de los humanos primigenios en términos de adaptaciones psicológicas a un modo de vida particular: la búsqueda de alimento colaborativa y obligada con elección de socio. El cambio fundamental respecto a otros grandes simios fue que los primeros individuos humanos se volvieron más dependientes de otros, al tiempo que los otros se volvieron más dependientes de ellos —se volvieron más interdependientes—, para producir recursos para su sostenimiento vital. Hemos afirmado que la psicología moral resultante fue una moralidad genuina, en el sentido de que los individuos a menudo tenían como objetivo inmediato ayudar a otros y tratarlos como ellos merecían ser tratados, es decir, de manera justa. Estas nuevas actitudes morales fueron esenciales para ayudar a constituir una nueva forma de racionalidad, una racionalidad cooperativa, por medio de la cual los primeros individuos humanos comprendieron su nuevo mundo cooperativo y tomaron decisiones conductuales apropiadas sobre cómo vivir mejor en él.

Podemos esquematizar las dimensiones genuinamente morales de la interacción social de los humanos primigenios en función de las siguientes tres fórmulas:

tú > yo
tú = yo
nosotros > yo

En las tres fórmulas, el «yo» es o bien igual o bien subordinado a algún otro agente. Estas actitudes genuinamente morales no aseguraban de forma automática el éxito en cualquier evento en el que hubiera que tomar decisiones, claro está, pero su existencia como fuerzas poderosas en la psicología de los humanos primigenios significó que, por primera vez, los individuos tuvieron por lo menos la posibilidad de tomar una decisión genuinamente moral.

**Tú > yo.** La fórmula «tú > yo» representa la actitud fundamental implícita en la moralidad de empatía de los primeros individuos humanos. Si los costos no eran muy grandes, los humanos primigenios, al igual que otros grandes simios, se ayudaban unos a otros. Pero mientras que otros simios ayudaban solo a los parientes y amigos, los primeros individuos humanos empezaron a ayudar adicionalmente a su socios colaborativos (potenciales), sin tener en cuenta su relación pasada; se trataba de un negocio. Debido a que esta ayuda se basaba en la lógica de la interdependencia, no ayudaban a otros por cualquier objetivo frívolo; más bien, apuntaban a su bienestar de manera paternalista (quizás basados en la comprensión smithiana) para ayudar a sus socios potenciales a mantenerse en buena forma con miras a actividades colaborativas futuras. Puesto que quien ayudaba se beneficiaba de estos actos a nivel evolutivo, algunos teóricos podrían considerar que este motivo impulsado por la empatía es una ilusión. Pero eso no es cierto a nivel psicológico, pues a ese nivel el interés de los primeros individuos humanos por el bienestar de otros, motivado por la empatía, era puro.

**Tú = Yo.** Esta fórmula representa la percepción cognitiva fundamental que subyace a la moralidad de equidad de los humanos primigenios. Se derivó de la estructura cognitiva de nivel dual de la intencionalidad conjunta y del nuevo orden social que esta creó. Como una adaptación a los problemas de coordinación social en la búsqueda colaborativa de alimento, la estructura de nivel dual, de unión e individualidad, conformó el agente conjunto «nosotros», constituido por los socios colaborativos «tú» y «yo» (definidos perspectivalmente). Cada socio tenía un rol que desempeñar si la colaboración iba a tener éxito, y con el tiempo, las díadas particulares llegaron a un entendimiento de terreno común —desde una «visión de conjunto»— de los ideales de rol que había que desempeñar en actividades colaborativas particulares para tener éxito. La «visión de conjunto» del proceso colaborativo —que supone que los roles pueden intercambiarse entre socios sin que cambien los estándares de los ideales— llevó al reconocimiento de la equivalencia yo-otro en el proceso colaborativo. Este reconocimiento no era en sí moral, pero constituyó la base para un tipo de actitud imparcial —el yo como solo uno en la sociedad, sujeto a los mismos estándares evaluativos que el socio (véase Nagel, 1970, 1986)— que fue fundamental en el surgimiento de la moralidad de equidad. En contraste con el caso de la empatía basada en la interdependencia, pensar en los otros como iguales a uno no era una motivación y no se seleccionaba directamente a nivel evolutivo; era simplemente una parte de la estructura cognitiva de la intencionalidad conjunta, adaptada para que hubiera una coordinación social eficaz. Como tal, desde el punto de vista de la moral, podemos pensar en el reconocimiento de la equivalencia yo-otro como una especie de «enjuta» estructural que básicamente enmarcaba la manera como los individuos pensaban las cosas.

Pero en combinación con otras motivaciones y actitudes que iban surgiendo, el reconocimiento de la igualdad yo-otro fue crucial para constituir la actitud más fundamental en la moralidad de equidad: el sentido de respeto y merecimiento mutuos entre socios (potenciales). En el contexto de la elección de socio para una actividad colaborativa de búsqueda de alimento, los primeros individuos humanos entendieron su interdependencia en la situación —y sabían que su socio también lo sabía—, de modo que todos los socios tenían poder de negociación y posición para exigir buen trato. Junto con la percepción cognitiva de la igualdad yo-otro, este poder de negociación y esta posición llevaron al respeto mutuo entre los socios colaborativos (potenciales). En relación con esto, los primeros individuos humanos necesitaban tener algún tipo de control sobre los aprovechados. De nuevo, junto con la percepción cognitiva de la igualdad yo-otro, los individuos llegaron a tener un sentido del merecimiento equivalente de los socios colaborativos, en oposición a los aprovechados, al compartir el botín. Como resultado de estos dos avances, los primeros individuos humanos se convirtieron en agentes de segunda persona, los cuales estaban en posición de exigir respeto de parte del socio y lo que merecían justamente. Aunque en este momento la reputación no se compartía de manera pública, cada individuo sí desarrollaba una identidad cooperativa (internalizada como identidad personal) como alguien en quien otros socios específicos podían confiar. Fallar en este aspecto producía resentimiento en los otros y, por lo tanto, dañaba la identidad cooperativa y personal propia.

**Nosotros > Yo.** Finalmente, la fórmula «nosotros > yo» representa la manera como los agentes de segunda persona hacían un compromiso conjunto uno con otro para colaborar, renunciando así, de manera voluntaria, al control total sobre sus acciones individuales a favor del agente conjunto «nosotros». Debido a que el compromiso conjunto era de conocimiento público en la comunicación cooperativa, los individuos no podían negar que habían hecho este compromiso o afirmar que no sabían cómo cumplirlo. El compromiso conjunto creaba una estructura social supraindividual, el «nosotros», la cual autorregulaba legítimamente la interacción colaborativa, respaldada por la posibilidad de una protesta y un castigo de segunda persona legítimos. La entidad supraindividual creada por el «nosotros» para regularnos a «nosotros» reflejaba, así, la capacidad rousseauniana de atarse a un «nosotros» tanto de forma positiva —al aspirar a mi identidad cooperativa virtuosa— como de forma negativa, al evitar el castigo legítimo llevado a cabo por «nosotros». Internalizar este proceso autorregulatorio constituyó un sentido de responsabilidad de segunda persona hacia el socio, reforzado por un genuino sentido de culpa de segunda persona cuando uno no cumplía su rol.

Fue, pues, racional, cooperativamente racional, que los primeros humanos hicieran compromisos conjuntos unos con otros en el contexto de la búsqueda de alimento colaborativa y obligada con elección de socio. En este contexto interdependiente, yo me intereso por mi socio («tú») y tiene sentido que ceda cierto control sobre el proceso de toma de decisiones («nosotros > yo») con el fin de maximizar los beneficios para todos. Y a la sombra del futuro, debo hacer todo lo que pueda para mantener mi identidad cooperativa con cada uno y todos los socios. Pero, adicionalmente, y no estratégicamente, los socios de un compromiso conjunto se veían unos a otros con respeto mutuo como agentes de segunda persona igualmente merecedores (en contraste con los aprovechados). Este respeto mutuo se basaba, en el fondo, en el reconocimiento del individuo de la igualdad yo-otro, reconocimiento que no tenía nada que ver con la estrategia, solo con la realidad. Este reconocimiento era inerte sin algún tipo de activación motivacional que emanara de un contexto socio-interactivo particular, pero no obstante, el reconocimiento de la igualdad yo-otro estructuró el camino para que los individuos entendieran qué estaban haciendo y qué debían hacer. Cuando dos humanos primigenios hacían un compromiso conjunto para colaborar, creían genuinamente que cada uno de ellos debía cumplir con sus ideales de rol; su socio lo merecía. Y quien no lo hiciera, incluidos ellos mismos, merecía legítimamente —desde una perspectiva imparcial— ser condenado.

---

La racionalidad cooperativa que estamos exponiendo aquí es la fuente fundamental del sentido humano de «deber». La racionalidad cooperativa de los primeros individuos humanos ensancha las pro-actitudes humanas para incluir el bienestar de otros; presupone unos agentes de segunda persona que se consideran igualmente merecedores de respeto y recursos; y se concentra en la toma individual de decisiones que tiene lugar dentro del contexto del agente conjunto, «nosotros», formado por el compromiso conjunto. Estos elementos nuevos en la toma de decisiones de los individuos crearon un sentido de "deber" socialmente normativo, que no era solo una preferencia o una emoción sino más bien la fuerza dinámica detrás de sus acciones. Esto es claro porque la toma de decisiones individual se caracteriza por un tipo de presión, una presión racional instrumental, para actuar de cierta manera: si mi meta es obtener miel y sé que usando esta herramienta particular voy a lograr ese objetivo en las circunstancias actuales, entonces tiene sentido que yo use esta herramienta (debo hacerlo). La propuesta es que, al adaptarse a la búsqueda de alimento colaborativa y obligada con elección de socio, los primeros humanos crearon un nuevo conjunto de circunstancias sociales —un nuevo orden social, basado en procesos de intencionalidad conjunta y agencia de segunda persona—, en el cual tenía sentido actuar moralmente. Entonces desarrollaron un tipo de responsabilidad de segunda persona con sus socios colaborativos —el «deber» original—, que no era solo una emoción ciega o una preferencia sino, más bien, un sentido de presión racional cooperativa que inervaba su proceso de toma de decisiones.

Nuestras tres formas diferentes de autosubordinación —«tú > yo», «tú = yo» y «nosotros > yo»— tenían, entonces, sentido. Eran racionales, en el contexto de una forma de vida en la cual los individuos eran inmediata y urgentemente interdependientes unos de otros para sus necesidades más básicas. Eran cooperativamente racionales, dados ciertos retos cooperativos específicos como elegir a un buen socio, asegurar que uno fuera elegido como socio, reconocer ideales de comportamiento de ejecución de roles para ambos socios, responder al pedido de ayuda del socio, solicitar la confianza de otros en un compromiso conjunto, compartir el botín de la colaboración de maneras mutuamente satisfactorias, evaluar las acciones del socio y de uno mismo, tratar de controlar las acciones del socio, responder apropiadamente a las protestas del socio, excluir del botín a los aprovechados y corregir preventivamente el comportamiento propio en actos de manejo de la impresión y/o responsabilidad de segunda persona. Decidir cómo actuar en estas situaciones, y otras similares, era algo que podía hacerse o bien estratégicamente, considerando solo los intereses propios, o bien moralmente, al tener en cuenta los intereses de un socio de igual merecimiento y del agente conjunto que uno constituyó con él. Y así nacieron seres genuinamente morales, si bien solo localmente morales.

## Pero ¿puede haber una moralidad puramente de segunda persona?

Lo que hemos estado intentando caracterizar aquí es una moralidad puramente de segunda persona. Este no es el mismo objetivo de otros teóricos contemporáneos de la perspectiva de segunda persona. Por ejemplo, Darwall (2006, 2013) y otros que intentan dar cuenta de la moralidad humana contemporánea en términos de segunda persona suponen, naturalmente, la existencia de individuos que viven en un grupo cultural gobernado por toda clase de normas culturales (y quizás religiosas y legales). Darwall, por lo tanto, dice que cuando un individuo hace un reclamo moral a otro —por ejemplo, en la protesta moral— lo está haciendo con respecto a normas sociales mutuamente acordadas, que emanan de la comunidad moral en general y se aplican a ella. Darwall no contempla directamente la posibilidad de una moralidad de segunda persona por fuera de un contexto cultural.

Strawson (1962, pp. 15-16) cree que la posibilidad de una moralidad puramente de segunda persona es apenas imaginable porque él piensa que esto significa un mundo de «solipsistas morales», cada uno de los cuales piensa que es el único autor y blanco de actitudes reactivas, lo que es casi una contradicción en sí. Pero aquí es donde la intencionalidad conjunta desempeña un papel crucial. Los primeros individuos humanos que estamos describiendo aquí no pueden ser solipsistas de ningún tipo porque constantemente están entrando con otros en varias clases de relaciones de «nosotros», incluidos los compromisos conjuntos. Y dentro de esas relaciones de «nosotros» no solo están actuando y reaccionando frente al otro como individuos con preferencias y actitudes personales; más bien están responsabilizándose uno al otro con respecto a estándares más o menos imparciales, independientes de cada uno. Los estándares imparciales a los que los individuos se vinculan mediante un compromiso conjunto representan el tercer elemento crucial —el árbitro externo— que muchos teóricos sociales creen que es necesario para que existan las nociones de equidad y justicia (por ejemplo, Kojève, 1982/2000).

Por lo tanto, nosotros afirmamos que si la esencia de una relación moral consiste en que los individuos se comprometan unos con otros con respecto a estándares normativos imparciales mutuamente conocidos, los humanos primigenios que estamos describiendo aquí en efecto establecían relaciones morales. Es solo que los estándares normativos eran solamente los ideales de rol específicos inherentes a las actividades de intencionalidad conjunta específicas de la díada, y el compromiso era solo local y temporal. El hecho de que niños de dos y tres años —que todavía no están interactuando socialmente de manera significativa fuera de la díada— obren de esta manera al protestar por un tratamiento desigual, y al respetar esas protestas de otros, es prueba de que puede existir algo como una moralidad puramente de segunda persona, sin referencia a normas culturales más generales. Los primeros individuos humanos fueron, pues, criaturas que interactuaban con otros de maneras morales tanto directamente como a nivel de segunda persona; lo que no hacían era intervenir en las interacciones sociales de terceros que no les interesaban más o menos directamente. Su moralidad era, por lo tanto, limitada y local pero, a nuestro juicio, era una moralidad genuina de todas formas. Claramente no era una moralidad cultural, con mentalidad de grupo y totalmente abierta, de un bien o un mal «objetivos» que se aplicaban a todos en todas las situaciones. Más bien era una moralidad para un solo tipo particular de actividad social —aunque de importancia inmediata, urgente y continua— y esto significa que, en muchas otras actividades diarias, los humanos primigenios habrían sido todavía muy parecidos a los simios. Pero pronto, con el advenimiento de la vida cultural humana moderna, esta manera de obrar más limitada y local se transformaría totalmente.

# [4] Moralidad «objetiva»

*Una obligación siempre toma la forma de una reacción contra la amenaza de una pérdida de identidad.*

Christine Korsgaard, *The Sources of Normativity*

No mucho después de que se transformaran en seres humanos modernos, en algún lugar de África, hace alrededor de 150 000 años, los humanos primigenios comenzaron a formar grupos culturales distintos y separados, que competían entre sí por recursos. La interdependencia reinaba ahora no solo a nivel de la díada colaborativa, y no solo en el campo de la búsqueda de alimento, sino a nivel de todo el grupo cultural y en todos los campos de la vida. El grupo cultural se convirtió, así, en una gran empresa colaborativa en la que todos sus miembros tenían que actuar bien para que todos pudieran estar bien. Los extraños al grupo eran esencialmente aprovechados o competidores —bárbaros— y por tanto estaban excluidos de la colaboración cultural.

El desafío para los individuos humanos modernos fue pasar de una vida basada en la colaboración interdependiente con socios bien conocidos, a una vida vivida en un grupo social con toda clase de compañeros interdependientes. Cognitivamente, lo que se necesitaba eran habilidades y motivaciones no solo de intencionalidad conjunta sino de intencionalidad colectiva. Estas habilidades, junto con nuevas y poderosas habilidades transmitidas culturalmente, les permitieron a los individuos crear entre ellos varios tipos de prácticas culturales convencionales, compartidas en el terreno común cultural del grupo. Los roles en las prácticas culturales convencionales eran completamente independientes del agente; sus ideales de rol eran lo que cualquiera que fuera uno de nosotros (es decir, cualquier persona racional) tendría que hacer para promover el éxito colectivo. En algún momento, estos estándares ideales, generalizados al máximo, llegaron a ser conceptualizados como las maneras «objetivamente» buenas (no malas) de desempeñar el rol, incluyendo el rol genérico de ser simplemente un miembro que contribuía a la cultura. Para participar en una práctica cultural convencional —incluso cuando llegaba a formalizarse en una institución— lo que el individuo tenía que hacer más urgentemente era ajustarse a esta manera correcta de hacer las cosas. Algunas prácticas culturales convencionales y sus roles asociados eran sobre cosas acerca de las cuales los individuos ya tenían actitudes morales de segunda persona: es decir, tenían que ver con potenciales asuntos relacionados con la empatía y la equidad. En estos casos, los ideales de rol normativos especificaban no solo el bien y el mal convencional, sino el bien y el mal moral.

Esta parte de pasar de la colaboración a la cultura fue relativamente sencilla: todo pasó de ser diádico y local a universal y «objetivo». Lo que no fue tan sencillo fue superar los compromisos conjuntos. El asunto era que, a diferencia de la estructura socialmente autorregulatoria creada por el compromiso conjunto, para los humanos modernos los compromisos colectivos más grandes y más importantes de su cultura —sus prácticas, sus normas y sus instituciones convencionales— eran cosas que no habían sido creadas por ellos mismos, sino que ya estaban ahí cuando ellos nacieron. Por lo tanto, el individuo se enfrentaba, en teoría, al problema del contrato social y su legitimidad. En la práctica, sin embargo, los individuos veían de manera natural los compromisos colectivos autorregulatorios en los que habían nacido como compromisos legítimos porque ellos se identificaban con su grupo cultural; se arrogaban un tipo de coautoría que los llevaba a pensar que los compromisos eran hechos por «nosotros» para «nosotros». En el caso de las normas morales, esta legitimidad se fortalecía por su conexión con la moralidad de segunda persona. A medida que tomaban decisiones morales a lo largo del tiempo, los individuos humanos modernos crearon un tipo de identidad moral que fomentaban y mantenían al ajustarse a las normas morales, sintiéndose culpables cuando no se ajustaban y justificando cualquier acto de no ajustarse ante los otros y el yo mediante los valores compartidos del grupo. La racionalidad cultural de los humanos modernos consistía, así, en ceder libremente buena parte del control sobre sus acciones individuales a una conformidad irreflexiva a las convenciones, normas e instituciones de su grupo, y en dejar la toma de decisiones autónoma casi totalmente confinada a la resolución de conflictos entre las normas (a menos que decidiera excluirse por completo).

Este capítulo, entonces, intenta explicar cómo la moralidad natural de segunda persona de los humanos primigenios, de hace cerca de 400 000 años, se convirtió en la moralidad «objetiva» y con mentalidad de grupo de los humanos modernos, comenzando hace cerca de 150 000 años. De manera análoga a lo que hicimos en nuestro recuento de la moralidad de segunda persona de los primeros individuos humanos, caracterizamos la moralidad «objetiva» de los humanos modernos en términos de algo parecido a una moralidad de empatía: cómo la dependencia del individuo de su grupo cultural llevó a un interés especial por el grupo y a una lealtad hacia él. Luego, con respecto a una moralidad de justicia, caracterizamos una vez más los tres conjuntos de procesos psicológicos involucrados. Primero están los nuevos procesos cognitivos de intencionalidad colectiva que crean ideales normativos «objetivos» del bien y del mal. En segundo lugar están los nuevos procesos socio-interactivos de agencia cultural con respecto a las convenciones, normas e instituciones del grupo. Y en tercer lugar están los nuevos procesos autorregulatorios de autogobierno moral, basados en el sentido de compromiso y obligación colectivos que tiene hacia su comunidad moral una persona con identidad moral. Hacia el final del capítulo diremos algunas cosas sobre cómo los procesos de selección del grupo cultural también desempeñaron un importante papel en todo esto.

Dos preliminares importantes: primero, usaremos la expresión *humanos modernos* para la especie *Homo sapiens sapiens* que comenzó a surgir hace 150 000 años, pero nos enfocaremos principalmente en el período de 140 000 años antes de la agricultura y las sociedades civiles modernas, cuando los humanos todavía vivían exclusivamente como cazadores-recolectores en sociedades tribales relativamente pequeñas. Nos referiremos a los humanos modernos de los últimos diez mil años desde la agricultura, especialmente a aquellos que viven en sociedades civiles contemporáneas, como *humanos contemporáneos,* y al final del capítulo diremos unas pocas cosas específicamente sobre ellos.

Segundo, en muchos casos diremos que los miembros de una cultura particular insisten en que esta es la manera como «nosotros» hacemos las cosas. También diremos que los miembros de una cultura insisten en que esta es la manera como se hacen las cosas, el modo correcto de hacerlas, el modo en que las haría cualquier persona racional o moral. Estas distintas maneras de hablar intentan ser más o menos equivalentes porque, de nuevo, nos enfocaremos en los humanos modernos antes del surgimiento de las sociedades civiles. Para estos primeros humanos modernos, los individuos que forman el «nosotros» en este grupo somos humanos, y las otras criaturas parecidas que a veces vemos en la distancia —o con quienes interactuamos cautelosamente y sin entenderlas mucho— son bárbaros y, por lo tanto, no son realmente humanos. «Nosotros» conocemos la manera correcta de hacer las cosas; «ellos» no. Es en este sentido, desde esta perspectiva interna, que un modo de pensar cultural y con mentalidad de grupo es «objetivo».

## Cultura y lealtad

La búsqueda de alimento colaborativa y obligada, basada en los grupos sociales vagamente estructurados y relativamente pequeños de los humanos primigenios, fue una estrategia estable evolutivamente; hasta que dejó de serlo. El problema básico fue que era demasiado exitosa: el tamaño de la población de algunos grupos creció tanto que empezaron a tropezarse unos con otros, lo que llevó a que compitieran en grupo por recursos. En consecuencia, el grupo cultural del humano moderno se convirtió, en efecto, en una empresa colaborativa única y autosuficiente, un grupo colaborativo de búsqueda de alimento magnificado y orientado al objetivo colectivo de lograr la supervivencia del grupo, en el cual cada individuo desempeñaba su rol en la división del trabajo, incluido el rol general de ser un miembro de grupo competente y leal.

En un ambiente hostil, con grupos competidores siempre acechando y con actividades de subsistencia que requerían conocimiento y herramientas especializadas, el individuo básicamente dependía por completo del grupo. Dada esta dependencia, los dos desafíos más inmediatos y urgentes que los individuos tenían eran: (1) reconocer y ser reconocido por los numerosos compañeros integrantes del grupo, incluso por aquellos a los que apenas conocía; y (2) ayudar y proteger, y ser ayudado y protegido, por todos los compañeros del grupo con los que era interdependiente, lo que significaba, en especial a medida que se fue incrementando la división del trabajo, básicamente por todos los del grupo.

## Semejanza e identidad de grupo

A medida que los grupos de humanos modernos comenzaron a crecer y a expandirse, empezaron a fragmentarse. Pero al mismo tiempo, la competencia entre grupos les planteaba una seria amenaza a los grupos pequeños; cuanto más grande el grupo, mayor seguridad. El resultado fue la así llamada organización tribal de los grupos sociales de los humanos modernos, que surgió hace quizás 150 000-100 000 años (véanse Foley y Gamble, 2009; Hill *et al.*, 2009). En general, la organización tribal surge a medida que los grupos crecen y se expanden hasta que se fragmentan en «bandas» más pequeñas, las cuales, sin embargo, se unen en un solo grupo cultural para algunos propósitos, especialmente los conflictos intergrupales.

Para el individuo, un problema serio en esta nueva organización social era el «número de Dunbar». Acudiendo a muchas líneas diferentes de investigación, Dunbar (1998) argumentó y presentó evidencia de que los individuos humanos no pueden conocer íntimamente a más de unos 150 individuos al mismo tiempo; un número mayor excede sus capacidades de memoria social. Esto significaba que los humanos modernos conocían personalmente a todos los de su banda, pero no a todos los de su cultura y, por lo tanto, necesitaban una nueva manera de reconocer a sus compañeros culturales en el grupo, especialmente debido a que los necesitaban cuando había conflictos intergrupales (y, adicionalmente, acercarse por error a un bárbaro que no hacía parte del grupo podría haber sido letal). Así, la interdependencia y la solidaridad que había entre los socios colaborativos de los humanos primigenios, los cuales tenían experiencia personal uno con otro, ya no eran suficientes; se necesitaba una nueva manera de formar vínculos interdependientes y confiables con todos los miembros del grupo. Esta nueva forma fue la semejanza. Los humanos contemporáneos tienen muchas y diversas maneras de desplegar su parecido con el grupo, pero es posible que las maneras originales fueran principalmente de comportamiento: personas que hablan como yo, preparan la comida como yo, y pescan de la manera convencional —o sea, aquellos que comparten mis prácticas culturales— son probablemente miembros de mi grupo cultural. En algún momento, los humanos modernos comenzaron incluso a demostrar activamente su parecido con otros en el grupo, por medio de cosas como ropa especial o marcas en el cuerpo, para destacar lo que los hacía distintos de los que pertenecían a grupos vecinos.

En este contexto, la conformidad o ajuste se vuelve una necesidad. Y en efecto, comparados con otros primates, los niños humanos están claramente más motivados a ajustarse. Es decir, no solo aprenden socialmente acciones útiles a nivel instrumental, como todos los simios, sino que también copian las acciones de otros precisamente para ser como ellos. Esto es lo que se ha llamado a veces «imitación social» para poner énfasis en que la motivación del que aprende es demostrar su semejanza con otros y así afiliarse a ellos (Carpenter, 2006). Hasta ahora, la investigación experimental ha establecido:

- que a los niños les interesa mucho más que a otros grandes simios copiar exactamente lo que otros hacen, incluyendo gestos arbitrarios, convenciones y rituales (véase Tennie *et al.*, 2009, para una reseña);
- que los niños, pero no los grandes simios, copian incluso las partes que no son pertinentes de una secuencia de acción, en la así llamada sobreimitación (Horner y Whiten, 2005); y
- que los niños, pero no los grandes simios, se ponen de acuerdo con otros incluso en situaciones en las que tienen que invalidar una estrategia previamente exitosa para lograrlo, en lo que se conoce como conformidad fuerte (Haun y Tomasello, 2011, 2014)[1].

Esta imitación social y conformidad fuerte no son principalmente estrategias de aprendizaje sociales para aumentar el éxito personal en situaciones de resolución de problemas; más bien, son principalmente estrategias de aprendizaje sociales para alinearse con los otros y así mostrar la afiliación de uno, y quizás la identidad de grupo, con ellos (Over y Carpenter, 2013). Un hallazgo particularmente importante en este aspecto es que los niños muy pequeños imitan selectivamente a individuos que hablen su idioma más que a individuos que hablen otro idioma (Buttelmann *et al.*, 2013).

[1] Un estudio sugiere que los chimpancés también se ajustan incluso cuando ya tienen un método efectivo (Whiten *et al.*, 2005), pero una inspección más cercana de la información muestra que solo un individuo cambió realmente su método o herramientas para igualar los de otros.

Con el tiempo, los individuos humanos modernos comenzaron a ver su membresía cultural como su identidad cultural. En el mundo contemporáneo, por ejemplo, vemos individuos que sacrifican sus vidas por su país o grupo étnico en las guerras, incluso ondeando la bandera del grupo cuando caen, y hacen esto aun cuando lo único que está en juego es conservar la identidad de su grupo étnico viva y separada de la de otro(s) grupo(s). De modo más trivial, pero diciente, los individuos contemporáneos hacen cosas como pintarse con colores y cantar por su equipo deportivo. Y quizás lo más diciente de todo, los individuos contemporáneos sienten culpa u orgullo colectivo cuando alguien de su grupo hace algo especialmente malo o digno de alabanza, incluso cuando ellos mismos no han hecho nada. En un estudio experimental reciente, incluso niños pequeños que habían sido asignados arbitrariamente a un grupo, y después vestidos con ropas semejantes y con una etiqueta particular (por ejemplo, el «grupo verde»), sintieron la necesidad de pedir excusas y reparar las infracciones cometidas por un miembro del grupo, pero no por alguien de fuera del grupo (Over *et al.*, 2016).

Y así con los humanos modernos se inició una segunda manera de formar un «nosotros». Los individuos humanos modernos se sentían solidarios no solo con los socios colaborativos interdependientes, como ya pasaba con los humanos primigenios, sino con miembros del grupo que se parecían a ellos en comportamiento y apariencia. De manera interesante, estos dos tipos de solidaridad social ya habían sido reconocidos por Durkheim (1893/1984) en su solidaridad orgánica (basada en la interdependencia colaborativa) y su solidaridad mecánica (basada en el parecido), y también llegan hasta los dos principios básicos de formación de grupo como se establecen en la investigación psicológica social moderna: la interdependencia personal (basada en proyectos conjuntos) y la identidad compartida (basada en el parecido y la membresía del grupo) (por ejemplo, Lickel *et al.*, 2007).

## Favoritismo y lealtad en el grupo

Los individuos humanos modernos se identificaban con su grupo cultural porque todo el mundo en el grupo necesitaba a todos los demás —eran interdependientes— para todo tipo de ayuda y apoyo vitales, incluida la protección de los bárbaros al otro lado del río. «Nosotros los waziris somos los que hacemos las cosas así y no de otro modo, nos vestimos así y no de otro modo, y siempre enfrentamos el peligro juntos». Las culturas de los humanos modernos también mostraban los principios de una creciente división del trabajo —por ejemplo, algunos individuos hacían las lanzas que se usaban para cazar y otros se especializaban en cocinar—, la cual intensificaba aún más la interdependencia, pues la supervivencia de cada individuo dependía de que muchos otros hicieran su trabajo de forma fiable. La interdependencia de dos individuos en un grupo diádico de búsqueda de alimento se convirtió, ahora, en la interdependencia de todos en la cultura como un todo, incluyendo hasta los extraños del grupo. Como resultado, se volvió importante para los individuos mostrar lealtad al grupo y probar así que se podía confiar en ellos, especialmente cuando se trataba de conflictos entre los grupos (Bowles y Gintis, 2012).

La interdependencia con mentalidad de grupo de los humanos modernos sirvió, entonces, para extender la empatía y la ayuda a todos en el grupo, aspectos mejor caracterizados como un sentido de lealtad hacia el grupo. En consecuencia, surgió en los humanos modernos una psicología específica del tipo «del grupo/de fuera del grupo». El favoritismo hacia los del grupo, acompañado por el prejuicio hacia los de fuera del grupo, es uno de los fenómenos mejor documentados en toda la psicología social contemporánea (por ejemplo, Fiske, 2010) y surge en los niños pequeños durante la etapa preescolar tardía y especialmente durante la etapa escolar (Dunham *et al.*, 2008). Esta inclinación hacia los del grupo es evidente en muchos campos de actividad diferentes, pero para los propósitos actuales lo más importante es la moralidad. Mucha de la investigación reciente ha demostrado el comportamiento prosocial especial de los niños pequeños hacia aquellos que los imitan o actúan en sincronía con ellos (es decir, semejanza en el comportamiento), o que están en el mismo «grupo mínimo» (es decir, semejanza en la apariencia, mínimamente establecida en los experimentos a través de ropa semejante y/o una etiqueta de grupo común):

- Cuando alguien imita a un niño pequeño, el niño está especialmente dispuesto a ayudar a quien lo imita (Carpenter *et al.*, 2013) y a confiar en él (Over *et al.*, 2013).
- Cuando alguien habla el mismo idioma que el niño (y con el mismo acento), el niño prefiere a esa persona (Kinzler *et al.*, 2009) y es más probable que confíe en ella (Kinzler *et al.*, 2011).
- Cuando varios niños en edad preescolar actúan en sincronía unos con otros, por ejemplo, bailando juntos con la misma música, después ayudan y cooperan unos con otros más que con otros niños (Kirschner y Tomasello, 2010).
- Niños en edad escolar muestran más empatía hacia individuos que han sido identificados como miembros del grupo, y los ayudan más, que a aquellos que han sido identificados como no pertenecientes al grupo (Rhodes y Chalik, 2013).
- Niños en edad escolar esperan y prefieren que sus compañeros de grupo sean leales al grupo, mientras que ni esperan ni prefieren que los individuos fuera del grupo sean leales con los de su grupo (Killen *et al.*, 2013; Misch *et al.*, 2014).
- A los niños en edad preescolar les importa más cómo los evalúan los miembros de su grupo reducido que los de fuera del grupo (Engelmann *et al.*, 2013).

Esta tendencia de los humanos modernos a ayudar, cooperar y confiar selectivamente en aquellos que se comportan como ellos, se ven como ellos, o llevan una etiqueta con el nombre de su grupo es tan fuerte que ha llevado a algunos teóricos a proponer la homofilia —la tendencia a afiliarse, a preferir y a vincularse con otros semejantes— como la base de la cultura humana (Haun y Over, 2014). Aunque los chimpancés y otros primates no humanos vivan en grupos espacialmente segregados y sean hostiles con los extraños (Wrangham y

Peterson, 1996), hasta donde sabemos esta hostilidad no está dirigida a otros grupos *qua* grupos, basada en la apariencia distintiva o las prácticas de comportamiento de su grupo.

Así, la moralidad de empatía de los humanos primigenios hacia los socios colaborativos fue convirtiéndose en la lealtad de los humanos modernos hacia todas las personas del grupo cultural con el que se identificaban. El asunto ahora es la ampliación de la moralidad de equidad de los primeros individuos humanos hacia sus socios colaborativos, a la moralidad de justicia para todos los del grupo cultural (o comunidad moral) de los humanos modernos. Nuestra explicación se concentra, de nuevo, en los tres tipos clave de procesos psicológicos:

- procesos cognitivos de intencionalidad colectiva;
- procesos socio-interactivos de agencia cultural e identidad; y
- procesos autorregulatorios de autogobierno moral e identidad moral.

En las tres secciones que siguen trataremos cada uno de estos procesos.

## Intencionalidad colectiva

Cognitivamente, lo que los humanos modernos hicieron para adaptarse a su nueva realidad social fue transformar una intencionalidad conjunta orientada a la colaboración diádica, en una intencionalidad colectiva orientada a la colaboración cultural. Así, la estructura de nivel dual comprendía ahora en un nivel, de nuevo, al individuo, pero en el otro nivel, la mentalidad del grupo y la colectividad de todos los que compartían una vida cultural común. También se dio una transición: los individuos pasaron de ver una equivalencia (o igualdad) entre uno y su socio colaborativo, como lo hacían los humanos primigenios, a ver una equivalencia entre todos los que fueran miembros del grupo cultural, es decir, todos los seres racionales. Esto tuvo como resultado que dentro de las prácticas culturales convencionales de un grupo cultural —que eran posibles gracias a habilidades de intencionalidad colectiva— estuvieran los ideales de rol que todo el mundo sabía (y sabía que todo el mundo conocía en el terreno común cultural) que aplicaban a cualquiera y a todos, lo que equivalía a una especificación de la manera «objetivamente» correcta o incorrecta de hacer las cosas.

## Convencionalización y terreno común cultural

Las interacciones colaborativas de los humanos primigenios requerían bastante terreno común personal entre los socios específicos involucrados. Por contraste, cuando los humanos modernos colaboraban con otros, a veces tenían que hacerlo forzosamente con individuos con quienes no tenían, o tenían poco, terreno común. Además, algunas veces se ponían objetivos en grupo para desarrollar actividades culturales de mayor escala, incluyendo la defensa del grupo, las cuales también involucraban a individuos que poco se conocían entre sí. El problema era que coordinar las actividades colaborativas sin que hubiera ningún terreno común entre los participantes era difícil. La solución fue el terreno común colectivo o cultural, el cual llevó, en combinación con una tendencia a amoldarse, a las prácticas culturales convencionales.

El terreno común colectivo o cultural es la base, casi la definición, de la cultura. Es decir, la vida en grupo de los humanos primigenios se convirtió en la vida cultural de los humanos modernos precisamente cuando los individuos comenzaron a tener mentalidad de grupo tanto en lo que se refiere a motivaciones grupales como a la lealtad y la confianza en sus compañeros, como acabamos de ver, como en lo que se refiere a una dimensión epistémica de habilidades, conocimientos y creencias compartidas: un terreno común cultural. Este terreno común cultural significaba que todos los de un grupo sabían que todos los del grupo habían tenido cierto tipo de experiencias —y por lo tanto habilidades, conocimientos y creencias— basadas en un universo de cosas que comprendían desde un ambiente físico común hasta un conjunto común de prácticas de crianza por las que cada uno de ellos había pasado. Saber esto significaba saber muchas cosas importantes sobre la mentalidad y el posible comportamiento de otros, a menudo sin interactuar siquiera con ellos directamente. En efecto, Chwe (2003) argumenta que la función principal de eventos públicos respaldados culturalmente, como las bodas, las tomas de posesión, los funerales y las danzas de guerra, es establecer explícitamente que algo es de conocimiento público para todos los del grupo.

Poder identificar correctamente qué habilidades y conocimientos hacen parte del terreno común cultural del grupo facilita la coordinación con los extraños dentro del grupo. Así, si le digo a un extraño dentro del grupo que la próxima vez que llueva nos encontramos «en el árbol grande» para cazar antílopes, puedo confiar en que él sabe a qué árbol me refiero; y no necesito decirle qué armas traer pues eso también es parte de nuestro terreno común cultural. Con el tiempo, el resultado es lo que podemos llamar prácticas culturales convencionales que todo el mundo conoce y todo el mundo sabe cómo seguir. Lo que es crucial para las prácticas culturales convencionales no es solo que todo el mundo hace algo de cierta manera, sino que todo el mundo espera que todos los demás también lo hagan de esa manera, y espera que los otros esperen de ellos que lo hagan de igual manera, y así sucesivamente (véase Lewis, 1969). Los intentos teóricos de caracterizar las prácticas convencionales solo con respecto a la adhesión a lo precedente (por ejemplo, Millikan, 2005), así como los intentos empíricos de demostrar convenciones en primates no humanos (por ejemplo, Bonnie *et al.*, 2007), dejan por fuera este aspecto crucial del conocimiento compartido, sobre el cual se basa la habilidad de coordinar esfuerzos con otros (Tomasello, 2006; véase también Grüneisen *et al.*, 2015). Sin tener conocimiento de lo compartido, la coordinación flexible no es posible (véase Tomasello, 2014, para una discusión extensa).

Incluso los niños muy pequeños de hoy pueden hacer sólidas deducciones sobre el conocimiento de los extraños dentro del grupo basados en un supuesto terreno común cultural. Por ejemplo, Liebal *et al.* (2013) hicieron que niños de tres años se encontraran con un adulto desconocido que claramente hacía parte de su grupo. Entonces el extraño les preguntaba «¿Quién es ese?» mientras los dos miraban un juguete de Papá Noel y otro juguete que el niño había hecho justo antes de que el adulto llegara. Los niños respondían nombrando el juguete recién hecho, pues tenían la certeza de que nadie en su cultura, ni siquiera alguien que jamás habían visto, necesitaba preguntar quién era Papá Noel. En una condición experimental contrastante, si el extraño dentro del grupo daba la impresión de que reconocía uno de los dos juguetes, los niños daban por hecho que era Papá Noel. Los niños se comportaron de esta misma manera con otros varios objetos culturales familiares de todos los días, como un automóvil de juguete, en contraste con un juguete nuevo recién hecho. Esto muestra que los niños pequeños pueden inferir algunas de las cosas que una persona debe saber si es miembro de un grupo cultural, sin necesidad de tener contacto personal directo. Otro ejemplo son las convenciones lingüísticas: los niños pequeños esperan que los extraños del grupo sepan el nombre convencional de un objeto, pero no un hecho episódico sobre ese objeto, como quién me lo dio (Diesendruck *et al.*, 2010).

Las prácticas culturales convencionales se basan en el terreno común cultural porque suponen que cualquiera —quizás dentro de alguna especificación demográfica y/o contextual (por ejemplo, todas las mujeres, todos los que pescan con red)— puede desempeñar un determinado rol en una práctica si está enterado del terreno común cultural apropiado. Si uno quiere pescar con red y tener éxito, tiene que hacerlo del modo waziri, y todo el mundo sabe que eso significa que el que lanza la red hace X y que el que la recoge hace Y; no importa quién sea uno. Los roles en las prácticas culturales convencionales son, entonces, completamente independientes del agente, pues se aplican a *cualquiera* que desempeñe el rol, y en este caso «cualquiera» no es solo un gran grupo de individuos sino una designación en general de cualquiera que sea uno de nosotros. Esta designación en general significa que saber ciertas cosas es, de hecho, una parte constitutiva de la identidad cultural de uno. Esto también era cierto, claro, con respecto a las convenciones lingüísticas que los humanos modernos comenzaron a usar para comunicarse dentro (y solo dentro) de sus grupos. Las convenciones lingüísticas son parte del terreno común cultural del grupo (Clark, 1996), de modo que cualquiera que desee comunicarse con cualquier miembro del grupo debe hacerlo de la manera convencional esperada, tanto si actúa como comunicador o como receptor, y puede esperar que su interlocutor sea competente (y que espere, a su vez, lo mismo de él) también en estos dos sentidos.

Una consecuencia importante de la participación de los humanos modernos en el terreno común cultural y los roles de las prácticas culturales convencionales independientes del agente fue, entonces, la habilidad para ver las cosas desde una perspectiva completamente independiente del agente: la perspectiva de cualquiera que sea uno de nosotros, una perspectiva «objetiva», que representa la máxima generalidad, más allá de la perspectiva más limitada, independiente del socio, de los humanos primigenios dentro de la interacción diádica. (Tomasello [2014] contrasta la «visión de aquí y de allá» de los primeros individuos humanos con la «visión desde ninguna parte» de los humanos modernos). El punto de vista «objetivo» de la intencionalidad colectiva estructuró, así, nuevas formas de relacionarse con otros adaptadas para vivir en una sociedad a gran escala, en la cual las relaciones personales no eran suficientes para mantenerlos a todos coordinados y satisfechos en los muy diferentes campos en los que interactuaban. Esto se hizo objetivando los roles culturales, incluyendo el rol más general de ser simplemente un miembro que contribuía al grupo, y poniendo al yo en su lugar de mentalidad de grupo como solo uno entre muchos (Nagel, 1970, 1986).

Los humanos modernos experimentaron de este modo como una realidad social la estructura de nivel dual en la cual está, en el nivel superior, el grupo cultural como un todo (es decir, constituido por cualquiera y por todas las personas naturales), y en el nivel inferior, sus individuos, incluida la persona misma, que servían como operarios intercambiables (independientes del agente) de las prácticas culturales convencionales que hacían funcionar la cultura. Ocasionalmente un individuo podía olvidar todo esto y aferrarse a su propio punto de vista, claro, pero tarde o temprano la conciencia de su interdependencia de los otros y del grupo, junto con sus habilidades cognitivas de intencionalidad colectiva, lo forzaban a tomar la perspectiva imparcial que podía tener en cuenta, de manera equitativa e impersonal, las perspectivas de todos los interesados. Y así, ahora tenemos el nuevo elenco de personajes creados por la cultura y la intencionalidad colectiva: «yo», «tú» y «nosotros» —conceptualizado como «cualquier persona racional»—, el *ménage à beaucoup* del cual ha surgido la moralidad humana moderna de justicia.

## Maneras convencionalmente buenas y malas de hacer las cosas

Mientras los humanos primigenios tenían ideales de rol específicos en terreno común personal sobre cómo cada socio de la díada debía desempeñar su rol para lograr el éxito conjunto, los humanos modernos tenían en terreno común cultural las maneras correctas e incorrectas de desempeñar los roles en las prácticas culturales convencionales. En un sentido, esta solo es una diferencia cuantitativa: en lugar de inversión de roles e intercambiabilidad entre dos socios, tenemos completa independencia del agente dentro de las prácticas del grupo cultural. Pero también es más que eso. Las prácticas culturales convencionales como la forma correcta (no la forma incorrecta) de hacer las cosas van más allá de los ideales *ad hoc* de los primeros individuos humanos, los cuales eran creados por los dos socios para ellos mismos y podían ser disueltos muy fácilmente. Las formas correcta e incorrecta de hacer las cosas emanan de algo mucho más objetivo y autorizado que el nosotros, y por lo tanto los individuos no las pueden cambiar. El punto de vista de la intencionalidad colectiva transformó, así, el sentido supremamente local de los ideales de rol específicos de los humanos primigenios, en los estándares «objetivos» de los humanos modernos sobre la manera buena (correcta) y mala (incorrecta) de desempeñar los roles convencionales. Este punto de vista independiente del agente u «objetivo» no es suficiente para los juicios de equidad o justicia, pero es necesario, como lo han reconocido explícitamente de una manera u otra los filósofos morales, desde Hume con su «punto de vista general», pasando por Adam Smith con su «espectador imparcial», hasta Mead con su «otro generalizado», Rawls con su «velo de ignorancia» y Nagel con su «visión desde ninguna parte».

El proceso de objetivación se ve especialmente claro en la pedagogía intencional (Csibra y Gergely, 2009). La pedagogía intencional es exclusiva de los humanos (Thornton y Raihani, 2008) y muy seguramente surgió con el advenimiento de los humanos modernos, pues fue entonces cuando aparecieron por primera vez diferencias culturales claras entre grupos vecinos (Klein, 2009). La estructura prototípica de la pedagogía intencional es un adulto que insiste en que un niño se entere de importante información cultural (Kruger y Tomasello, 1996). La pedagogía intencional es, pues, explícitamente normativa: se espera que el niño escuche y aprenda. Pero, y esto es igualmente importante, también es genérica en el sentido de que sus ideales normativos tienen que ver con la clase o tipo. No solo se trata de que encontramos esta nuez bajo este árbol, sino que las nueces como esta se encuentran bajo los árboles como este. No solo se trata de que para arrojar esta lanza yo o tú debemos sostenerla con tres dedos y un pulgar, sino que para arrojar una lanza como esta cualquiera debe sostenerla así. En consecuencia, la voz de la pedagogía intencional es al mismo tiempo genérica y autorizada: está expresando como un hecho objetivo cómo son las cosas o cómo debe uno hacerlas, y su origen no es la opinión personal del maestro sino, más bien, un mundo objetivo de cómo son las cosas. El maestro está representando el punto de vista de la cultura sobre el mundo objetivo: «es así» o «uno debe hacerlo así». En efecto, Köymen *et al.* (2014) encontraron no solo que los niños en edad preescolar usan ese lenguaje genérico normativo cuando les enseñan cosas a sus compañeros, sino que a menudo objetivan sus instrucciones al máximo diciendo no solo que «uno debe ponerlo aquí» sino también que «va ahí», y no solo que «uno no debe hacer algo así» sino que «está mal hacerlo así».

Esta perspectiva objetiva sobre las maneras correctas e incorrectas de hacer las cosas está todavía más reforzada por una dimensión histórica. Las prácticas culturales «no son solo como nosotros los waziris hacemos las cosas sino como nuestra gente siempre las ha hecho. Pescar con red de esta manera no es solo lo que nosotros hacemos en nuestro grupo, y por lo tanto lo que tú debes hacer, sino lo que nuestros venerados antepasados han hecho siempre. Asegura nuestra sobrevivencia como pueblo y nos distingue de los bárbaros del otro lado del río. Es la manera correcta de hacer las cosas». A medida que los individuos humanos modernos se iban adaptando a sus culturas, iban aprendiendo la manera «objetivamente» correcta de hacer las cosas. Y cuando los adultos enseñaban explícitamente estas prácticas, no sentían que estuvieran enseñando la opinión o el consejo de un individuo, sino que experimentaban estas enseñanzas como la voz autorizada de la cultura acerca de cómo son las cosas y cómo se debe uno comportar.

## Agencia cultural

La intencionalidad colectiva y el terreno común cultural, como habilidades cognitivas, facilitaron así la coordinación entre los miembros de un grupo cultural, al crear conjuntos estables de expectativas compartidas. Pero las sociedades a gran escala de los humanos modernos también presentaban varios desafíos para la cooperación de una naturaleza más motivacional (Richerson y Boyd, 2005). El desafío más básico era que grupos más grandes significaban más posibilidades de hacer trampa, pues había más interacciones entre los extraños dentro del grupo que no sabían mucho de las historias de los otros. De igual forma, los emprendimientos más grandes creaban problemas de acción colectiva debido a que los individuos tenían más oportunidades de aprovecharse de los esfuerzos de otros sin que nadie se diera cuenta (Olson, 1965). Estas nuevas contingencias exigían que los agentes culturales tuvieran a su disposición mecanismos mucho más fuertes de elección y control de los socios para cooperativizar los aspectos más competitivos de la vida cultural. Se introducen así las normas sociales[2].

## Normas sociales

Los humanos primigenios controlaban a sus socios no cooperativos protestando directamente ante ellos. Pero los humanos modernos tenían muchos y variados roles en las muchas y diferentes actividades de una sociedad compleja, y la protesta de segunda persona confinada a la comunicación directa hubiera sido demasiado local y a pequeña escala para ser eficaz en estas actividades de alcance más amplio con extraños. Lo que se desarrolló gradualmente fue un conjunto de expectativas que todo el mundo en el grupo compartía en terreno común cultural, sobre cómo debían comportarse los individuos en situaciones varias para ser cooperativos. En efecto, dichas normas sociales volvieron convencional y colectivo el proceso de evaluar y protestar contra quienes no cooperaban y así aumentaron el control del socio de segunda persona a un control social a nivel de grupo, con el propósito de asegurar un funcionamiento fluido de las interacciones sociales en el grupo. Así, ahora los humanos modernos no solo sabían, en su terreno común cultural, las maneras «objetivamente» correctas e incorrectas de desempeñar los roles de las prácticas culturales convencionales, sino las maneras «objetivamente» buenas y malas de ser cooperativo, de ser moral, con sus compañeros.

Conforme a la idea de que las normas sociales sirven para cooperativizar la competencia, los campos que están más universalmente

[2] Dada una falta de consistencia terminológica en la literatura, seguiremos a Bicchieri (2006) y usaremos *norma social*, o incluso *norma moral*, para referirnos a cosas que no son solo maneras convencionales o tradicionales de hacer las cosas (como se ha discutido en la sección previa) sino, más bien, maneras de hacer las cosas que los miembros del grupo ven como necesarias para la cooperación.

cubiertos por las normas sociales en todas las sociedades son aquellos que presentan las amenazas más apremiantes a la cohesión y el bienestar del grupo, es decir, aquellos que más sacan a la luz los motivos egoístas y la tendencia de los individuos a pelear: los alimentos y el sexo (Hill, 2009). Así, asuntos como la forma en que se ha de dividir entre todos los miembros de un grupo cultural el grande y apetitoso fruto de una cacería están estrictamente regidos de antemano por normas sociales que todo el mundo conoce en terreno común cultural, y esto efectivamente evita la mayoría de las disputas (Alvard, 2012). De manera semejante, con quién se puede o no se puede tener sexo —por ejemplo, parientes o hijos o el cónyuge de alguien más— también está estrictamente regido por normas sociales en el terreno común cultural del grupo, en prevención, de nuevo, de conflictos potencialmente acalorados que puedan debilitar el funcionamiento eficaz del grupo. En efecto, las normas sociales anticipan la competencia en situaciones potencialmente disruptivas y aclaran cómo deben comportarse los individuos en tales situaciones con el fin de cooperar.

En última instancia, las normas sociales son normas convencionales, y como tales su objetivo es la conformidad, el ajuste. Para ilustrar esto, imaginemos una fiesta de celebración de humanos modernos. Esta es una práctica cultural convencional, especificada en terreno común cultural como varias maneras convencionales de hacer las cosas. Ahora imaginemos que un individuo usa ropa no convencional para la fiesta. En este caso, él no le ha hecho mal a nadie, pero en nuestro terreno común cultural está especificado lo que por lo general se usa para una fiesta y él intencionalmente lo ha pasado por alto. Como todos suponemos que cada quien se identifica con sus compañeros culturales y quiere alinearse con ellos, la inferencia es que quien no se ajusta, no quiere identificarse o alinearse con nosotros y, puesto que él sabe lo que estamos pensando, no respeta nuestras evaluaciones. Así que ahora desconfiamos de él porque no apoya ni respeta a nuestro grupo.

Pero imaginemos ahora que un individuo se apropia de buena parte de la comida de la celebración. Con este acto ha perjudicado e irrespetado a mucha gente, así que esta es una clara violación de la moralidad de segunda persona que merece censura. Pero al mismo tiempo es una falta de conformidad con las normas sociales del grupo: nosotros los waziris no nos apropiamos de la comida en una fiesta y cualquiera que lo haga o bien no es uno de nosotros o no quiere serlo; está mostrando irrespeto por nuestro grupo y sus costumbres. Así, hay dos razones para no apropiarse de la comida en una fiesta: una que es de segunda persona (para mostrar interés y respeto por otros) y una que es convencional y construida sobre esto (para ajustarse a las normas). Esta manera de mirar las cosas es similar a la de Nichols (2004), quien se ha concentrado en la pregunta de por qué los individuos contemporáneos consideran que las violaciones a las normas morales (él se concentra principalmente en aquellas relativas al daño) son más serias que las violaciones a las normas convencionales. Nichols afirma que las normas morales son las que apuntan a acciones por las cuales los humanos ya sienten alguna atracción o repulsión emocional de manera independiente (por ejemplo, repulsión al ver que asaltan a alguien); son, por tanto, «normas con sentimientos». Aunque estamos de acuerdo con el espíritu del asunto, en nuestra opinión se trata de un enfoque muy estrecho. Para proveer una explicación cabal de la diferencia entre normas más convencionales y normas más morales, uno debe concentrarse más ampliamente en la moralidad de segunda persona que constituye el generador subyacente de las emociones del caso. Estas incluyen, además de un sentido de empatía por la persona perjudicada, un sentido de equidad hacia una persona tratada con irrespeto, el cual genera una emoción de resentimiento o indignación. De esta forma, y por esta misma razón, las normas culturales que tratan acerca de asuntos de equidad y respeto adquieren también una dimensión moral.

De manera importante, una vez que han empezado las expectativas basadas en normas, estas cubren casi todo, incluso los actos basados en la empatía, como ayudar. Así, si yo te pido que me alcances una lanza que está a tu lado, todos esperamos que lo hagas, pero si te pido que me alcances una lanza que está a cincuenta millas, lo que te pido se sale de la norma, así que no hay tales expectativas.

Pero, de nuevo, la dimensión moral no viene de la norma social *per se*, la cual solo fija parámetros para las expectativas; viene de la moralidad de segunda persona de la empatía y el daño, de la equidad y la inequidad, en la cual está afincada la norma. Las convenciones por sí mismas solo ordenan la conformidad o el ajuste y esto incluye tanto las cosas triviales como cosas de gran importancia moral. Pero también es posible que las meras convenciones se moralicen y se conviertan en normas morales, por ejemplo, cuando se convierte en conocimiento de terreno común el que una cierta acción ha empezado a evocar en casi todos los miembros del grupo una evaluación moral de segunda persona de tipo uniforme. Así, si todos llegan a la conclusión de que ponerse ropa en mal estado para una fiesta muestra falta de respeto por el jefe, y lo resienten, entonces lo que antes era solo una norma convencional se moraliza. En general, los comportamientos meramente convencionales se vuelven morales a medida que los individuos llegan a compartir, en terreno común cultural, actitudes moralmente evaluativas sobre tipos particulares de acciones sociales[3].

Los individuos humanos modernos se ajustaron, entonces, a normas sociales por, al menos, tres razones directamente prudenciales: para asegurar que otros pudieran identificarlos como miembros del grupo, para coordinar con el grupo y para evitar el castigo, incluso las amenazas a la reputación (Bicchieri, 2006). Y para los humanos modernos las amenazas a la reputación aumentaron de tal forma por medio de los chismes en un lenguaje convencional que ser descubierto en un engaño por un solo individuo, en una única ocasión, podía ser desastroso pues todos pronto lo sabrían. Ahora la amenaza del chisme era contra toda la reputación pública del individuo y, en un mundo cultural, la reputación pública lo es todo. Este efecto es tan fuerte que el simple hecho ser observado mantiene a

[3] Así, los comportamientos convencionales se moralizan cuando individuos que tienen separadamente actitudes evaluativas semejantes se enteran de esa situación (convergencia epistémica), o bien cuando individuos que sin tener esta actitud llegan a seguir a otros —líderes— que sí la tienen (convergencia actitudinal).

la gente a raya la mayoría del tiempo, como lo atestigua mucha investigación con humanos contemporáneos en múltiples escenarios diferentes: (1) la gente contribuye más en un juego de bienes públicos si su reputación está en juego (Rockenbach y Milinski, 2006); (2) las «tragedias del común» se mejoran si los participantes saben que su reputación está en juego (Milinski *et al.*, 2002); (3) la gente prefiere participar en juegos económicos con otros desconocidos cuando hay información sobre la reputación y castigo, más que cuando no hay estos elementos (Guererk *et al.*, 2006); (4) en eBay y otros sitios web similares, la gente se vuelve mucho más cooperativa si la información sobre la reputación es parte integral del proceso (Resnick *et al.*, 2006); y (5) la gente se comporta más cooperativamente incluso cuando tiene en frente un dibujo de ojos, que cuando tiene algún otro dibujo (Haley y Fessler, 2005).

Pero los humanos modernos no solo se relacionaban prudencialmente con las normas sociales. La observación clave es que, además de seguir las normas sociales, los humanos modernos se imponen las normas sociales unos a otros, incluso desde la posición de un tercero que observa desde afuera sin verse afectado. Este castigo de un tercero parecería venir de motivaciones menos inmediata y directamente prudenciales. Así, hay estudios empíricos que demuestran que, a una edad tan temprana como los tres años, los niños intervienen para sancionar a otros por violaciones a las normas sociales en nombre de terceros (mientras que los grandes simios jamás hacen esto [Riedl *et al.*, 2012]). Por ejemplo, si un individuo trata de apropiarse o destruir la propiedad de otro, los niños pequeños intervienen para detener esta transgresión (Rossano *et al.*, 2011; Vaish *et al.*, 2011b). Y niños de esta misma edad también intervienen para proteger los derechos de otros; por ejemplo, cuando alguien ha sido autorizado por un superior para hacer x, y otra persona trata de impedir que lo haga, los niños reclaman los derechos del primero, protestando contra quien trató de impedirlo (Schmidt *et al.*, 2013).

Aunque el contenido de las normas sociales puede variar mucho entre culturas, el proceso de crear, seguir y hacer cumplir las normas sociales es casi seguramente un universal cultural. Marlowe y

Berbesque (2008) presentan evidencia de que algunos cazadores-recolectores contemporáneos raramente participan en la imposición de una norma o en el castigo de un tercero de cualquier tipo; generalmente solo se alejan de quienes violan las normas. Pero esto solo muestra una preferencia de la elección de socio sobre el control del socio. Con toda seguridad, estos mismos individuos sí castigan a terceros en algunas ocasiones, especialmente cuando no tienen la opción de irse (F. W. Marlowe, comunicación personal). En resumen, es muy improbable que cualquier grupo humano moderno no tuviera a su disposición individuos que hicieran cumplir las normas sociales a terceros —de una manera u otra, incluyendo el chisme acerca de la reputación— como medio de control social.

Debido a que, como se dijo en el capítulo 3, la moralidad de segunda persona no promueve las intervenciones de terceros, el motivo de la protesta en tales casos es, en el fondo, una falta de conformidad con la norma. Esta interpretación se refuerza al observar que los niños pequeños también se manifiestan (aunque menos emotivamente) contra los individuos que violan simples convenciones. Por ejemplo, si un niño aprende que en esta mesa jugamos el juego de esta manera, y alguien lo juega de la manera incorrecta para esta mesa, los niños intervienen y lo detienen (Rakoczy *et al.*, 2008, 2010). Hacer cumplir las normas de esta forma implica, claramente, una mentalidad de grupo, pues los niños pequeños castigan más a menudo y con mayor severidad a los miembros del grupo que violan convenciones que a miembros de fuera del grupo (el llamado efecto de la oveja negra; véase Schmidt *et al.*, 2012). Es de suponer que esto sucede porque los miembros del grupo deberían saber lo que debe hacerse e interesarse por el buen funcionamiento del grupo más que los de afuera. En cambio, en el caso de normas morales que involucran asuntos de empatía y equidad, los cuales están arraigados en la moralidad de segunda persona, ya desde los tres años los niños consideran que se trata de normas que se aplican no solo a los miembros del grupo sino a todos los humanos (véase Turiel, 2006, para una reseña).

En todos estos tipos de intervención de terceros, los niños usan muy a menudo lenguaje genérico normativo, cosas como «uno no puede hacer eso» o incluso «está mal hacer eso». Tal como se anotó previamente en la discusión sobre la pedagogía intencional, este lenguaje genérico sugiere que quien hace cumplir la norma actúa no solo como un individuo que expresa una opinión personal sino, más bien, como una especie de representante del grupo cultural (es decir, él asume la «autoridad representativa» de Darwall [2013] para intervenir a nombre de la comunidad moral). El hecho de que el grupo haya creado ciertas normas sociales particulares es evidencia suficiente para el individuo de que se trata de buenas normas para el grupo y su funcionamiento, y esto hace que el hecho de que el individuo se las imponga a todos sea una cosa buena, una cosa legítima según la mentalidad del grupo. Así, incluso niños de edad preescolar prefieren interactuar más con individuos que hacen cumplir las normas sociales (aunque actúen un poco agresivamente) que con aquellos que no lo hacen (Vaish *et al.*, 2016), supuestamente porque la actitud de imponer la norma indica su identidad cultural con el grupo y sus costumbres.

De este modo, las normas sociales se presentan a los individuos como imparciales y objetivas. En principio, cualquier miembro de la cultura puede ser su vocero, como representante de la cultura y sus valores. En principio, cualquier miembro de la cultura puede ser su blanco, pues se aplican de manera independiente del agente a todo el mundo por igual (quizás dentro de algunas especificaciones demográficas o contextuales). Y en principio, los estándares mismos son «objetivos» en cuanto no son producto de la manera como quieren que sean las cosas quienes los hacen cumplir u otros miembros del grupo sino, más bien, las maneras moralmente buenas y malas de ser de las cosas. Esta generalidad de tres aspectos —agente, blanco y estándares— explica por qué la voz de quienes imponen la norma, al igual que la voz de quienes enseñan, es genérica: «Está mal hacer eso». El que hace cumplir la norma remite a quien la viola a un mundo objetivo de valores que él mismo puede consultar directa e imparcialmente para ver que su comportamiento es moralmente malo. Joyce (2006, p.117) afirma que esta manera de objetivar los juicios morales es crucial para la legitimidad percibida del proceso porque provee unos parámetros comunes con los cuales se pueden juzgar los valores morales propios y los de otros, «uniendo a los individuos en una estructura justificativa compartida». De este modo, las normas sociales, lo mismo que la información cultural transmitida por la pedagogía, llegan a tener una realidad independiente y objetiva para los individuos, de tal manera que las violaciones morales tienen que ver menos con el hecho de perjudicar a una persona particular y más con romper el orden moral.

## Instituciones culturales

A veces los individuos se encuentran en situaciones en las que no hay convenciones o normas establecidas, así que deben inventarse algunas para ejercer el control social. Por ejemplo, en un experimento reciente, a tres niños de cinco años se les invitó a participar en un juego complejo en el que solo se les dijo que el objetivo era que al final las bolas cayeran en un balde (Göckeritz *et al.*, 2014). Al jugar el juego repetidamente, los niños encontraron ciertos obstáculos recurrentes que tenían que sobrepasar. Su reacción a los obstáculos no fue solo tratar de sobrepasarlos sino, con el tiempo, crear reglas explícitas sobre cómo hacerlo. Así, más tarde, cuando llegó el momento de mostrarles a individuos que desconocían el juego cómo jugarlo, los niños lo hicieron usando un lenguaje normativo genérico, diciendo cosas como «esto hay que hacerlo así» o «así es como funciona». Es posible que los niños en este estudio no pensaran que ellos realmente habían creado esas reglas sino, más bien, que ya existían algunas reglas que ellos habían tenido la suerte de descubrir. Sin embargo, en un estudio de seguimiento, los niños recibieron solo algunos objetos y les dijeron explícitamente que no había reglas ni objetivos; debían jugar como quisieran. Incluso en este caso, los niños se inventaron sus propias reglas y continuaron pasándoselas a otros de una manera explícitamente normativa (Göckeritz *et al.*, próxima publicación). El punto es que incluso cuando los niños crean las reglas ellos mismos, están comprometidos con la idea de que las reglas sobre cómo hacer las cosas son necesarias y que todos debemos estar comprometidos normativamente con ellas.

Lo último en este proceso de crear intencionalmente reglas son las instituciones. Aunque no hay una línea divisoria muy clara entre las normas sociales y las instituciones, estas últimas son maneras de hacer las cosas que son explícitamente creadas para cumplir con objetivos colectivos de los grupos, así que son explícitamente públicas. Por ejemplo, los humanos modernos supuestamente se unían en pareja y se apareaban de acuerdo con normas sociales informales antes de que, en algún momento, algunas sociedades comenzaran a institucionalizar el matrimonio, al crear conjuntos específicos de reglas sobre quién se podía casar con quién, cuánto era una dote adecuada o cuál era el precio de la novia, dónde debía vivir la pareja, qué pasaba con los hijos si una persona abandonaba el matrimonio y así sucesivamente. Y el matrimonio a menudo se llevaba a cabo en una ceremonia pública, con compromisos públicamente expresados (los votos). Knight (1992), entre otros, sostiene que los individuos tienden a institucionalizar las actividades cuando los beneficios esperados se reducen de manera inaceptable debido a los costos que producen las ineficiencias, las disputas y la imposición de las normas (por ejemplo, debido a los «costos transaccionales» relacionados con el arreglo de disputas acerca del precio de la novia o la compensación por abandono). Los individuos, entonces, se comprometen explícita y públicamente a ceñirse a ciertas reglas institucionales. La ventaja para ellos es que ahora pueden predecir mejor lo que otros harán y, además, los castigos son impuestos de manera impersonal por la institución o el grupo, de modo que ningún individuo tiene que sobrellevar solo estos riesgos y costos. Idealmente, la reducción de los costos transaccionales indeseables mediante la institucionalización significa que se alivian muchos problemas en los que hay bienes públicos de por medio y así todos se benefician.

Por lo general, las instituciones comprenden normas constitutivas o reglas que crean nuevas realidades culturales. En la famosa formulación de Searle (1995), las nuevas funciones de estatus, como él las llama, se definen con la fórmula X cuenta como Y en el contexto c; por ejemplo, José es considerado jefe en el contexto de una toma de decisión de grupo. De acuerdo con Searle (2010), el hecho de que José sea jefe es un hecho institucional con el mismo estatus objetivo que el hecho de que el Kilimanjaro es la montaña más alta de nuestro universo. Es decir, a pesar de que la noción de jefe es creada culturalmente —no existiría si los seres humanos no existieran—, de todos modos ahora es un hecho objetivo acerca del mundo. De manera importante, los estatus creados institucionalmente vienen con obligaciones y derechos; en efecto, podría decirse que las obligaciones y los derechos definen el estatus. Por ejemplo, nuestro jefe tiene la obligación de asegurar que todas las disputas por recursos se resuelvan según las reglas que hemos acordado, y él tiene derecho a estipular y hacer cumplir una resolución si es necesario. Y nosotros estamos obligados a respetar su derecho. Así, una entidad creada culturalmente (incluidos los artefactos culturales como, por ejemplo, el uso de conchas como dinero) puede asumir un nuevo estatus deóntico, una nueva parte de la realidad «objetiva», dentro del grupo. Uno también puede pensar en las promesas de esta manera, es decir, como actos de discurso que crean una nueva realidad cultural en la cual el que promete y al que prometen tienen nuevos estatus deónticos[4].

Durkheim (1912/2001) propuso que una cultura humana, por su misma naturaleza, alienta a sus miembros a «sacralizar» las instituciones y los valores institucionalizados dentro de los cuales viven. Cuando algo se sacraliza, tratar de subvertirlo, esquivarlo o pasarlo por alto se convierte en tabú para un individuo. Un tabú, claro, invoca una fuerte normatividad: está mal subvertir lo sagrado. Así,

[4] Rakoczy y Tomasello (2007) afirman que esta capacidad de crear colectivamente nuevas realidades con nuevos poderes deónticos puede ser vista ya en el juego de ficción conjunto de los niños pequeños en el que, por ejemplo, acordamos que este palo es un caballo. Wyman *et al.* (2009) encontraron, en efecto, que cuando un nuevo agente trataba el palo simplemente como un palo, los niños en edad preescolar objetaban normativamente diciendo cosas como «no, es un caballo»: «nosotros» nos hemos puesto de acuerdo sobre un nuevo estatus o identidad del palo.

para usar un ejemplo contemporáneo, muchos norteamericanos han sacralizado la Constitución de los Estados Unidos y sus prescripciones y valores, de modo que cosas como la libertad de expresión están ampliamente sacralizadas en la cultura, aunque, claro, esto no se considera sagrado en muchas otras culturas. De esta manera, el proceso de institucionalización está directamente relacionado con la moralidad de los humanos modernos. El proceso comienza temprano en el desarrollo de los individuos, cuando los niños empiezan a admirar y venerar —quizás incluso sacralizando— el poder de los adultos y sus maneras de ver y hacer las cosas (Piaget, 1932/1997). Las instituciones y las entidades y valores culturalmente creados en los que los niños nacen ya hacían parte del mundo cuando ellos nacieron, y eso lleva a un tipo de realismo moral en el cual esto no es solo la manera como hacemos o no hacemos las cosas, como las aprobamos o desaprobamos, sino que esta manera de hacer las cosas es parte de un orden moral «objetivo» y quizás incluso «sagrado».

## Agencia cultural e identidad

Los primeros individuos humanos que tuvieron éxito, en el primer paso de nuestra historia, fueron los que tenían las habilidades socio-interactivas necesarias para participar con eficacia en la búsqueda de alimento colaborativa y obligada con elección y control del socio. Eran agentes de segunda persona con habilidades para elegir, manejar y coordinarse con socios. Los humanos modernos que tuvieron éxito en esto, el segundo paso de nuestra historia, fueron aquellos que podían participar eficazmente en la vida cultural. Eran agentes culturales con habilidades para identificar a, e interactuar productivamente con, miembros del grupo en prácticas culturales convencionales, y también con habilidades para seguir y hacer cumplir las normas sociales, incluso en el contexto de las instituciones. Los miembros de un grupo cultural hacían todo esto selectivamente unos con otros, excluyendo a los miembros de fuera del grupo como potenciales aprovechados y/o competidores. De esta manera, así como los humanos primigenios llegaron a la conclusión de que los socios colaborativos merecían lo mismo que ellos al combinar un sentido de equivalencia del socio (yo-otro) con la necesidad de excluir a los aprovechados, los humanos modernos llegaron a la conclusión de que los miembros de la cultura merecían lo mismo que ellos al combinar un sentido de independencia del agente en los roles de las prácticas culturales con la necesidad de excluir a los competidores que no pertenecían al grupo. Todas las personas en «nuestro» grupo (pero no en otros grupos) son, de alguna manera muy básica, igualmente merecedores de respeto y recursos.

Pero esto solo tiene sentido para alguien que tenga el estatus de «persona» en una cultura, lo que hace preguntar, ¿quién cuenta como persona? La respuesta breve es que, dentro de una cultura dada, una persona es alguien a quien los otros reconocen como una persona dentro de la escena pública. Y cuando un individuo comienza a convertirse en una persona gracias a este reconocimiento del grupo, se vuelve parte de aquellos que se perciben como personas sujetas a normas sociales; se convierte en un agente cultural con una identidad cultural. «Ser waziri es parte de lo que soy». Y, claro, uno no puede declararse waziri unilateralmente; el reconocimiento debe venir de los miembros del grupo de quienes uno busca reconocimiento (Hegel, 1807/1967; Honneth, 1995). Así, el niño moderno les pedía a los adultos de la cultura: yo quiero ser solo lo que ustedes puedan reconocer que yo sea, puesto que, de hecho, su reconocimiento constituye mi identidad cultural. A medida que los niños iban intentando participar en las prácticas culturalmente normativas de su grupo, los adultos les iban permitiendo hacerlo gradualmente y dándoles más responsabilidad —entretejiéndolos confiadamente en su red de interdependencias— hasta que eran vistos como waziris completamente competentes por las otras personas de la cultura (y por lo tanto, por ellos mismos).

La identificación cultural de este tipo —es decir, no solo ser reconocido por otros físicamente como miembro del grupo sino también ser reconocido por el grupo (incluyéndose uno mismo) como un waziri— es una buena parte de la «solución» gracias a la cual los humanos modernos no tienen problema con el contrato social. El punto es que, a nivel psicológico, los individuos no veían ningún problema (es decir, a aquellos que veían un problema los iban discriminando socialmente y gradualmente los iban eliminando de la historia humana). El individuo se ajustaba a las maneras del grupo cultural en el que había nacido, e incluso hacía que otros lo hicieran, porque esto era parte de su identidad cultural: «Yo soy un waziri y nosotros los waziris hemos acordado que así es como debemos actuar». En virtud de su identificación cultural, el individuo es coautor de su contrato social. Más aún, el dictamen «objetivo» del grupo es que todos sus miembros son merecedores, igualmente merecedores, de empatía y tratamiento respetuoso, y esto legitima todavía más el contrato social porque proporciona una razón suficiente para cooperar. Como parte de mi identidad cultural, por lo tanto, debo demostrar a los miembros de mi grupo empatía y respeto ajustándome a «nuestras» maneras y haciendo todo lo posible para que otros también lo hagan. El contrato social es así legítimo porque es parte de mi identidad cultural —«nosotros» lo hicimos para «nosotros»—, y porque no puedo evitar creer que la única manera como todos los miembros del grupo, incluido yo mismo, pueden dar a sus compañeros la empatía y el respeto que merecen es cumplir este contrato.

Mientras que los humanos primigenios tenían que crear y conservar su identidad como socios cooperativos competentes —actuando como tales—, para los humanos modernos la necesidad era crear y conservar una identidad como agentes culturales competentes, «personas», en un grupo particular, que hacen las cosas de modo convencional, castigan a aquellos (incluidos ellos mismos) que no hacen las cosas de maneras convencionales, colaboran con miembros del grupo y excluyen de todo a quienes no son parte de él —desde la búsqueda de alimento hasta la defensa del grupo— y, en general, se comportan de maneras que muestran un interés especial por los miembros del grupo de uno y por el grupo en general. Esto era algo que uno le debía tanto a los miembros del grupo como a uno mismo.

## Autogobierno moral

El humano moderno nació, pues, en un mundo de convenciones, normas e instituciones culturales preexistentes, que tenían una existencia «objetiva» independiente. El individuo se ajustaba a las restricciones de este mundo para coordinarse mejor con los miembros de su cultura y también para evitar evaluaciones negativas de parte de otros. Pero, además, y menos prudencialmente, se identificaba, como una especie de coautor, con quienes iniciaron estas estructuras sociales supraindividuales, desde una perspectiva independiente de la persona y objetivadora: «nosotros» creamos estos dispositivos socialmente autorreguladores para «nuestro» beneficio; ellos reflejan las maneras correctas de hacer las cosas. En algunos casos, esta identificación y objetivación cultural se reforzaban por el hecho de que las normas se referían a asuntos que el individuo ya veía desde el marco de su moralidad natural de segunda persona.

Y así, mientras que una pareja de humanos primigenios podía hacer un compromiso conjunto con el otro, que vivía y moría con su promesa de colaborar, los humanos modernos también podían hacer compromisos colectivos más permanentes con las maneras «objetivamente» correctas de hacer las cosas en general según su cultura. Estos compromisos hacían que esas maneras fueran legítimas no solo como normas que había que imponerles a los otros, sino también como normas del propio autogobierno moral. Así, los compromisos colectivos transformaron el sentido de responsabilidad de segunda persona que los humanos primigenios tenían por un socio, en el sentido más amplio de obligación que tienen los humanos modernos con respecto a los valores «objetivos» del grupo cultural.

## Compromiso y culpa colectivos

Los compromisos colectivos de los humanos modernos con sus normas e instituciones supraindividuales crearon un sentido de obligación de hacer lo que era correcto. Actuar desde este sentido era lo que había que hacer desde el punto de vista culturalmente racional, puesto que lo correcto y lo incorrecto son valores objetivos que uno simplemente debe reconocer. En efecto, para los humanos modernos el sentido de que uno debe hacer lo que es correcto puede contrarrestar potencialmente las motivaciones egoístas, entre ellas el manejo estratégico de la reputación. Por ejemplo, aunque los niños pequeños contemporáneos se esfuerzan por manejar la impresión que están causando en otros (Engelmann *et al.*, 2012; Haun y Tomasello, 2011), en algunas situaciones pueden anular estas motivaciones estratégicas para actuar moralmente. Por ejemplo, en un estudio reciente se les dijo a niños de cinco años que podían o bien conservar parte de la recompensa para ellos o bien donarla a un niño necesitado. Después observaron mientras otros tres niños decidían quedarse con la recompensa. A pesar de la tentación de repetir lo que estaban viendo y beneficiarse también ellos mismos, muchos niños hicieron lo correcto y donaron la recompensa al niño necesitado (es decir, más que en una situación de control; véase Engelmann *et al.*, próxima publicación). El modo natural de pensar sobre el comportamiento de los niños en este estudio es que su sentido de obligación de hacer lo correcto contrarrestó sus propios motivos egoístas y estratégicos.

En general, podemos describir el proceso de compromiso colectivo con los ideales del grupo sobre el bien y el mal como aparece en la Ilustración 4.1. A diferencia de la Ilustración 3.1, el diagrama análogo para los humanos primigenios que aparece en el capítulo 3 (de un compromiso conjunto), la entidad supraindividual que los humanos modernos usaron para autorregularse no solo fue el «nosotros» de los participantes inmediatos sino el «nosotros» del grupo cultural, en particular, tal como se manifiesta en los valores «objetivos» encarnados por las normas sociales del grupo. También por contraste con los humanos primigenios, las flechas punteadas que van hacia arriba indican no que los individuos crearon las normas ellos mismos (aunque, como hemos visto, podían hacerlo en algunos contextos limitados) sino, más bien, que ellos de alguna forma las han afirmado o se han identificado con estas. Las flechas sólidas que van hacia abajo indican, de nuevo, que la estructura social

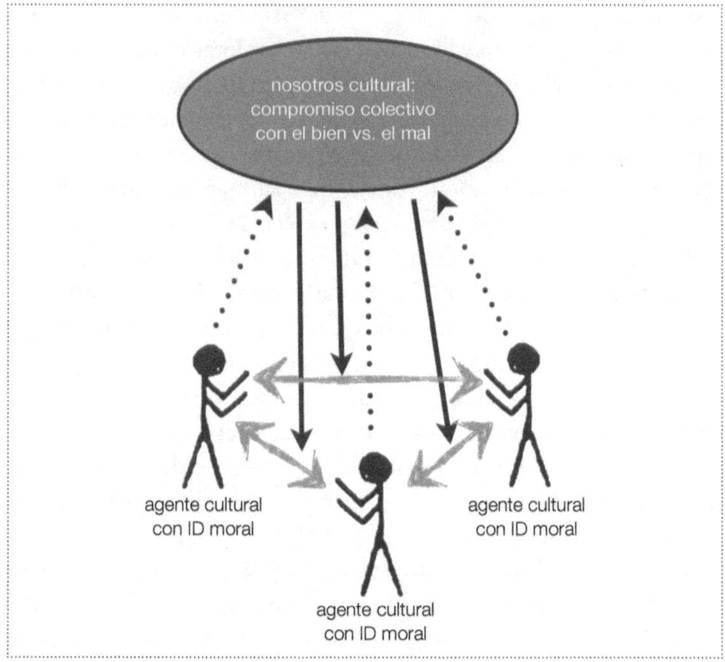


**Ilustración 4.1.** Un compromiso colectivo para hacer lo que es correcto, creado o afirmado por (flechas punteadas que van hacia arriba), y autorregulado por (flechas sólidas que van hacia abajo), agentes culturales con identidades culturales (ID). Los agentes culturales se sienten obligados con los miembros de su grupo a elegir la manera correcta de hacer las cosas por encima de la incorrecta (es decir, a seguir las normas sociales) y a asegurarse de que los otros también lo hagan (flechas bidireccionales). La internalización del proceso constituye el autogobierno moral que refleja una racionalidad y una normatividad cultural con mentalidad de grupo.

supraindividual está autorregulando o autogobernando las interacciones y las relaciones de todas las personas relevantes, es decir, de «nosotros» en esta cultura, que somos tanto autores como sujetos de esas normas.

De manera importante, los individuos humanos modernos juzgaban a los otros no solo por su conformidad o ajuste a un compromiso colectivo sino también por la manera como estos juzgaban la no-conformidad de otros. Es decir, si un individuo rompe una norma moral al robar comida, debe ser juzgado severamente y castigado, de tal forma que quien lo juzgue severamente y lo castigue hace algo bueno y justo (Gibbard, 1990). En efecto, Mameli (2013, p. 907) llega incluso a afirmar que estos metajuicios sobre los juicios de los otros son parte integral de un punto de vista verdaderamente moral: «Nosotros no solo pensamos que la tortura es moralmente indignante, también pensamos que es indignante que alguien no piense que es indignante. Una persona que no considere indignante que algunos no consideren que la tortura es indignante nos parece que tiene una comprensión incompleta de la maldad moral de la tortura y esto es verdad incluso si esta persona no tiene propensión o deseo de participar en actos de tortura». Al internalizar este proceso social —aplicándolo al yo, por decirlo así— los humanos modernos comenzaron a comprometerse con un tipo de autogobierno moral. De esta manera, así como juzgaban a otros por sus juicios morales y otros los juzgaban a ellos del mismo modo, ahora comenzaron a usar sus habilidades de evaluación de inversión de roles para juzgarse ellos mismos por sus propios juicios morales. El individuo ahora fue capaz, antes de actuar, de hacerse la pregunta evaluativa de si este es un buen objetivo o un buen valor para usar como guía, de la misma forma en que podría preguntarse esto con relación a la acción de otro; esto es lo que Korsgaard (1996a) llama «respaldo reflexivo». La habilidad de reflexionar sobre, y evaluar, las metas y valores propios racionaliza y objetiva todavía más, y por lo tanto legitima, el compromiso de uno con las normas morales, por encima de cualquier tendencia hacia la acción social estratégica.

El respaldo reflexivo es prospectivo —ayuda al individuo a decidir qué hacer— pero un proceso similar también funciona en retrospectiva. Imaginemos, por ejemplo, el caso en que yo haya hecho algo incorrecto: ahora juzgo que mi juicio anterior estaba equivocado, pues pensaba que eso era lo correcto, pero como ya sé que estaba mal, merezco ser censurado. Este tipo de culpa no es un miedo al castigo; de hecho, el sentimiento es que el castigo es merecido. Tampoco es una reacción a la violación de alguna y de todas las convenciones;

no es sentirse mal por no ajustarse *per se*. Más bien, la culpa está dirigida selectivamente hacia mi anterior juicio de equidad moral; en ese momento pensé que eso era lo correcto, pero ahora ya no. La respuesta evidente ante la culpa es, entonces, reparar el daño que se ha hecho (Tangney y Dearing, 2004), deshacer el acto lamentado tanto como sea posible. Y es importante no solo que el daño se repare, sino que yo mismo lo repare para poder volver a alinearme con mi comunidad e identidad moral (como en el estudio de Vaish *et al.*, 2016, citado en el capítulo 3). Esto contrasta con la vergüenza, en la cual el asunto principal es si otros están observando un acto y esto afecta la forma como valoran mi reputación. La respuesta normal a las situaciones de vergüenza es, entonces, retirarse y esperar que los otros olviden o perdonen (Tangney y Dearing, 2004): no puedo reparar lo que hice porque no puedo borrar la información que los otros tienen de mí y eso afecta lo que ellos piensan de mí; he quedado desprestigiado (Brown y Levinson, 1987).

El hecho de que la culpa es un juicio sobre un juicio previo se nota claramente en el hecho de que los humanos a menudo sienten la necesidad de mostrar su culpa abiertamente, en todo lo que hacen, desde su postura corporal hasta sus disculpas verbales. Este despliegue puede evitar el castigo de los otros —yo ya me estoy castigando (y mi sufrimiento hace surgir tu empatía), así que tú no necesitas hacerlo— y esto puede ser visto como estratégico. De hecho, cuando ven que individuos diferentes violan la misma norma, incluso los niños pequeños sienten más afinidad con quien se muestra culpable por haberla violado que por alguien que ha violado la norma pero no parece preocupado por haberlo hecho (Vaish *et al.*, 2011a). Pero los despliegues de culpa también cumplen la función aún más vital de dejar saber a todos (incluyéndome yo) que ahora reconozco públicamente que hice un mal juicio y que lo lamento. Así, muestro solidaridad con quienes me juzgaron duramente y, en efecto, estoy de acuerdo con que ese juicio negativo sobre mi juicio previo es merecido y legítimo. Sentirse culpable por violar una norma moral, entonces, va más allá de una preocupación estratégica por la propia reputación e incluso más allá de lamentar simplemente lo que ha pasado; es un juicio negativo, que usa los estándares «objetivos» del grupo, acerca de mi juicio erróneo anterior.

El respaldo reflexivo y la culpa, por lo tanto, representan una nueva clase de autorregulación social, una autorregulación internalizada y reflexiva que comprende múltiples niveles de juicio moral. Y los juicios en estos casos son morales porque están acompañados del sentimiento de que son merecidos. Yo debo hacer este juicio; es parte de mi identidad moral. Desde luego, algunos individuos en nuestro grupo pueden seguir estratégicamente nuestras convenciones, normas e instituciones, siempre con los ojos puestos en el interés propio. Pero estos sociópatas no son personas morales y por lo tanto no se puede confiar en ellos plenamente. «Nosotros» somos los que creemos genuinamente —en virtud de nuestras identidades culturales y morales— que hay ciertas cosas que las personas en nuestra comunidad moral se deben las unas a las otras.

## Identidad moral

Como un resumen general, podemos decir que lo que más claramente distingue el autogobierno moral de los humanos modernos de cualquier otra forma de cooperación estratégica es el papel del sentido de identidad moral del individuo. Los mecanismos próximos psicológicos responsables de la acción moral humana no implican, esencialmente, inquietudes prudenciales por los intereses egoístas de uno o cálculos estratégicos sobre la reputación propia; implican juicios morales hechos por un yo moral (con la autoridad representativa de la comunidad moral) que perdura en el tiempo y que juzga al yo imparcialmente, de la misma manera en que juzga a otros (Blasi, 1984; Hardy y Carlo, 2005). El proceso es captado informalmente por expresiones que la gente usa a menudo, tales como «Yo nunca podría hacer eso», «No podría vivir en paz si hiciera eso», «Ese no soy yo», y otras similares.

El proceso formativo, tal como lo estamos imaginando aquí, sería algo así: desde niños, los individuos constantemente toman decisiones que afectan a otras personas, y juzgan a otros por sus acciones, las cuales también afectan a otros. De la misma manera, hacen juicios, y son juzgados por otros, sobre los juicios morales mismos. Todos estos juicios vienen de individuos que se entienden como representantes de la cultura o de la comunidad moral, representantes de los ideales de bien y mal que «nosotros» hemos creado a lo largo del tiempo histórico. Y así, el niño en desarrollo comienza a juzgarse a sí mismo desde esta misma perspectiva: «nosotros» juzgándome a «mí». El niño internaliza el proceso y así comienza a formar una identidad moral que estipula cómo debe actuar para continuar siendo quien es. En el centro de esta identidad moral hay cuatro conjuntos de intereses o preocupaciones (véase el círculo interno de la Ilustración 4.2): *las preocupaciones que tienen que ver conmigo*, mis motivos de interés propio, orientados a ayudarme a sobrevivir y prosperar; *las preocupaciones que tienen que ver contigo*, expresadas en la empatía y ayuda a otros y al grupo; *las preocupaciones por la igualdad*, gracias a las cuales los otros y el uno se ven como individuos igualmente merecedores; *y las preocupaciones que tienen que ver con nosotros*, que reúnen tanto aquellos intereses que emanan del «nosotros» diádico que «nosotros» formamos en la interacción cara a cara con un agente de segunda persona, como aquellos que emanan de un «nosotros» con mentalidad de grupo, formado cuando uno llega a identificarse con el grupo cultural propio.

Muchas situaciones morales en el mundo real contienen complejas combinaciones de todos estos intereses o preocupaciones y a veces crean dilemas morales. Pero en sus formas idealizadas «puras», cada uno de estos conjuntos de intereses relacionados con el otro se asocia con emociones claras. Prototípicamente, las violaciones a la igualdad y al respeto se reciben con resentimiento (Strawson, 1962; Darwall, 2006): la persona irrespetada siente que no merece ser tratada de esta manera y se resiente con el perpetrador. (Algunos teóricos piensan que la versión cultural de tercera persona de esta emoción es la indignación a nombre de otros o del grupo). Por contraste, cuando uno no recibe la empatía que espera, especialmente de parte de un amigo o de alguien cercano, uno no siente resentimiento sino, más bien,

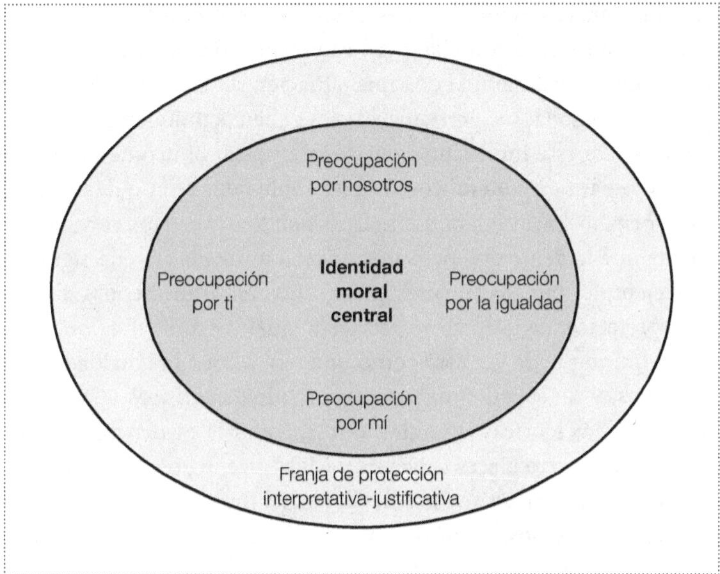


**Ilustración 4.2.** Modelo de identidad moral para la toma de decisiones morales de los humanos.

«sentimientos de dolor»: el amigo ofendido siente que el ofensor ha olvidado la empatía y la confianza sobre las que está construida su relación. La violación de las normas o reglas coincide a menudo con otras violaciones morales en las que alguien es lastimado o irrespetado, pero en el caso puro uno simplemente sentiría desaprobación o desagrado por quien ha roto la regla: la persona no es miembro de la comunidad moral porque no sigue las reglas de conducta social en las que todos hemos estado de acuerdo.

Las decisiones morales son, por lo general, aquellas que tienen que ver con uno de los tres intereses o preocupaciones aparte del interés por mí, incluso si al final uno decide que la preocupación por mí debe ganar. Así, la toma de decisiones morales de los humanos es relativamente compleja. Sin embargo, la afirmación es que a los individuos humanos los motiva muchísimo preservar su identidad moral central, tal como ha quedado establecida por las decisiones tomadas en el pasado. La preservan, primero que todo, al actuar consecuentemente con ella; pero cada situación es particular hasta cierto punto, y a medida que una situación dada se asimila a la experiencia pasada, sus particularidades deben acomodarse de alguna manera. De este modo, uno puede interpretar el uso de un abrigo colorido para un funeral como una simple falta de etiqueta o como un irrespeto hacia los deudos. Uno puede dividir los recursos de forma que la gente que pesa menos reciba menos (lo que significa, por ejemplo, que las mujeres y los niños tendrán menos), bajo la interpretación de que esto preserva la igualdad a nivel de onza por onza, o uno puede ver esto como una violación a la igualdad de las personas, y así sucesivamente. Tal como los científicos se aferran a sus creencias teóricas centrales al interpretar la evidencia empírica de maneras particulares (Lakatos y Musgrave, 1970), los individuos pueden mantener un sentido de identidad moral central, a pesar de cometer lo que otros consideran como actos inmorales, al interpretar la situación creativamente.

Pero la creatividad en este caso tiene sus límites. Puesto que la identidad moral de uno está construida socialmente, uno siempre debe estar preparado para justificar —tanto ante otros como ante uno mismo— por qué eligió una acción en lugar de otra. La justificación significa mostrar que mi acción realmente emanó de valores que todos compartimos. Por ejemplo, si dejo huesos en el terreno, y estos atraen a los carroñeros, yo podría explicarles a todos que tuve que abandonar los restos de mi plato repentinamente para ir a ayudar a un niño que se ahogaba. Esta justificación probablemente sería aceptada porque todos estamos de acuerdo en que ayudar a un niño que se ahoga es más importante que seguir una norma de limpieza. Pero si intento justificar mi negligencia diciendo que tenía que tomar una siesta porque estuve de fiesta la noche anterior, esto probablemente no será aceptado. Haidt (2012) y otros han argumentado que las acciones morales emanan de fuentes intuitivas y emocionales y que las justificaciones verbales como estas son racionalizaciones *post hoc* dirigidas solo a convencer a los otros. Esto puede ser cierto, pero este acto de convencer a los otros no es solo estratégico, para evitar que los otros me castiguen; también es necesario para conservar mi identidad moral y cultural intactas. En efecto, en algunas teorías contractualistas, la base racional de la moralidad yace específicamente en las estructuras justificativas compartidas en las que se apoyan los individuos de una comunidad moral (Scanlon, 1998). Al crear nuevas convenciones y formas, o al elegir una norma en vez de otra, o al pasar por alto una norma, el individuo debe estar preparado para justificar, o dar las razones de, sus elecciones tanto ante los otros como ante sí mismo, de maneras que anclen sus acciones en los valores compartidos de la comunidad moral. El punto es que, aunque la justificación moral no está necesariamente dirigida a producir acciones morales, o a lograr exactitud empírica, está dirigida a encontrar valores compartidos que demuestren la identificación continua de uno con la comunidad moral[5].

Así las cosas, una «franja» protectora de interpretaciones y justificaciones (véase el círculo exterior de la Ilustración 4.2) viene entonces a rodear la identidad moral central de cada uno. Quizás no compartí toda la miel que recogí con otros como he debido hacerlo, pero estoy enfermo y actualmente necesito nutrirme más que ellos. ¿Justifica esto mi comportamiento ante los otros y ante mí mismo? Practico el *apartheid* en mi sociedad, pero esto se justifica porque Dios lo quiso así. ¿Justifica esto mi comportamiento ante los otros y ante mí mismo? Si la respuesta es sí, entonces uno sigue actuando de la misma manera. Pero si la respuesta es no, entonces mi identidad moral central está en peligro y debo hacer algo para repararla, por ejemplo, mostrar culpa, pedir perdón o hacer reparaciones. También es crucial para el proceso, claro está, el hecho de que la persona afectada sea o no miembro de la comunidad moral de uno —la

**[5]** Las justificaciones morales de este tipo derivan supuestamente de las maneras en que los humanos primigenios evaluaban el comportamiento de otros como cooperadores, tomando en cuenta sus intenciones, las circunstancias atenuantes y cosas así. Es decir, mientras los primeros individuos humanos usaban estas consideraciones para llegar a un juicio válido solo sobre una acción particular, los humanos modernos comenzaron a articularlas para influenciar los juicios de otros acerca de actos de moralidad dudosa.

esclavitud no podría haberse justificado de ninguna manera si los esclavos hubieran sido vistos como miembros de la comunidad moral— y cuál es el grupo de referencia para las justificaciones de uno (en este caso, los esclavos, los esclavistas u otros). La justificación es, entonces, otro medio más por el cual el individuo se identifica con su grupo y su modo de vida compartido, y legitima así su participación en el contrato social de su cultura.

Finalmente, otro elemento esencial para el proceso completo de autogobierno moral a través de la identidad moral es el reconocimiento de que uno es libre de ir más allá del contrato social de la cultura si es necesario; y, en efecto, esta libertad hace que la fuerza de la obligación sea más vinculante porque entonces uno es dueño de sus propias decisiones, por así decirlo (Kant 1785/1988). En particular, resolver dilemas morales que involucran normas en conflicto requiere hacer una reflexión personal de valores de un modo que a menudo no se ajusta a ningún patrón convencional. Tanto Mead (1934) como Bergson (1935) han hecho énfasis en que los seres morales nunca pueden escapar al sentimiento de estar en la obligación de tomar decisiones basadas en principios, cuando las normas de su grupo no se aplican de una manera clara o, más problemático aún, cuando están en conflicto unas con otras. Esto puede ser especialmente cierto cuando se tienen en cuenta las complejidades de las sociedades multiculturales contemporáneas, pero incluso en sociedades más simples y más homogéneas, la moralidad de segunda persona de cada uno, o la preferencia de cada uno por los parientes y amigos (similar a la de los grandes simios), puede entrar en conflicto en muchos casos con aspectos de la moralidad cultural basada en normas de cada uno. ¿Debo robar o perjudicar a otros para salvar a mi amigo o a un compañero que lo necesita? Así, los individuos siempre deben, en algún sentido, acceder libremente a, e identificarse con, las decisiones morales que toman, ya sean estas convencionales o más personalmente creativas. La vida del individuo humano moderno se volvió, así, una vida «llena de deber», como diría Sellars (1963).

## Justicia distributiva

Un problema especialmente importante en las sociedades humanas modernas que tienen una división del trabajo es, claro, la distribución de recursos entre las personas. En efecto, la forma como se distribuyen los recursos entre las personas en una sociedad es, de muchas maneras, la manifestación más concreta de su sentido particular de justicia (Rawls, 1971). En el capítulo 3 argumentamos y demostramos que los niños pequeños —y por hipótesis, los humanos primigenios— tienen una fuerte tendencia a compartir equitativamente con los socios el botín de un esfuerzo colaborativo. Si los humanos modernos se ven ahora a sí mismos como parte de un gran grupo colaborativo, entonces podemos esperar que compartan los recursos equitativamente con los miembros del grupo, incluso con aquellos que no han participado para conseguirlos, y sin reservarse ningún privilegio especial para sí mismos.

Esto es, en su mayor parte, cierto. El fenómeno natural clave es la búsqueda de alimentos con un punto central de acopio, característica de los grupos culturales de los humanos modernos, en la cual algunos individuos obtienen el alimento y lo traen a un sitio central para compartirlo con sus compañeros. La observación de cazadores-recolectores contemporáneos revela muchas complejidades de este proceso, el cual presenta muchas maneras distintas en que los diferentes grupos normativizan cuánto, cuándo y con quién se comparte la comida (Gurven, 2004). Pero hay una cosa común a todas las culturas: todo el mundo en el grupo merece comida. Así, todas las culturas de cazadores-recolectores tienen miembros perezosos o discapacitados que contribuyen poco, y estos individuos están en desventaja de muchas maneras, pero aún subsiste el sentido de que son miembros de nuestro grupo y por lo tanto no se pueden dejar morir de hambre. Esta característica de las sociedades de cazadores-recolectores modernos es evidencia fuerte de que, además del sentido de merecimiento igual entre socios que se colaboran, los humanos modernos también tenían el sentido de un mínimo merecimiento entre todos los que son parte de nuestro grupo cultural[6].

De manera semejante, en las sociedades industriales occidentales los niños en edad escolar piensan que todos los miembros del grupo, no solo los colaboradores, son igualmente merecedores de una porción de los recursos. Por ejemplo, Fehr *et al.* (2008) encontraron que, frente a la repartición de unos recursos que no esperaban, niños suizos a partir de los siete u ocho años preferían que se hiciera una repartición equitativa entre ellos y otro niño e, incluso, estaban dispuestos a sacrificar recursos de ellos mismos para asegurarse de que hubiera una división equitativa (véanse también Olson y Spelke, 2008; Blake y McAuliffe, 2011; Smith *et al.*, 2013), siempre y cuando el socio fuera miembro del grupo. En otro paradigma experimental, niños de cinco años castigaban a cualquiera que no compartiera con ellos de manera equitativa (por ejemplo, en un mini juego de ultimátum; Wittig *et al.*, 2013), cosa que los chimpancés no hacían (Jensen *et al.*, 2007). Y en algunos casos, niños en edad escolar que tenían que dividir recursos preferían botar los recursos sobrantes antes que asignarlos inequitativamente (Shaw y Olson, 2012). Este patrón de desarrollo sugiere que la colaboración pudo haber sido el hogar natural de una preferencia por la equidad en la evolución de los primeros individuos humanos, pero con el surgimiento de los grupos culturales y el sentimiento de que todo el grupo era una empresa colaborativa única, cada individuo en el grupo era visto como alguien que merecía recibir recursos, especialmente recursos grandes, conseguidos por cualquier miembro del grupo.

Recientemente, un número de estudios interculturales —la mayoría incluyen tanto culturas occidentales industrializadas como pequeñas culturas— han encontrado diferencias culturales en la manera como los niños eligen distribuir los recursos. Por ejemplo,

[6] El Estado de bienestar contemporáneo y su red de seguridad de las cosas esenciales para la vida podría ser visto como suscrito a esta misma filosofía: todo el mundo merece una cantidad mínima solo por ser miembro de esta gran actividad colaborativa que es nuestra cultura.

Rochat *et al.* (2009) encontraron diferencias culturales en la manera como niños de tres y cinco años elegían dividir entre ellos mismos y otros varios individuos un conjunto de recursos que no esperaban. House *et al.* (2013) encontraron que niños pequeños de seis sociedades diferentes se comportaban de manera similar en un juego de dictador que les exigía sacrificar recursos, pero cuando cumplieron ocho o nueve años empezaron a surgir diferencias culturales. Zeidler *et al.* (2016) encontraron diferencias transculturales significativas en la disposición de los niños a turnarse a fin de acceder a un recurso que se podía monopolizar. Heinrich *et al.* (2001) establecieron claras diferencias en la manera como se comportan en un juego de ultimátum adultos de culturas diferentes, aunque había algún sentido de equidad en todas las quince pequeñas sociedades estudiadas. Finalmente, Schäfer *et al.* (2015) encontraron que niños en edad escolar de una sociedad occidental industrializada dividieron los recursos entre socios colaborativos según la productividad laboral de cada uno, mientras que niños de la misma edad de dos pequeñas sociedades africanas no lo hicieron.

La clave para entender estas diferencias culturales al distribuir los recursos es el patrón ontogenético. Los niños más pequeños, en edad preescolar, de diferentes culturas (que de hecho no están bien representados en ninguno de los estudios citados) no difieren mucho en su sentido de equidad porque todos actúan con una moralidad natural de segunda persona. Pero más tarde, especialmente durante la edad escolar, los niños comienzan a adherirse a las normas sociales que su cultura ha creado para distribuir los recursos de maneras justas. En general, desde nuestra perspectiva, los individuos de todas las edades, en todas las culturas, actúan impulsados por múltiples motivos cuando se trata de la distribución de recursos: motivos egoístas, motivos de empatía hacia los otros y motivos de equidad basados en el merecimiento. Pero las exigencias en los modos de vida de las distintas culturas han hecho necesario que estos motivos diferentes se combinen y sean considerados de diferentes maneras en sus normas sociales respectivas, y esto no solo ocurre entre culturas sino, a veces, en situaciones distintas dentro de la misma cultura. Así, por ejemplo, en situaciones de extrema escasez, las personas de todas las culturas posiblemente esperen y toleren cierta cantidad de egoísmo. En situaciones como el juego del ultimátum, las personas de todas las sociedades tienen por lo menos un cierto sentido de justicia. Y aunque los niños de algunas culturas pequeñas no tienen tanto en cuenta la productividad laboral, es casi seguro que los niños y los adultos de esas culturas creen que algunas personas merecen más recursos que otras (por ejemplo, el jefe sobre los demás, o los adultos sobre los niños). Por lo tanto, nosotros sostenemos que incluso en el campo más básico de la justicia distributiva, así como en otros campos sociales, todos los seres humanos que funcionan normalmente tienen una moralidad de segunda persona universal, combinada con una moralidad cultural de normas sociales.

Por último, debemos volver a poner énfasis en que la noción de justicia distributiva no tiene que ver esencialmente con «las cosas» sino con la noción de ser tratado con justicia y respeto (Honneth, 1995). Así, cuando no hay forma de dividir los recursos de una manera justa, los adultos y los niños contemporáneos aceptarán casi cualquier asignación de recursos, siempre y cuando se haya seguido un procedimiento justo. De este modo, tanto los niños como los adultos respetan incluso una división desigual de recursos, si esta resulta, por ejemplo, de echar suertes, tirar los dados, elegir una pajita o jugar piedra, papel y tijeras. En dos estudios recientes, los niños pequeños se contentaron con recibir una porción menor, y no igual, de un recurso, si la división había sido determinada al azar por una «rueda de la fortuna» (Shaw y Olson, 2014; Grocke *et al.*, 2015). En la justicia procesal, como se conoce este proceso, las reglas se formulan imparcialmente, es decir, sin saber de antemano cómo se verán afectados los individuos particulares (bajo «un velo de ignorancia» [Rawls, 1971]), y mientras los individuos sepan que este es el proceso, estarán satisfechos con el resultado. Están siendo tratados justamente y con el debido respeto, y eso es lo importante. En efecto, la institución de la propiedad privada, tal como la practican muchas culturas contemporáneas, puede verse como algo que esencialmente incluye la codificación del respeto entre individuos en relación con los objetos. Esta funciona porque, y solo porque, los individuos respetan los derechos de propiedad de los otros. Conforme a esta visión, Rossano *et al.* (2015) encontraron que los niños de cinco años, pero no los de tres años, mostraban respeto por los derechos de propiedad que otros habían señalado, al hacer cosas como apilar juguetes en un rincón para afirmar su propiedad.

## Selección del grupo cultural

Con seguridad, los seres humanos en general tienen incorporadas algunas respuestas a situaciones moralmente pertinentes; y estas respuestas, basadas en la intuición y la emoción, han evolucionado para lidiar con situaciones evolutivas importantes, especialmente aquellas en las que no hay tiempo para reflexionar sobre una decisión (véase Haidt, 2012). Además, sostenemos nosotros, en la toma de decisiones más reflexionada de los humanos en general entran en juego los cuatro conjuntos de intereses o preocupaciones reseñados anteriormente (véase Ilustración 4.2). Pero, además de estos universales humanos, las culturas particulares han creado sus propias normas e instituciones sociales, las cuales agrupan varios aspectos de estos intereses o preocupaciones de maneras nuevas, y los ponen, por decirlo de alguna forma, bajo la influencia de una fuerte preocupación por el nosotros: si tú te identificas con nuestro grupo cultural y sus normas sociales, cuando surja esta clase de situación tú debes seguir la norma. La cultura crea estas normas para lidiar con situaciones recurrentes que surgen en sus modos de vida particulares: ellas refuerzan la moralidad natural de los individuos con reglas que proveen razones independientes adicionales para «hacer lo que es correcto». Así, mientras algunas culturas tienen que lidiar con una escasez de recursos, otras no; mientras algunas culturas tienen que lidiar con mucha competencia por parte de los vecinos, otras no; mientras para algunas culturas las decisiones de grupo sobre dónde vivir las próximas semanas son un asunto de vida o muerte, para otras la vida es más sedentaria; mientras en algunas culturas los individuos acumulan capital y por lo tanto tienen poder sobre otros, en otras esto no se aplica; y así sucesivamente. Las culturas construyen sobre la moralidad natural del individuo una moralidad cultural que estimula la conformidad o el ajuste a las normas diseñadas para mantener el orden social en modos particulares de vida.

Como se anotó en el capítulo 2, con el surgimiento de los humanos modernos —o quizás solo más tarde, cuando las condiciones demográficas de la competencia entre grupos surgieron con mayor intensidad— vino un nuevo proceso en el cual dicha variabilidad cultural desempeñó un papel clave. Ese nuevo proceso fue la selección cultural del grupo. Quizás desde antes de que comenzaran a extenderse fuera de África, hace unos cien mil años, los diferentes grupos culturales comenzaron a crear diferentes convenciones, normas e instituciones, por todas las razones ecológicas enumeradas antes y otras más. Todas estas estructuras sociales supraindividuales tenían como objeto coordinar las interacciones entre individuos y volver cooperativos los conflictos potenciales dentro de sus respectivos grupos, pero cada grupo lo hizo de maneras específicas diferentes. Debido a que los integrantes de una cultura insistían en que todos se ajustaran a las normas de su grupo, estas persistieron establemente dentro de un grupo a lo largo del tiempo histórico. Esa estabilidad produjo una máxima homogeneidad dentro del grupo y esto, a su vez, cuando se combinó con una gran heterogeneidad entre grupos, llevó a que hubiera variaciones sistemáticas en las normas entre diferentes culturas. El resultado fue un nuevo proceso de evolución cultural.

Debido a que estos comportamientos y estructuras específicos del grupo eran diferencialmente eficaces para regular la vida del mismo, aquellos grupos humanos modernos que tenían las convenciones, normas e instituciones que mejor promovían la cooperación y la cohesión del grupo ganaron, ya fuera porque eliminaron o porque asimilaron a los competidores de otros grupos (Richerson y Boyd, 2005). Esto significó que ahora existía un proceso evolutivo a nivel del grupo cultural, y este desempeñó un rol adicional importante en la naturaleza de la moralidad de grupo de los humanos modernos, en la medida en que las culturas seleccionaban socialmente a los individuos con los que querían compartir sus vidas culturales. Y así, de una manera u otra, cada grupo creó sus propios instrumentos específicos de control social, los cuales coordinaban las actividades del grupo y fomentaban la cooperación en su ambiente particular —sus prácticas, normas e instituciones específicas—, y aquellas que mejor lo hacían promovían la supervivencia del grupo que las había creado.

De este modo, los grupos culturales llegaron a constituir una nueva forma de agencia plural. Análoga a la agencia conjunta de los humanos primigenios, los humanos modernos crearon un tipo de agencia cultural o colectiva en la que, de una manera u otra, tenía que haber decisiones de grupo acerca de adónde viajaban, cómo lidiaban con los grupos vecinos, cómo construían sus campamentos temporales y así sucesivamente. Si un agente intencional es un ser vivo que no solo actúa intencionalmente para llegar a una meta, sino que también sabe lo que está haciendo y así autorregula el proceso a medida que aparecen contingencias inesperadas, entonces un grupo cultural que actúa para llegar a la meta de todo el grupo, con compromisos colectivos para autorregular su proceso hacia esa meta colectiva, puede verse como un agente colectivo (List y Pettit, 2011).

## El bien y el mal originales

Nuestro intento en este capítulo ha sido conceptualizar la psicología moral del humano moderno —construida sobre la moralidad de segunda persona de los humanos primigenios— como un conjunto de adaptaciones para vivir en grupos sociales más grandes, organizados tribalmente, es decir, en culturas. A medida que los grupos culturales de los humanos modernos entraron en una variedad de nuevos nichos ecológicos, cada uno creó su propio conjunto especial de prácticas, normas e instituciones culturales convencionalizadas adaptadas a las condiciones locales.

Para sobrevivir y prosperar en este nuevo mundo cultural, lo que los individuos tenían que hacer de manera más urgente era conformarse

## Cuadro 2. La moralidad creciente basada en normas de los niños en edad preescolar

Los niños en edad preescolar, prototípicamente de tres a cinco años, no son por completo seres morales. Sin embargo, en comparación con niños más pequeños, muestran algunos comportamientos y juicios nuevos y moralmente pertinentes, entre otros muchos acerca de cosas relacionadas con la mentalidad de grupo, tales como la identidad de grupo y las normas sociales. Este hecho es por lo menos potencialmente pertinente para la propuesta evolutiva de que a la moralidad de segunda persona de los humanos primigenios le siguió una moralidad con más mentalidad de grupo y basada en normas. He aquí un resumen de los estudios más pertinentes, tal como se han presentado en este capítulo. En todos los casos, los niños estudiados tenían cinco años o tres y cinco (en muchos casos los procedimientos no se ensayaron con niños más pequeños porque los investigadores supusieron que no sería posible hacerlo). La investigación sobre el sesgo de los niños hacia los miembros del grupo se resumió al comienzo de este capítulo.

*Intencionalidad colectiva:* Niños en edad preescolar, pero probablemente no niños más pequeños

- Entienden que todos los del grupo deben saber ciertas cosas en terreno común cultural, incluso si no han visto a los otros experimentándolas (Liebal *et al.*, 2013);
- Se sienten responsables de actos perjudiciales cometidos por otros de su grupo, pero no por actos cometidos por miembros de otro grupo (Over *et al.*, 2016);
- Tienden a dividir los recursos equitativamente, incluso si tienen que pagar un precio para rechazar las divisiones inequitativas (por ejemplo, en un juego de ultimátum; Wittig *et al.*, 2013);
- Juzgan que una división de recursos es justa, incluso si ellos mismos terminan con una cantidad menor, siempre y cuando el procedimiento para hacer la división haya sido imparcial (Shaw y Olson, 2014; Grocke *et al.*, 2015) y
- Respetan los derechos de propiedad de otros (Rossano *et al.*, 2015).

*Normas sociales*: Niños en edad preescolar, pero probablemente no niños más pequeños

- Castigan intencionalmente a otros que perjudican a terceros (McAuliffe *et al.*, 2015), cosa que no hacen los chimpancés (Riedl *et al.*, 2012);

- Imponen verbalmente a terceros tanto las normas morales como las convencionales (véase Schmidt y Tomasello, 2012, para una reseña de los múltiples estudios);
- Prefieren a individuos que hacen cumplir las normas sociales sobre aquellos que no lo hacen (Vaish *et al.*, próxima publicación) y
- Tienden a enseñar e imponer las normas con lenguaje normativo genérico, desde una postura objetiva (por ejemplo, «eso está mal»; Köymen *et al.*, 2014).

*Compromiso y obligación colectivos*: Niños en edad preescolar, pero probablemente no niños más pequeños

- Evitan conflictos creando convenciones coordinadas para todo el grupo (Göckeritz *et al.*, 2014);
- Se resisten a la presión de los compañeros con el fin de «hacer lo que es correcto» en algunas circunstancias (Engelmann *et al.*, próxima publicación);
- Se sienten culpables solo por el daño que ellos han causado (o que ha causado un compañero del grupo) y se sienten muy responsables de repararlo (Vaish *et al.*, 2016) y
- Prefieren a individuos que muestran culpa por su transgresión sobre aquellos que no lo hacen (Vaish *et al.*, 2011a).

o ajustarse a las prácticas culturales del grupo. Se ajustaban, en primer lugar, por razones prudenciales hobbesianas: para afiliarse con otros en el grupo, para coordinarse con otros en el grupo (incluidos los extraños) y para evitar el castigo por no ajustarse a las normas (incluido el chisme). Se ajustaban también por razones de «legitimidad» rousseaunianas: aunque ellos mismos no habían creado los contratos sociales en los que habían nacido, se identificaban con los autores y reconocían como válidos los valores «objetivos» de bien y mal que estos representaban, con lo cual los legitimaban.

Además de ser legítimas, un subconjunto de las normas de la cultura también eran vistas como morales, basadas en la moralidad de segunda persona ya existente de los miembros. En las descripciones clásicas del contrato social, los individuos aislados que están considerando unir fuerzas no son morales, ni naturales ni ninguna otra cosa. Pero ese es precisamente el punto de nuestra historia de dos pasos. En nuestra historia, los humanos modernos tenían desde el principio la moralidad de segunda persona de los humanos primigenios para las interacciones cara a cara con socios colaborativos, así que no tuvieron que crear una moralidad «objetiva» a partir de cero, sino solo ampliar su moralidad ya existente de segunda persona para ajustarse a un modo de vida cultural.

## Psicología moral del humano moderno

El recuento «amplificador» de esta transición de la psicología moral de los primeros individuos humanos a la psicología moral de los humanos modernos especifica transformaciones en los cuatro conjuntos de procesos psicológicos más relevantes para la moralidad humana: (1) el interés por el bienestar del socio, motivado por la empatía, se transformó en lealtad al grupo; (2) los procesos cognitivos de intencionalidad conjunta se transformaron en intencionalidad colectiva, la cual produjo, a su vez, la objetivación de los valores; (3) los procesos socio-interactivos de agencia de segunda persona e identidad cooperativa se transformaron en agencia cultural e identidad moral, y (4) los procesos autorregulatorios del compromiso y la responsabilidad conjuntos se transformaron en autogobierno moral y obligación. Análoga a la afirmación sobre la moralidad de segunda persona de los humanos primigenios, la afirmación con respecto a los humanos modernos es que muchos elementos de estas transiciones fueron adaptaciones no por la moralidad *per se* sino, más bien, para coordinarse con otros cognitivamente. En combinación con varios tipos de motivos cooperativos, esto creó una psicología moral claramente nueva.

**Identificación y lealtad.** Los humanos primigenios sentían empatía por sus socios colaborativos interdependientes. Al organizarse culturalmente, los grupos de humanos modernos se volvieron entidades colaborativas interdependientes (que competían con otros grupos), con las cuales se identificaban sus miembros al ajustarse a sus maneras de hacer las cosas. Así, los miembros de estas culturas sentían empatía por todos sus compañeros, con respecto a los cuales eran interdependientes, y por el grupo como tal; lo que no sentían por ningún bárbaro de fuera del grupo que se hallara en la vecindad. Eran leales al grupo y valoraban genuinamente el que este funcionara sin problemas. Esta lealtad era importante para la identidad de grupo y la aceptación del individuo, y por tanto para la sobrevivencia.

**Objetivación**. Para coordinar actividades colaborativas con extraños dentro del grupo, así como para coordinar actividades colaborativas de un grupo grande, los individuos humanos modernos fueron aumentando sus habilidades de intencionalidad conjunta, basada en el terreno común personal de los socios colaborativos, hasta convertirlas en habilidades de intencionalidad colectiva, basada en el terreno común cultural de todos en el grupo. Estas nuevas habilidades cognitivas permitieron la creación de prácticas e instituciones culturales convencionales, en las cuales todos sabían que todo el mundo sabía cómo desempeñar de manera ideal los diferentes roles. Debido a que los individuos entendían que «cualquiera» podía desempeñar esos roles, surgió un sentido de independencia del agente y, por lo tanto, la «objetividad» de los ideales de rol. Así, todo el mundo sabía en terreno común cultural las maneras correctas e incorrectas en que debían desempeñarse esos roles para que el grupo tuviera éxito, y esto incluía el rol más general de ser simplemente un miembro que contribuía al grupo.

En este proceso, la habilidad de los humanos primigenios para cambiar de perspectivas con un socio se transformó en la habilidad para adoptar la perspectiva de cualquier ser racional. Los individuos humanos modernos podían, entonces, tener una visión completamente «objetiva» de las situaciones, una visión «desde ninguna parte» —la visión que cualquier persona racional tendría—, lo cual le permitía a cada uno actuar como un «espectador totalmente imparcial» en situaciones que requerían un equilibrio de perspectivas entre muchos interesados diversos, incluido uno mismo. Tal como sucedía con el sentido de equivalencia yo-otro de los primeros individuos humanos, esta visión desde ninguna parte, independiente del agente, no era en sí misma un juicio moral, sino solo el reconocimiento de cómo eran las cosas en esta nueva realidad social. En las culturas de los humanos modernos, los niños aprendían cómo eran las cosas y cómo se debía actuar, cuando alguien empleaba la voz genérica y autorizada de la pedagogía, la cual emana no de las opiniones o perspectivas de esa persona sino, más bien, de la cultura en su totalidad. Las maneras convencionales del grupo de hacer las cosas eran, así, objetivadas como las maneras correctas de hacer las cosas. Esta objetivación fue reforzada todavía más por las instituciones culturales, las cuales crearon nuevas entidades culturales (por ejemplo, jefes y fronteras), con nuevos poderes deónticos de derecho (por ejemplo, declarar la guerra y definir territorios). Los individuos nacían en este mundo institucional, que siempre había estado ahí, como parte de la realidad objetiva.

**Legitimación**. Mientras que los socios colaborativos de los humanos primigenios necesitaban unos pocos medios para ejercer el control del socio, los humanos modernos que vivían en culturas necesitaban una forma más amplia de control social. Esto tuvo como resultado que los ideales de comportamiento de roles específicos se transformaran en normas sociales administradas por terceros. Las normas sociales se creaban y se mantenían en el terreno común cultural del grupo —de manera que nadie que creciera en el grupo podía negar convincentemente que las conocía— y exigían la conformidad de todos más o menos por igual. Puesto que las normas sociales se crearon para individuos que ya tenían una moralidad de segunda persona, esas normas que reforzaban las actitudes y motivaciones de la moralidad de segunda persona eran por lo tanto morales. Violar esas normas morales podía ser fatal porque significaba, en el peor de los casos, no solo ser rechazado por un socio, lo que se podía superar encontrando uno nuevo, sino ser repudiado por el grupo entero (el grupo hace una elección de socios). En las culturas humanas modernas, la total dependencia del individuo del grupo, y la genuina preocupación del individuo por el grupo y su adecuado funcionamiento, significaba que era culturalmente racional ajustarse a las normas.

Más aún, violar las normas morales también estaba simplemente mal y cualquier castigo que uno recibiera era merecido. Un agente cultural cooperativo reconocía que todo el mundo debía ajustarse a la manera como el grupo hacía las cosas y debía asegurarse de que todos los demás también se ajustaran, o de otra manera las cosas podrían desbaratarse. Resulta diciente el hecho de que los individuos esperaran normativamente que otros impusieran las normas de la cultura. De hecho, el individuo estaba haciendo un juicio moral sobre el juicio moral del otro —por ejemplo, que él debía haberme castigado por hacer eso—, lo cual sugiere que las normas sociales no se habían concebido como algo que «ellos» me imponen a «mí» y a lo cual yo debo ajustarme estratégicamente; sino, más bien, las normas eran una guía legítima sobre cómo «nosotros» debemos hacer las cosas, el modo correcto de hacer las cosas. Debido a que el individuo se sentía, a través del proceso de identificación con el grupo, como una especie de coautor de las normas sociales, estas adquirieron mayor legitimidad, de modo que violarlas se convirtió, en cierto sentido, en una violación a la propia identidad cultural. Por lo tanto, hacer algo egoísta con pleno conocimiento de las normas sociales reguladoras era elegir al yo egoísta sobre el yo cultural, el cual estaba tratando de ser una «persona» que hacía lo correcto virtuosamente dentro de su comunidad moral, y por eso el acto egoísta merecía ser condenado.

**Moralización.** A diferencia de los primeros individuos humanos, que hacían sus propios compromisos conjuntos con otros, los humanos modernos ya tenían la mayoría de sus compromisos colectivos definidos, por así decirlo, en la forma de las convenciones, normas e instituciones culturales en las que nacieron. El problema para ellos era el contrato social: cómo, cuándo, y si adherirse o no —para legitimar desde sus propios valores personales— a estas estructuras culturales supraindividuales y su supuesta racionalidad de mentalidad de grupo. Al aceptar la coautoría de estos compromisos colectivos, y afirmar que hacerlos cumplir bien era legítimo porque se lo merecían, el individuo comenzó a crear una identidad moral. Los juicios normativos de merecimiento que constituían la identidad moral central de un individuo reflejaban interés por la empatía («tú > yo»), interés por la justicia («tú = yo») e interés por la racionalidad cultural («nosotros > yo»), cuya esencia fue heredada de la moralidad de segunda persona de los humanos primigenios. Para mantener intacta la identidad moral central de uno, había que interpretar las situaciones creativamente (es decir, para determinar lo que constituía la empatía y la equidad apropiadas en situaciones particulares) y, más aún, justificar ante otros y ante uno mismo cualquier acción desviada, interpretándola desde el punto de vista de valores que eran ampliamente compartidos en la comunidad moral.

Los individuos humanos modernos internalizaron los procesos de autorregulación del compromiso colectivo con las normas sociales —y los valores de bien y mal que estas encarnaban— lo cual tuvo como resultado un sentido de obligación. El sentido de obligación, y su uso por parte de los individuos para autorregular su comportamiento hacia las acciones correctas (y no incorrectas), constituía una especie de autogobierno moral que se apoyaba en un sentido personal de la identidad moral como guía. El autogobierno moral significaba actuar solo después de haber reflexionado y decidido que esa manera de actuar sería juzgada positivamente por cualquiera, y sentirse culpable si uno llegaba después a la conclusión de que había juzgado mal. Pero, claro está, el individuo siempre tenía la opción de ir en contra de las normas del grupo, incluso de ser inmoral, y además, las exigencias morales a menudo entraban en conflicto unas con otras, de modo que ninguna solución convencional disponible servía para tomar una decisión de comportamiento. En tales casos, el individuo solo podía decidir por sí mismo cuál de las varias fuerzas en juego debía ser la decisiva al tomar su decisión. Las decisiones morales de los individuos humanos modernos estaban, entonces, pobladas por muchas «voces» diferentes, y no existía nadie, aparte del agente individual, que pudiera ejercer las funciones de juez.

---

En general, en un ambiente de interdependencia social, es racional cooperar: uno debe invertir en los recursos sociales de los que uno depende. Para los individuos humanos modernos estos recursos sociales no solo incluían sus relaciones personales con otros sino las prácticas, normas e instituciones culturales necesarias para ponerse de acuerdo con otros y mantener un nivel razonable de control social en el grupo. Pero para llegar a la moralidad necesitamos ir más allá de la racionalidad individual. Necesitamos una racionalidad cooperativa y, en el caso de los humanos modernos, una racionalidad completamente cultural. Los individuos interactúan cooperativamente con otros no solo porque es lo que hay que hacer desde el punto de vista estratégico, aunque a menudo lo es, sino también porque es lo correcto. Es lo correcto porque los compañeros de grupo de uno son, en todos los aspectos importantes, iguales a uno, así que merecen nuestra cooperación. También es lo correcto porque la prácticas, normas e instituciones culturales dentro de las que todos vivimos fueron creadas por «nosotros» para «nosotros» (suponiendo que nos identifiquemos culturalmente con nuestros antepasados en la cultura), y por lo tanto afirmamos su legitimidad desde el comienzo —desde una especie de velo de ignorancia en el cual todos somos potenciales transgresores y ejecutores—, de modo que vemos la imposición de la norma, incluso a nosotros mismos, como merecida. Y es lo correcto porque… bueno… es simplemente lo correcto. A pesar de la tentación de hacer trampa o resistirse a la imposición de las normas, cosa que podían hacer ocasionalmente, el hecho es que los individuos humanos modernos se juzgaban a sí mismos de la misma manera en que juzgaban a los otros, y por lo tanto no colaborar con los otros de estas maneras sería renunciar a su identidad moral personal.

## Múltiples moralidades

Para muchos filósofos morales, lo que tenemos ahora es una moralidad de principios, una moralidad completamente objetiva de bien y mal. Pero asegurémonos de entender claramente las diferentes contribuciones de la moralidad natural (de segunda persona) y de la cultural («objetiva»). Por sí solas, las normas sociales no son morales. Muchas normas convencionales no tienen nada que ver directamente con la moralidad. Pero pueden, en las circunstancias apropiadas, moralizarse, y se moralizan precisamente por estar conectadas con la moralidad natural. Así, uno puede ver el hecho de vestirse con harapos para una celebración como moralmente malo si de hecho causa daño o irrespeta a otros en el sentido de arruinarles la celebración, o si les hace sentir que están siendo tratados como si fueran menos que iguales. Lo que evoca juicios morales negativos no es, entonces, la no conformidad *per se* sino, más bien, el daño que la no conformidad pueda causar o el irrespeto que pueda mostrar.

En ese orden de ideas, es importante anotar que muchas normas sociales consideradas morales por quienes las practican son consideradas inmorales por miembros de otras culturas. Esto se debe en muchos casos a las diferentes percepciones de lo que requieren los dictámenes de la moralidad natural en circunstancias particulares. En el pasado reciente del mundo contemporáneo, por ejemplo, el *apartheid* era un sistema de normas sociales que sus practicantes consideraban morales, pero solo gracias a ciertas definiciones creativas del daño y el irrespeto (o la falta de estos) y gracias a cierta explicación creativa de quién hacía parte de la comunidad moral. En algún momento los practicantes llegaron a ver estas normas sociales como inmorales, a medida que —debido a varias fuerzas internas y externas— llegaron a considerar que estas normas violaban sus propios sentidos naturales de empatía y equidad y su sentido de quién hacía parte de la comunidad moral. Y así, de nuevo, el factor decisivo no son las normas mismas sino, más bien, su conexión con la moralidad de segunda persona natural de los humanos. En efecto, cuando los extraños a una cultura perciben alguna de sus normas sociales como inmoral, o cuando los que están adentro cambian de parecer en esta dirección, defienden la opinión de que los individuos verdaderamente morales deben oponerse a estas normas. Las normas culturales no crean la moralidad, solo la hacen colectiva y la objetivan, y las instituciones pueden ir un paso más allá y sacralizarla.

El punto es que las normas culturales tocan la moralidad exactamente en la medida en que se conectan de alguna manera con las actitudes naturalmente humanas de empatía y equidad que han existido desde antes de que hubiera grupos culturales con mentalidad de grupo y basados en normas. Seguir las normas sociales es, simplemente, ajustarse a ellas, y hacerlas cumplir es, simplemente, hacer cumplir esta conformidad mediante una u otra forma de castigo. Y en otro de esos giros reflexivos que parecen tan característicos de muchos fenómenos únicamente humanos, quienes violan las normas también se castigan a sí mismos a través de sentimientos de culpa. Toman la perspectiva y la actitud del grupo hacia los juicios que ellos mismos han hecho. El compromiso de apoyar las normas sociales del grupo, junto con su habilidad y tendencia a verse a sí mismos simplemente como miembros no tan especiales del grupo, lleva al tipo de autoflagelación que solo los humanos podían inventar (Nietzsche, 1887/2003).

Y así, el sentido cultural de lo bueno y lo correcto es lo que «nosotros» consideramos como maneras de tratar a otros con empatía y equidad, dentro de nuestros contextos culturales. Esta moralidad cultural, como todas las cosas transmitidas culturalmente, es en general conservadora. Pero también hay creación cultural. A medida que surgen nuevas circunstancias, los grupos culturales se adaptan volviendo convencionales nuevas normas sociales y formalizando nuevas instituciones. En el mundo contemporáneo, gran parte del cambio se va dando por la demografía variable de diferentes grupos culturales, a medida que se unen o se separan por varias razones económicas y políticas. La situación contemporánea se complica por el hecho de que no siempre es claro quién es y quién no es miembro de cualquier comunidad moral particular. El resultado para los individuos contemporáneos es un sentido de moralidad complejo y abigarrado, en el cual diferentes normas sociales entran con frecuencia en conflicto unas con otras. También muy a menudo las exigencias de su moralidad cultural con mentalidad de grupo entran en conflicto con aquellas de su moralidad de segunda persona, sin que haya una solución aparente totalmente satisfactoria. Y, claro está, los individuos pueden tener que enfrentar conflictos de valores entre grupos culturales diferentes —que pueden incluso ser parte de su Estado-nación contemporáneo—, los cuales también parecen fundamentalmente insolubles. Pero nuestra afirmación, quizás nuestra esperanza, sería que hay recursos para resolver estos dilemas morales, llegando a acuerdos de terreno común sobre (1) qué constituye y qué no constituye empatía/daño y equidad/no equidad en situaciones particulares, y (2) quién hace y quién no hace parte de nuestra comunidad moral. Esto cimenta así nuestro discurso moral en la moralidad natural compartida por toda la humanidad.

En total, es importante reconocer la complejidad y quizás incluso las inevitables contradicciones que residen dentro de la moralidad humana. Sus múltiples fuentes y capas nunca pueden ser aplicadas consistentemente en todas las situaciones, dados el desorden y la imprevisibilidad de la vida social humana. Sentir empatía por mi socio cooperativo que tiene hambre puede llevarme a permitirle que se lleve más de la mitad del botín, pero eso contradice mi tendencia general a dividirlo equitativamente. Puede haber una norma social según la cual no debo robarles comida a los otros, pero ¿qué pasa si mi hijo o mi amigo se están muriendo de hambre? Y ¿qué pasa con situaciones en las cuales diferentes normas sociales pueden aplicarse igualmente bien? La moralidad humana no es un monolito sino una miscelánea que se ha ido uniendo a retazos a partir de una variedad de fuentes diferentes, bajo condiciones ecológicas diferentes, en diferentes períodos, durante los varios millones de años de evolución humana (Sinnott-Armstrong y Wheatley, 2012). Por eso, los seres humanos hoy día entran a cada interacción con motivaciones egoístas relacionadas con ellos mismos, con motivaciones de empatía relacionadas con un otro específico, con motivaciones de igualdad, con motivaciones relacionadas con el nosotros del grupo y con una tendencia a seguir cualesquiera normas culturales que estén vigentes. En situaciones de privación, la mayoría de nosotros seríamos egoístas. Cuando alguien más está en grave necesidad, la mayoría de nosotros seríamos generosos. En situaciones de colaboración equitativa, la mayoría de nosotros seríamos igualitarios. Y si estamos jugando el uno con el otro en la final de Wimbledon, no importa quién necesite más el dinero del premio o quién haya trabajado más para ganarlo, porque la norma cultural es que quien juegue el mejor tenis se gana el premio. Todos estos motivos están siempre ahí de alguna manera; la única pregunta es cuál, o cuáles, se asegurarán el éxito en situaciones particulares.

## Coda: después del jardín del Edén

Cuando iniciaron su diáspora fuera de África en cantidades significativas, comenzando alrededor de hace cien mil años, los humanos modernos eran morales de tres maneras. Primero, tenían una empatía especial por parientes, amigos y socios cooperativos, junto con un sentimiento de lealtad hacia sus compañeros culturales, lo que motivaba un tratamiento preferencial hacia esta gente especial. Tenían una moralidad de empatía. Segundo, sentían la responsabilidad de actuar de manera respetuosa en sus interacciones diádicas directas con otros que lo merecían, lo cual los llevaba a tratarlos con equidad. Tenían una moralidad de equidad de segunda persona. Y tercero, además de estas, se sentían obligados, ante el grupo y ante ellos mismos, a ajustarse y asegurarse de que los otros también se ajustaran a las convenciones, normas e instituciones imparcialmente formuladas de su grupo cultural, en especial aquellas relacionadas con la moralidad de segunda persona. Tenían una moralidad cultural de justicia con mentalidad de grupo.

Dentro de las restricciones de estas tres moralidades humanas universales, las moralidades culturales específicas de los grupos de humanos modernos podían diferir unas de otras significativamente. Esto quería decir que otra parte importante del proceso era la selección del grupo cultural, en la cual aquellos grupos culturales con las convenciones, normas e instituciones más cooperativas y eficaces eliminaban o asimilaban a otros grupos competidores. Especialmente importantes en este proceso fueron los eventos que comenzaron hace alrededor de doce mil años. Fue entonces cuando algunos grupos humanos modernos dejaron de ir tras los alimentos y comenzaron a domesticar varias plantas y especies de animales. El surgimiento de la agricultura y de las ciudades que esto generó fue, claro está, un evento monumental en la historia de la sociabilidad humana. Cuando los grupos humanos comenzaron a tener más control sobre los alimentos, personas que tenían prácticas culturales muy distintas —que hablaban lenguas diferentes, comían alimentos diferentes, usaban ropas diferentes, practicaban costumbres de higiene diferentes y así sucesivamente—llegaron a vivir muy próximas unas de otras. Y como eran sedentarias, tuvieron que encontrar maneras de llevarse bien, a pesar de tener normas y valores diferentes. Y, claro, la agricultura llevó a que algunos individuos fueran capaces de tener bajo su control un excedente de alimento y a que lo usaran como capital para ejercer poder sobre otros (Marx 1867/1977). Crear arreglos cooperativos en estas nuevas circunstancias sociales requería algunos mecanismos regulatorios supraindividuales nuevos. Muy importantes desde el punto de vista de la moralidad de los humanos modernos fueron la ley y la religión organizada.

Desde el punto de vista clásico se ha pensado que las leyes formales (que en algún momento se volvieron leyes escritas) promueven la cooperación y la moralidad humanas, principalmente al añadir una nueva capa de castigo contra los tramposos, la cual es administrada impersonalmente por una institución, de tal manera que los individuos no tienen que correr los riesgos o asumir los costos. Y esta es, claramente, una gran parte de la historia. Sin embargo, Shapiro (2011) argumenta que la función principal de un sistema humano de leyes no es mantener a raya a los malintencionados tramposos, sino, más bien, coordinar las actividades de personas, por lo demás bien intencionadas, que viven en grupos culturales grandes, en los cuales las aspiraciones o metas de un individuo pueden frustrar involuntariamente aquellas de otro de muchas maneras. Por ejemplo, en las comunidades agrícolas grandes de hace varios miles de años, podría haber pasado fácilmente que un individuo prometiera trigo a otro a cambio de algunas herramientas en ese momento, pero después el mal clima arruinara su cosecha de trigo. ¿Qué deberíamos hacer para prevenir una pelea potencialmente destructiva? O podría haber pasado que un individuo desviara agua para irrigar sus campos y su acción privara, sin que este lo supiera, a otros individuos de agua para sus cosechas. O un individuo canjeara una cabra por otra y esta resultara estéril. ¿Qué deberíamos hacer? Shapiro (2011, p.163) resume así la situación:

> Los desacuerdos que surgen [...] son completamente sinceros. Cada uno de nosotros quiere hacer lo que moralmente debemos hacer, el problema es que ninguno de nosotros sabe o puede estar de acuerdo sobre qué es eso. Las costumbres no pueden ir a la par de los conflictos cambiantes porque estas se desarrollan muy lentamente para regular condiciones sociales que cambian rápidamente y son demasiado esquemáticas para resolver disputas complejas y coordinar proyectos sociales de gran escala. Si bien las negociaciones privadas y el regateo pueden mitigar algunos conflictos, este proceso puede ser muy costoso, no solo en cuanto a tiempo y energía sino emocional y moralmente también. Al haber muchas más maneras de interferir en las pretensiones de otro y muchos más bienes sobre los cuales pelear, existe el peligro de que las disputas vayan a proliferar y a agravarse, haciendo que las partes se nieguen a cooperar en la próxima empresa comunal o, peor, que se involucren en peleas continuas y arraigadas.

Shapiro muestra que lo que se necesita no es simplemente más planeación social sino un plan para la planeación social. Por ejemplo, podemos nombrar un jefe o un consejo de ancianos para que haga reglas que todos deben seguir y arbitre las disputas que surjan en la aplicación de estas reglas. Y entonces ahora debemos tener reglas de segundo orden sobre cómo se elige un jefe o un consejo de ancianos y, posiblemente, cómo pueden y no pueden operar. Shapiro argumenta, así, que los sistemas legales son instituciones de planeación social de segundo orden en las «circunstancias de legalidad», que se adquieren siempre que una comunidad tiene numerosos y serios problemas morales, cuyas soluciones son complejas, contenciosas o arbitrarias. Y así surgieron formas legales de planeación social de segundo orden.

De manera importante para nuestro análisis actual sobre la moralidad humana, Shapiro (2011, p.171) argumenta que «la ley aspira a compensar las deficiencias de las formas no legales de planeación al planear de la manera "correcta", es decir, adoptando y aplicando planes moralmente sensatos, de una manera moralmente legítima». Las leyes deben ser «moralmente sensatas» para que aquellos que están sujetos a ellas las vean como moralmente legítimas. Desde luego, un dictador armado puede ordenar que todos asesinen a su segundo hijo y hacer que esto se cumpla mediante su poder militar, y uno podría llamar eso una ley. Pero esto incita inevitablemente a la rebelión. Las leyes que las personas siguen, apoyan e incluso hacen cumplir unas a otras son leyes que pueden afirmar positivamente desde su propio punto de vista moral, leyes con las que están comprometidas colectivamente (Gilbert, 2006). Esto también se aplica a las reglas de segundo orden sobre cómo se hacen las reglas: los individuos deben aceptar la justicia procesal de estas leyes de segundo orden (constitucionales) para sentir que son legítimas. En consecuencia, lo que legitima un sistema de leyes a los ojos de sus súbditos, y por lo tanto crea en ellos un sentido de obligación política, es que el punto de vista legal siempre *pretende* representar el punto de vista moral. Por consiguiente, los ciudadanos generalmente siguen la ley y la respetan como moralmente legítima. Hasta que dejan de hacerlo.

Una manera en que los líderes de la historia humana han buscado legitimarse ellos y legitimar sus leyes desde un punto de vista moral es argumentar que, por alguna razón, han sido elegidos por una deidad o de algún otro modo sobrenatural. Los orígenes de las actitudes religiosas son, en general, desconocidos, pero un aspecto clave podría haberse originado en el tipo de pensamiento independiente del agente y con mentalidad de grupo característico de los humanos modernos, en particular cuando se les atribuye una dimensión histórica, la cual incluye antepasados y tradiciones antiguas. Las normas e instituciones tienen una especie de existencia abstracta, casi sobrenatural, y se aplican no solo a individuos particulares sino a «cualquiera», como sea que esto se conciba. Una gran fuente de asombro en la experiencia humana es dónde están nuestros venerados ancestros que fundaron nuestra sociedad, y en efecto, un fundamento clave de una actitud religiosa es la veneración y adoración de los ancestros fallecidos y de tradiciones cuyo espíritu perdura de alguna manera (Steadman *et al.*, 1996). Los líderes se aprovechaban, entonces, de esta actitud y alegaban que su liderazgo tenía un origen sobrenatural.

Las religiones organizadas que surgieron en asociación con las primeras sociedades a gran escala surgieron, entonces, como medios sociales, además de los medios legales, para fomentar la cooperación. Las creencias compartidas en seres y fuerzas sobrenaturales, acompañadas por un sentimiento de veneración, añadieron terreno común cultural adicional, al crear un vínculo aún más fuerte dentro del grupo. Muchas veces surgieron diferentes religiones dentro de sociedades diferentes: al principio eran pequeñas y fueron creciendo con el tiempo. Wilson (2002) sostiene que el patrón típico es que los grupos de individuos con poco poder se unen con otros para adquirir poder en la sociedad e ir creando entidades sociales más grandes y más «orgánicas», las cuales funcionan bien como un equipo al ayudarse unas a otras, apoyarse y en general trabajar juntas. Así las personas de la misma religión se vuelven más interdependientes unas de otras. La cooperación de los individuos se estimula de muchas maneras explícitas diferentes, siendo una de ellas, y no la menos importante, en algunos casos, la omnipresencia de una deidad que observa cada movimiento de un individuo y recompensa a quienes cooperan en otra vida sobrenatural después de la muerte (Norenzayan, 2013). Las reglas que uno debe seguir están a veces claramente dirigidas a estimular la cooperación (por ejemplo, «ama a tu prójimo»), pero a veces son meramente ritualistas, de manera que al seguirlas uno simplemente demuestra la identificación con el grupo. La caracterización de Wilson (2002, p.159) es que «las religiones existen primordialmente para que la gente alcance en conjunto lo que no puede alcanzar sola».

De manera más enfática, Durkheim (1912/2001) afirma que la religión surge directamente de las maneras humanas comunales, con mentalidad de grupo, de pensar y hacer las cosas, y lo hace de formas en las que el individuo casi no se da cuenta. En la vida comunal, lo sagrado se refiere a las prácticas colectivas de la comunidad moral —con rituales que desempeñan un papel importante porque esta es su única función—, mientras que lo profano se refiere a los objetivos propios del individuo. (De manera interesante, la magia, aunque comparte con la religión algunas dimensiones sobrenaturales, no es religiosa precisamente porque es utilitaria y no une a los individuos en una vida común.) Por lo tanto, Durkheim pone énfasis en que la religión desempeña un papel único en la cooperación y la moralidad humanas. Mientras que otras instituciones sociales estimulan la cooperación y la moralidad prometiendo recompensas y amenazando con el castigo —y los individuos también pueden construir un sentido personal de obligación a partir de sus interacciones sociales y culturales—, la religión conceptualiza las actividades cooperativas y morales como algo más elevado a lo que se debe aspirar. Los individuos que son morales por razones religiosas generalmente no se rigen por un sentido de obligación sino, más bien, por una búsqueda de algo más grande. «Cuanto más sagrada se vuelve una regla, más tiende a disminuirse el elemento de obligación» (Durkheim, 1974, p.70).

Los grupos religiosos, estén o no asociados con entidades políticas, tienen invariablemente un sentido muy fuerte de la moralidad tipo «del grupo/de fuera del grupo» (Wilson, 2002). Gran parte de la historia de la civilización occidental se compone, por tanto, de conflictos que involucran, de una manera u otra, a grupos religiosos versus «paganos». Haidt (2012) afirma que esta fuerte mentalidad del tipo «del grupo/de fuera del grupo» se combinó en algún momento con la respuesta humana de asco para crear otra importante dimensión de la moralidad humana: la pureza o la santidad. Prototípicamente, la respuesta humana de asco es una reacción hacia los productos que son expulsados del cuerpo humano —saliva o heces, por ejemplo—, y la propuesta es que esta respuesta se transfiere metafóricamente a cosas que vienen de fuera del grupo. Las cosas que no hacen parte de las maneras comunes como nuestro grupo hace las cosas, especialmente aquellas que involucran corporalidad, son repulsivas. Haidt agrega que los humanos tienen una tendencia a moralizar entidades y actividades que van excluyendo de las maneras como el grupo hace las cosas. Por ejemplo, actualmente mucha gente a quien en un principio solo le disgustaban ligeramente los fumadores y el acto de fumar, piensa ahora que toda la práctica es totalmente repugnante. El asco por las cosas externas a nosotros presenta, así, el mayor contraste posible con la sacralidad de las cosas que hacen parte de nuestros modos de vida.

Y así los humanos contemporáneos se volvieron morales legal y religiosamente, además de sus morales naturales y con mentalidad de grupo. Pero las normas morales específicas de un grupo cultural particular pueden cambiar —con o sin la contribución de instituciones legales o religiosas— a lo largo del tiempo histórico. Así, dentro de una cultura hay a menudo «voces» diferentes, algunas con más capital y poder político y otras con menos. Si pensamos en estos diferentes subgrupos de una cultura como análogos a un grupo cultural, podemos imaginar entonces una especie de selección de grupo cultural dentro de una población de humanos, a medida que «voces» diferentes compiten por imponer una agenda. Kitcher (2011) describe elocuentemente tal proceso resaltando las maneras en que los individuos y los subgrupos dentro de una cultura se comprometen con un discurso moral, en un intento por influenciar las normas, valores e instituciones de todo el grupo cultural. En algunos casos, un subgrupo casi no tiene «voz» —por ejemplo, los afroamericanos o los homosexuales en los Estados Unidos hace sesenta años— y esto hace que carezcan de poder para influenciar el discurso moral. Volviendo al criterio de Hume según el cual la moralidad y la justicia humanas solo pueden surgir entre personas más o menos iguales, las situaciones en que existe un fuerte desequilibrio de poder van en contra de una moralidad cooperativa (véase Hume, 1751/1957).

Pero las cosas pueden cambiar. Puede suceder que los así llamados empresarios de las normas se arriesguen e intenten promover un valor de alguna manera nueva, que todavía no es compartida por todos en el grupo (convergencia conductual), o también que muchos individuos tengan en privado una cierta actitud que solo comparten cuando se llega a saber entre ellos que todos la tienen (convergencia epistémica). El problema es que, casi con total seguridad, las personas que no tienen «voz» en el discurso no serán vistas como líderes ni están en las redes comunicativas de la mayoría. Pero hay un método que ha sido eficaz en esta situación y es muy revelador de la moralidad «natural» que tienen todos los seres humanos. El método, perfeccionado por Mahatma Gandhi y Martin Luther King, es que la gente sin voz denuncie ante la gente con voz la manera en que es tratada: un tipo de protesta de segunda persona a gran escala. Por ejemplo, en el sur de los Estados Unidos en los años sesenta, muchas personas de origen afroamericano entraron y se sentaron en restaurantes que eran solo para blancos, negándose a irse cuando se les pidió hacerlo, con el fin de generar así el esperado maltrato policial. La clave era que debían hacerlo en frente de muchos ojos, preferiblemente ante las cámaras de televisión. La mayoría blanca, que previamente no había pensado, o no había querido pensar en estas cosas, tuvo frente a sus ojos, en su terreno común cultural (la mayoría en su sala de estar), exactamente lo que estaba pasando. Las protestas de los afroamericanos no le decían a la mayoría blanca qué hacer, solo desplegaban su resentimiento bajo el supuesto de que la mayoría ya sabía qué era lo correcto. En ese punto, algunas personas con voz comenzaron a asumir un papel de liderazgo para denunciar el tratamiento inmoral. Y funcionó, hasta el punto en que funcionó, porque tocó valores de empatía y equidad que la mayoría ya tenía.

Podemos ver, entonces, que la evolución de las morales culturales no solo se da entre grupos sino dentro de los grupos. Durante los milenios que llevaron al advenimiento de la agricultura, la selección de grupo cultural fue formando poblaciones humanas particulares orientadas a una mayor cooperación y moralidad. Después del advenimiento de la agricultura, las sociedades civiles multiculturales han luchado por encontrar modos de reconciliar de buenas maneras las diferentes moralidades culturales de los diferentes subgrupos dentro de ellas.

# [5] La moralidad humana como una cooperación «enriquecida»

*No puede haber completa autonomía moral sin cooperación.*

Jean Piaget, *The Moral Judgement of the Child*

Las teorías de la evolución de la cooperación humana tienden a hacer énfasis en procesos de grupos pequeños de humanos relativamente primigenios (por ejemplo, Cosmides y Tooby, 2004) o en procesos de grupos grandes de humanos más recientes (por ejemplo, Richerson y Boyd, 2005). Nuestro punto de vista es que, para una explicación completa, se necesitan estos dos peldaños o pasos evolutivos (Tomasello *et al.*, 2012). Sin embargo, estamos en desacuerdo con los teóricos de ambos tipos acerca de la naturaleza precisa de los procesos sociales y psicológicos involucrados. Esto es especialmente cierto cuando excavamos bajo la cooperación en busca de patrones generales de interacción social para la psicología moral actual.

En el primer peldaño, creemos que la clave no fue solo que los grupos eran pequeños —aunque lo eran y esto desempeñó un rol— sino que los primeros humanos desarrollaron una nueva psicología moral para el compromiso diádico cara a cara en contextos colaborativos.

Hay bastante evidencia de que las interacciones diádicas tienen cualidades únicas que involucran cosas como contacto visual, dirección de voz y ajustes de postura durante la comunicación, hasta el punto que algunos antropólogos han propuesto un «motor de interacción» humano, dirigido a la interacción diádica cara a cara, como la explicación para virtualmente todas las formas de sociabilidad únicamente humana (por ejemplo, Levinson, 2006). Más aún, varias de las formas más básicas de interacción social humana son fundamentalmente diádicas, por ejemplo, la amistad, el amor romántico y la conversación, y las emociones que evolucionaron asociadas a estas relaciones diádicas son cualitativamente distintas de todo lo asociado a interacciones de grupo (Simmel, 1908; véase Moreland, 2010, para una reseña de la investigación psicosocial reciente). Y recientes análisis filosóficos, como hemos relatado con cierto detalle, ponen el énfasis en las muchas cualidades especiales del compromiso humano de segunda persona (por ejemplo, Darwall, 2006, 2013; Thompson, 2008).

En el segundo peldaño, creemos que la clave no era solo que los grupos eran más grandes —aunque, de nuevo, esto era verdad y desempeñó un rol— sino que los humanos modernos desarrollaron una nueva psicología moral con mentalidad de grupo. Pocos fenómenos han sido mejor documentados que los procesos de identificación cultural que involucran «marcadores étnicos», tales como formas especiales de vestir, de hablar y rituales que los grupos culturales usan para diferenciarse de otros grupos (por ejemplo, Boyd y Silk, 2009). En la investigación psicosocial, tal como hemos reportado, ha sido documentado de manera confiable, mediante miles de paradigmas experimentales, el hecho de que los humanos operan con una muy fuerte orientación del tipo «del grupo/de fuera del grupo» y que los grandes grupos (especialmente los grupos culturales) desempeñan un rol más importante en el sentido de identidad del individuo que las relaciones diádicas, más efímeras (Fiske, 2010). Y muchos análisis filosóficos, desde Hegel y Mead en adelante, han puesto énfasis en la manera en que la racionalidad y el pensamiento humanos se moldean mediante procesos a nivel de la sociedad, de manera que incluso hay un tipo especial de pensamiento con mentalidad de grupo, evidenciado empíricamente por muchas líneas de investigación, comenzando con Vygotsky (1978) y extendiéndose hasta la psicología cultural moderna (Tomasello, 2011).

La propuesta es, entonces, que nuestros dos peldaños o pasos evolutivos en la historia natural de la moralidad humana reflejan dos formas fundamentales y distintas de compromiso social: el de segunda persona y el de mentalidad de grupo. Y estas dos formas distintas de compromiso social lógicamente tenían que surgir en el orden en que lo hicieron. Aunque los humanos siempre han vivido en grupos sociales, es casi inconcebible que la mentalidad de grupo de los humanos modernos, en la cual el grupo cultural se entiende como una empresa colaborativa que excluye a los aprovechados y a los competidores, pudiera haber surgido antes de un paso inicial de díadas colaborativas o algo similar. Cada una de estas nuevas formas de compromiso social surgió de una secuencia evolutiva generalmente semejante: (1) cambios en la ecología (primero la desaparición de alimentos que se podían obtener individualmente y después los tamaños crecientes de la población y la competencia entre grupos) llevaron a (2) aumentos en la interdependencia y la cooperación (primero la búsqueda de alimento colaborativa y obligada y después la organización cultural para la sobrevivencia del grupo) y entonces (3) la coordinación de estas nuevas formas de cooperación requería nuevas habilidades cognitivas de intencionalidad compartida (primero intencionalidad conjunta y después intencionalidad colectiva), nuevas habilidades socio-interactivas de competencia cooperativa (primero competencia de segunda persona y después competencia cultural), y nuevos procesos de autorregulación social (primero compromisos conjuntos y después autogobierno moral). Cada modo de compromiso social representa, pues, un conjunto distinto de adaptaciones biológicas para sobrellevar una forma distinta de vida social.

La historia completa, como la hemos contado, comprende giros y vueltas mucho más detallados, claro está. Hemos intentado ser lo más comprehensivos posible al detallar los muchos aspectos diferentes de la moralidad humana en su relación con los muchos aspectos diferentes de la colaboración y la cultura únicamente humanas a lo largo del tiempo evolutivo. Debido a que hay tan pocas explicaciones evolutivas con esta concentración expansiva, hemos hecho hasta ahora poca referencia a otras teorías a gran escala. Pero hay otras diversas explicaciones relevantes de la evolución de la cooperación y moralidad humanas en general, y una amplia mirada a estos ayudará a situar mejor la hipótesis de la interdependencia dentro del escenario teórico actual.

## Teorías sobre la evolución de la moralidad

Las teorías contemporáneas sobre la evolución de la moralidad humana se enmarcan dentro de tres categorías muy amplias: ética evolutiva, psicología moral y coevolución genético-cultural. Vamos a considerar una por una.

El conjunto de enfoques agrupados bajo la categoría general de ética evolutiva se concentra en los principios teóricos de la cooperación en la evolución y cómo se pueden aplicar al caso de los humanos. El trabajo fundamental desde esta perspectiva es *The Biology of Moral Systems* (1987) de Alexander, que pone énfasis en los procesos de reciprocidad y especialmente, en el caso humano, de reciprocidad indirecta. Los psicólogos evolutivos Cosmides y Tooby (2004) también se concentran en la reciprocidad y el intercambio social, con un énfasis en la preparación especial de los seres humanos para detectar a aquellos que hacen trampa en tales intercambios. Sober y Wilson (1998) y De Waal (1996) también están de acuerdo en la importancia de la reciprocidad, pero ponen el énfasis en la comprensión y la empatía como fundamentales para la cooperación y la moralidad humanas. De Waal (2006) encuentra tanto comprensión como reciprocidad en el comportamiento de los primates no humanos y cree que la moralidad humana emana principalmente de las mayores capacidades cognitivas y lingüísticas de los humanos (aunque estas no se especifican mucho más). Sober y Wilson (1998) creen que, además, los humanos pasaron por un proceso especial de selección de grupo que hizo que ser simpático y ayudar a otros en su grupo tuviera ventajas para los individuos debido a las ventajas que después se acumulaban para su grupo con relación a otros grupos. Kitcher (2011) también pone énfasis en el rol del altruismo en la evolución humana, pero cree que no podría ser el soporte genuino de la moralidad humana a menos que algo más, como una «guía normativa», también se desarrollara para aculturar a los individuos en desarrollo acerca de los estándares normativos del grupo.

Dos teorías más recientes desde esta perspectiva general han hecho énfasis en el rol de la elección de socio y la selección social. Boehm (2012) se concentra en la transición de las sociedades basadas en el dominio —esto es, los grandes simios en general y quizás los primerísimos humanos— a sociedades más igualitarias (véase también Boehm, 1999). El mecanismo más grande propuesto es la «selección por reputación» reforzada por el castigo del grupo (lo cual rebaja el costo del castigo para cada castigador) en la forma de coaliciones contra los tramposos y los matones de todas clases. El poder de la reputación se magnifica con la aparición del lenguaje, haciendo posible el chisme sobre las reputaciones de gente que uno nunca ha conocido. Boehm especula que la internalización de este proceso —el individuo evaluándose y posiblemente castigándose a sí mismo a través de la culpa— llega a convertirse en lo que se llama una conciencia moral (véase también Sterelny, 2012). Baumard *et al.* (2013) no son tan optimistas acerca del poder del castigo (control del socio) para crear individuos morales. Ellos se concentran en la elección de socio (como aquí, para empresas mutualistas) y la manera en que esta sirve para crear una predisposición en los individuos hacia la equidad, basada en las contribuciones relativas de los individuos a la hora de conseguir botines. En un mercado biológico en el cual algunos individuos tienen más «influencia» (*leverage*) que otros —al tener, por ejemplo, talentos especiales en alguna empresa mutualista— los otros aceptarán esa influencia solo si no tienen otras opciones externas; si todos tienen opciones, aquellos que traten de explotar su influencia no serán socialmente seleccionados. Baumard *et al.* (2013, p.65) atribuyen importancia especial a la reputación y el chisme para mantener a los individuos a raya; según su argumento, la evolución de una moralidad genuina se debe a que «el modo más rentable de asegurar una buena reputación moral bien puede consistir en ser una persona genuinamente moral», en especial debido a que todos están a la búsqueda de individuos que tratan de engañar; sin embargo, en ninguna parte especifican qué significa «ser una persona genuinamente moral».

Desde nuestra perspectiva, todos estos puntos de vista tienen mérito y han captado probablemente aspectos cruciales de la evolución de la moralidad humana. Casi todos los teóricos están de acuerdo en que la empatía es una parte importante del panorama general. Pero entonces la tendencia es tratar de cubrir todo lo demás con una u otra forma de reciprocidad. Nuestra visión, como se elaboró en el capítulo 2, es que la reciprocidad tiene limitaciones explicativas y que la noción de interdependencia —que también se puede ver como distintas clases de simbiosis— es mucho más poderosa. Pero más allá de eso, la noción de reciprocidad no está equipada para cubrir todos los miles de aspectos de la psicología moral humana, incluyendo cosas como hacer compromisos colectivos y promesas, crear y hacer cumplir las normas sociales, experimentar resentimiento, y más que todo, autorregular las acciones de uno con sentimientos de responsabilidad, obligación y culpa. Estos fenómenos no pueden barrerse simplemente debajo de la alfombra de la reciprocidad. Estos fenómenos psicológicos sociales parecerían derivar de (1) un sentido de que yo dependo de otros, tal como ellos dependen de mí (interdependencia), el cual da lugar evolutivamente a (2) un sentido del «nosotros» (intencionalidad compartida, especialmente en la forma de un compromiso conjunto) y de la equivalencia yo-otro (imparcialidad) en todo lo que hacemos. Nuestra visión es, pues, que la principal limitación de estas distintas explicaciones de la ética evolutiva depende del sentido del «nosotros» y de la equivalencia yo-otro, a medida que los individuos interactúan socialmente con motivos y actitudes cooperativas en el nivel psicológico inmediato.

Un segundo conjunto de enfoques viene de la psicología moral. Como el nombre lo implica, se concentran menos en los procesos evolutivos y más en los mecanismos psicológicos próximos. La psicología social tiene una larga tradición en la investigación del comportamiento prosocial (por ejemplo, Darley y Latane, 1968; Batson, 1991) y la psicología del desarrollo tiene una larga tradición en la investigación del desarrollo del juicio moral en los niños (por ejemplo, Piaget 1932/1997; Kohlberg, 1981; Turiel, 1983). Ninguna de estas tradiciones ha tenido mucho que decir sobre la evolución, sin embargo. Lo que ha venido a conocerse como psicología moral comenzó con las investigaciones neuropsicológicas de Greene *et al.* (2001; véase Greene, 2013, para una reseña) y se ha vinculado más directamente a la biología y la evolución. El enfoque en la psicología moral ha estado principalmente orientado a los juicios de la gente sobre el daño, y la metodología principal ha sido hacerles preguntas específicas, por ejemplo, sobre varias permutaciones en el famoso dilema del tranvía, en el cual agentes hipotéticos tienen varias clases y cantidades de control sobre cuándo y cómo unos tranvías desbocados causan varios tipos y cantidades de daño. En todo el mundo la gente contesta estas preguntas de forma muy similar, lo cual sugiere, quizás, la existencia de un conjunto universal de intuiciones humanas sobre el daño. Mikhail (2007) resume estas intuiciones desde un punto de vista legal en dos principios básicos: un juicio de culpa cuando alguien hace daño a alguien más intencionalmente, pero una absolución cuando el acto intencional estaba dirigido a algo bueno (y no había alternativas posibles disponibles). Los investigadores en esta tradición, junto con filósofos como Nichols (2004) y Prinz (2007) han puesto énfasis en el rol que desempeñan las emociones y las intuiciones —más que el razonamiento moral— en la toma de decisiones morales de los humanos.

La explicación más completa y detallada en la tradición de la psicología moral es, sin duda, el de Haidt (2012). Al igual que otros psicólogos morales, Haidt se concentra en pretendidas predisposiciones innatas que llevan a juicios morales rápidos e intuitivos, a menudo cargados de emoción. Él también ha propuesto que el tipo de razonamiento explícito sobre asuntos morales en los que los humanos se comprometen regularmente es, de hecho, *post hoc* y solamente justificativo; es decir, racionaliza y justifica el juicio intuitivo que ya se hizo. Su función es persuadir a otros de que este juicio es el mejor y por tanto deben apoyarlo en cualquier clase de disputa. Además, Haidt va más allá del asunto único del daño y aborda explícitamente la diversidad de juicios morales que la gente hace, incluyendo gente de antecedentes culturales diversos. En tanto que otros psicólogos morales han resaltado las intuiciones morales y la variación cultural no occidental, Haidt ha creado una teoría basada en ellas. Propone que el juicio moral humano descansa universalmente sobre cinco pilares: cuidado/daño, justicia/engaño, lealtad/traición, autoridad/subversión y santidad/degradación. Usando también principalmente preguntas explícitas, Haidt ha mostrado de forma experimental que la diversidad de los juicios morales de la gente puede explicarse por medio de varias ponderaciones de estos distintos pilares morales en situaciones particulares. Desde el punto de vista de la evolución, Haidt se apoya fuertemente en procesos de grupo o selección multinivel, en los cuales la adaptabilidad de los individuos está íntimamente ligada a cómo le va a su grupo en la competencia con otros grupos, y los individuos que muestran tendencias prosociales o morales crean grupos sociales más efectivos.

Rand *et al.* (2012; véase también Greene, 2013) han categorizado toda esta investigación, así como su investigación sobre comportamiento prosocial, con las bien conocidas distinciones entre procesos cognitivos de tipo I y tipo II. Los procesos de tipo I son juicios rápidos, intuitivos, a menudo basados en la emoción, mientras que los procesos de tipo II son juicios lentos y deliberados, a los que se llega por medio del razonamiento explícito. Claramente, la mayoría de temas en casi todos los experimentos de psicología moral se apoyan en los procesos de tipo I. Desde el punto de vista de la evolución, los juicios rápidos, intuitivos, respaldados por fuertes emociones, son muy seguramente adaptaciones para lidiar con situaciones urgentes a nivel biológico, en las cuales no hay tiempo para pensar y/o demasiada reflexión puede confundir el asunto. La mayoría de la investigación en psicología moral se hace, por tanto, desde una perspectiva nativista, en la cual el fin es mostrar que las clases de pensamiento consciente que los humanos creen que están usando para tomar una decisión, no son de hecho determinantes; más bien, lo que es determinante son las predisposiciones innatas de las que casi no estamos conscientes.

Con excepción de Haidt (2012) y Greene (2013), quienes se concentran en el importante rol de los grupos culturales humanos y la mentalidad de grupo resultante, pocos psicólogos morales han especulado sobre la condición adaptativa que puede haber llevado a la psicología moral exclusivamente humana. Y, crucialmente, pocos psicólogos morales les han prestado mucha atención a otros aspectos de la moralidad más allá de los juicios intuitivos basados en la emoción, en particular aquellos que involucran toma de decisiones racional y el sentido de obligación resultante. Nuestra visión, entonces, es que aunque el campo de la psicología moral ha sido revolucionario para identificar e investigar los procesos de toma de decisiones de tipo 1, que dan cuenta de una buena proporción de los juicios morales reales de los humanos, no ha puesto suficiente atención a aquellos aspectos de la moralidad humana que emanan de las maneras únicas en que los humanos entienden racionalmente sus mundos sociales y toman decisiones racionales basados en ese entendimiento.

El tercer conjunto de enfoques sobre la evolución de la moralidad humana se concentra más específicamente en el importante rol de la cultura. Aunque no es claro que alguien abrace un punto de vista puramente cultural, en el cual la evolución no juegue ningún rol (aunque véase Prinz, 2012), muchos antropólogos y teóricos culturales eligen poner el énfasis en la manera en que los individuos se aculturan dentro de una clase particular de «código moral» y estos códigos pueden diferir muy radicalmente entre culturas. Desde un punto de vista psicológico más moral, por ejemplo, Shweder *et al.* (1987; véase también Miller, 1994) critican las visiones occidentales de la psicología moral en las que individuos autónomos acceden libremente a su código moral y lo aceptan. Más preciso, dicen ellos, es un punto de vista en el que la cultura es la fuerza mayor que crea individuos autónomos en primer lugar, antes de que cualquier acuerdo sea posible. Así, en las culturas hindúes de India que Shweder *et al.*

(1987) han estudiado más intensamente, los individuos no se piensan a sí mismos como agentes totalmente autónomos; más bien, se ven a sí mismos como trabajando en subordinación a la ley natural y la obligación objetiva, tal como han sido expuestas en las diversas prácticas y doctrinas de su cultura. La conclusión total de Shweder *et al.* (1987, p.35) es que «hay relativamente poca evidencia de una moralidad infantil universal espontánea no relacionada con las actitudes y doctrinas de los adultos».

Más afines a nuestra visión son los enfoques que exploran el rol de la cultura en su contexto evolutivo. Richerson y Boyd (2005), por ejemplo, ponen énfasis en el rol esencial que desempeña la selección de grupo cultural en la evolución de la cooperación y la moralidad humanas. La idea, como se dijo previamente, es que una vez las culturas empezaron a evolucionar, los diferentes grupos culturales pudieron competir unos con otros de tal forma que aquellos con los individuos más cooperativos tenían más probabilidades de que les fuera mejor. Había, pues, presiones en la selección dentro de cada grupo cultural para ajustarse e imitar, especialmente a individuos con éxito, y los inmigrantes de otros grupos también imitaban (lo que hace que la selección de grupo cultural sea más verosímil que la selección de grupo biológica, en la cual la inmigración perjudica la integridad genética del grupo). Los humanos, pues, han desarrollado, en un proceso de coevolución genético-cultural, tanto tendencias cooperativas como «instintos tribales» para vivir y funcionar efectivamente en grupos culturales. Bowles y Gintis (2012) ponen énfasis en que la psicología individual involucrada es una tendencia a la «reciprocidad fuerte», en la cual los individuos cooperan con otros y castigan a los que no cooperan.

En esta explicación hemos invocado procesos de selección de grupo cultural para explicar el aumento progresivo del sentido especial de mentalidad de grupo de los humanos, al final del segundo paso de nuestra historia. Pero es claro que la selección de grupo cultural solo puede explicar por qué las normas sociales e instituciones particulares de grupos culturales particulares han prevalecido en las últimas decenas de miles de años de evolución humana; pero no puede explicar las habilidades universales de la especie ni las motivaciones para crear normas sociales e instituciones. Estas habilidades universales de la especie y las motivaciones tendrían que haber existido antes de que tales procesos de evolución cultural hubieran empezado, y nosotros hemos propuesto una explicación de cómo puede haber pasado esto en términos de la psicología social y moral involucrada. La selección de grupo cultural es, pues, claramente, una parte importante de la historia total, pero en nuestra opinión, solo al puro final.

Comparada con estos distintos enfoques de ética evolutiva, psicología moral y coevolución genético-cultural, esta explicación ha intentado abarcar más. Esto se manifiesta de tres maneras. La primera es que tiene la hipótesis de dos pasos distintos, que fueron necesarios para la evolución de la moralidad humana: un primer paso que involucra interacciones diádicas en contextos de pequeños grupos, y un segundo paso que involucra interacciones con mentalidad de grupo en contextos culturales. La segunda es que hace una hipótesis, con alguna especificidad, sobre los cambios en la socioecología humana que ofrecieron el contexto adaptativo para cada una de estas dos etapas: primero, el surgimiento de la búsqueda de alimentos colaborativa y obligada con elección de socio, y segundo, el surgimiento de grupos culturales organizados tribalmente, que competían con otros grupos semejantes por recursos. La tercera es que caracteriza la psicología moral humana como lo que constituye la manera cooperativamente racional en que los individuos se tratan los unos a los otros en estos nuevos contextos sociales: en el primer paso, los individuos con habilidades de intencionalidad conjunta y agencia de segunda persona hicieron compromisos conjuntos basados en un tipo de racionalidad cooperativa; y en el segundo paso, los individuos con habilidades de intencionalidad colectiva y agencia cultural hicieron compromisos colectivos con las normas e instituciones de su grupo social, basados en un tipo de racionalidad cultural. Todo esto se ha apoyado fuertemente en conceptos de la filosofía moral y la teoría social, y este también es, quizás, un factor distintivo de nuestra explicación.

## Intencionalidad compartida y moralidad

En esta explicación hemos intentado insertar la moralidad humana en la cooperación humana sin reducirla a esta última. Hemos intentado esto empíricamente, documentando las muchas maneras diferentes en que la cooperación humana difiere de la cooperación de otras especies de primates. Y hemos intentado esto teóricamente, conectando las características de la cooperación humana únicas de la especie con las decisiones genuinamente morales que no están exclusivamente orientadas a fines estratégicos. En consonancia con este enfoque naturalista, hemos hecho estas conexiones a través de procesos de psicología humana. Para facilitar una comparación más detallada con los muchos otros puntos de vista que acabamos de enumerar, vamos a recapitular de manera amplia algunos de los puntos más importantes de esta narración evolutiva especulativa:

- Los grandes simios son seres instrumentalmente racionales que toman decisiones más o menos inteligentes. Su vida social está estructurada principalmente por la competencia y la mayoría de su cooperación (por ejemplo, en coaliciones y alianzas) está al servicio de fines de competencia. La selección social más intensa beneficia, por tanto, a los buenos competidores. Los grandes simios muestran empatía por parientes cercanos y «amigos» como socios de coalición (por ejemplo, aseándolos preferencialmente), y algunas veces por otros amigos necesitados, si los costos de la ayuda no son muy grandes.
- Los chimpancés y los bonobos cazan pequeños mamíferos en grupo, pero hay pocas señales de una estructura cooperativa en esta actividad. No comparten el botín libremente entre los participantes (solo en respuesta al hostigamiento o, a veces, entre socios de coalición). Tampoco hacen ningún esfuerzo para excluir del botín a los aprovechados. No parece haber ningún sentido de equidad. En general, los grandes simios no parecen estar específicamente adaptados —más que otros mamíferos— a las «empresas cooperativas de ganancia mutua».

- Los humanos primigenios (desde hace por lo menos 400 000 años antes del presente) se vieron forzados a entrar en un nicho ecológico de búsqueda de alimentos colaborativa y obligada, que volvió a los individuos muy interdependientes para la supervivencia, lo cual hizo que se preocuparan empáticamente por el bienestar de los socios potenciales. Los humanos primigenios reconocían cognitivamente la interdependencia, de manera que esta era parte integral de su racionalidad flexible y estratégica, y ahora cooperativa.
- Así, las actividades colaborativas de los primeros individuos humanos llegaron a tener una estructura de nivel dual para la intencionalidad conjunta: un agente conjunto «nosotros», que comprende dos socios interdependientes: «yo» y «tú» (recíprocamente definidos). Cada socio tenía un rol en la colaboración y los dos socios sabían, en terreno común, la manera ideal en que esos roles debían desempeñarse para el éxito conjunto. Porque los socios entendían que los dos eran necesarios para el éxito conjunto y porque sabían que los ideales de rol eran independientes del agente e intercambiables, surgió un sentido de equivalencia entre socios (yo-otro) desde una «visión de conjunto».
- Las actividades colaborativas de los humanos primigenios tuvieron lugar en el contexto de la elección de socio, en el cual los socios potenciales evaluaban a los otros por su capacidad para cooperar. A diferencia de los grandes simios, los primeros individuos humanos sabían que estaban siendo evaluados por otros, y en efecto podían revertir los roles y simular las evaluaciones de otros, así que conocían su valor como socios para los otros. En combinación con el sentido de equivalencia del socio, esto llevó a un sentido de respeto mutuo entre socios. Al excluir a los aprovechados, los socios también —de nuevo, en combinación con el sentido de equivalencia del socio— desarrollaron un sentido del merecimiento igual entre socios, no de los aprovechados, para recibir una porción igual del botín. Tratar a los otros como socios igualmente merecedores

convirtió a los primeros individuos humanos en agentes de segunda persona con identidades cooperativas.

- Los humanos primigenios podían usar su agente común «nosotros» para hacer un compromiso conjunto para autorregular la actividad colaborativa. Este compromiso conjunto se creó a través de la interpelación de segunda persona de la comunicación cooperativa y aseguró que los dos socios persistirían a través de las distracciones y tentaciones, hasta que los dos recibieran lo que merecían. Las desviaciones en la ejecución del ideal del rol recibían una protesta de segunda persona, que pedía respetuosamente que el que se había desviado se autocorrigiera, cosa que él tenía que hacer para mantener su identidad cooperativa de socio virtuoso. El individuo se autocorregía no solo por miedo al castigo sino porque la protesta era legítima (merecida), ya que venía de «nosotros» en nuestras identidades cooperativas. Internalizar este proceso llevó a cada uno de los socios a tener un sentido de responsabilidad de segunda persona hacia el otro y culpa de segunda persona cuando no cumplía con su responsabilidad. Todo este modo «nosotros > yo» de autorregulación constituía una forma radicalmente nueva de racionalidad cooperativa, en el sentido de que cada socio cedía libremente parte del control personal sobre sus acciones al agente conjunto del cual él era parte constitutiva. El resultado: dos agentes de segunda persona autorregulando su colaboración a través de ideales normativos mutuamente acordados e imparciales.
- En algún momento, los humanos modernos empezaron a vivir en grupos culturales más grandes, más cohesionados y estructurados tribalmente, que competían con otros grupos semejantes por recursos (al menos cien mil años antes del presente). Esto llevó a una mentalidad de grupo diferente, en la cual los individuos sabían que eran dependientes del grupo más de lo que el grupo dependía de ellos, así que se ajustaban a sus restricciones. La interdependencia de los miembros del grupo los llevó a ser especialmente empáticos y leales unos

con otros, pero desconfiados y nada colaboradores con los bárbaros de fuera del grupo.

- Todas las interacciones de los humanos modernos estaban estructuradas por la intencionalidad colectiva, a la que subyacía un sentido de terreno común cultural. El resultado fueron las prácticas culturales convencionales —todo desde hacer una lanza hasta criar niños—, las cuales, en teoría, eran llevadas a cabo de la misma manera ideal por cualquier individuo culturalmente competente. Los roles en estas prácticas —análogos a los roles individuales en una colaboración diádica— eran, por tanto, independientes del agente, y el rol de ser simplemente un miembro contributivo del grupo llevó a un sentido de justicia distributiva que era, por lo menos en teoría, completamente imparcial dentro del grupo. Esta nueva manera de operar creó las condiciones para que los individuos construyeran una visión del mundo completamente independiente del agente, objetiva e imparcial, lo que produjo, entre otras cosas, una objetivación de los ideales de rol en las maneras buena y mala de hacer las cosas.
- Los procesos de control social de los humanos modernos —como transformaciones de la protesta de segunda persona de los primeros individuos humanos— se manifestaron en sus normas e instituciones sociales. Los individuos nacían en esta realidad cultural preexistente, que era presentada a ellos casi siempre en la voz de un lenguaje normativo genérico —como en «debe hacerse así» o «esta es la manera correcta de hacerlo»— que parecía venir no del hablante como individuo, sino de un mundo objetivo de hechos y valores objetivos. Este mundo objetivo de bien y mal fue traspasado a los individuos por sus venerados ancestros en la cultura. Cumplir con las aspiraciones positivas encarnadas en estos valores era ser virtuoso, y no cumplirlas era debilitar la racionalidad cooperativa de nuestra vida cultural y también la propia identidad cultural y moral.
- Los individuos humanos modernos no solo crearon compromisos conjuntos con socios para autorregular la díada; también se

adhirieron a los contratos sociales que ya existían en su cultura (esto es, sus normas e instituciones) y los usaron para autorregularse. De nuevo, hicieron esto no solo por miedo al castigo sino por respeto a la legitimidad de estas estructuras sociales supraindividuales con las que se identificaban, en efecto, como coautores. El sentido de obligación para actuar de acuerdo con el grupo cultural de uno representaba, entonces, otra forma más, ampliada, de racionalidad cooperativa: la racionalidad cultural no solo de la agencia conjunta sino de la agencia cultural. La autorregulación del «nosotros > yo» en los humanos modernos tomó, por tanto, la forma de un autogobierno moral: el individuo que respetaba e internalizaba los valores objetivos del grupo —al mismo tiempo que los cuestionaba y, cuando era apropiado, ofrecía su «apoyo reflexivo»— como parte de su identidad moral. El individuo buscaba mantener su identidad moral frente al comportamiento discrepante mediante interpretaciones y justificaciones creativas de ese comportamiento afincadas en los valores compartidos del grupo cultural, o desplegando culpa de maneras que se identificaran con los juicios morales del grupo.

- En algún momento, los diferentes grupos culturales comenzaron a crear convenciones, normas e instituciones algo diferentes, y los grupos con versiones más efectivas les ganaron a otros grupos (selección del grupo cultural, con coevolución genético-cultural para seleccionar a los individuos cooperativos), y el proceso se intensificó en las sociedades civiles con leyes codificadas y religión organizada.

La hipótesis de la interdependencia para la evolución de la moralidad humana tiene que ver, pues, con los mecanismos psicológicos próximos que surgieron en apoyo a los modos de vida nuevos, interdependientes y cooperativos de los primeros humanos y los humanos modernos, los cuales, claro está, tuvieron su punto de partida evolutivo en los modos de vida ya muy sociales de los grandes simios. La Ilustración 5.1 presenta un resumen gráfico altamente

| | Cooperación<br>-En el contexto de la competencia | | Moralidad de segunda persona<br>- Búsqueda de alimento colaborativa y obligada con elección de socio -Aprox. 400 000 años antes del presente | | Moralidad «objetiva»<br>- Vida en una cultura -Aprox. 100 000 años antes del presente |
|---|---|---|---|---|---|
| Prosociabilidad | Empatía | → | Preocupación | → | Lealtad de grupo |
| Cognición | Intencionalidad individual | → | Intencionalidad conjunta<br>- Equivalencia del socio<br>- Ideales de rol específico | → | Intencionalidad colectiva<br>- Independencia del agente<br>- Bien y mal objetivos |
| Interacción social | Dominio | → | Agencia de segunda persona<br>- Respeto y merecimiento mutuo<br>- Protesta de 2P (legítima) | → | Agencia cultural<br>- Justicia y mérito<br>- Imposición de la norma por 3P |
| Autorregulación | Autorregulación conductual | → | Compromiso conjunto<br>- Identidad cooperativa<br>- Responsabilidad de 2P | → | Autogobierno moral<br>- Identidad moral<br>- Obligación y culpa |
| Racionalidad | Racionalidad individual | → | Racionalidad cooperativa | → | Racionalidad cultural |

**Ilustración 5.1.** Resumen de la hipótesis de la interdependencia para la evolución de la moralidad humana. (2P, de segunda persona; 3P, por parte de terceros)

esquemático de la explicación total. Las flechas buscan reflejar las transformaciones cualitativas genuinas que sufre una manera de hacer las cosas para transformarse, por medio de procesos de selección natural y social —y quizás en algunos casos por medio de creación cultural y aprendizaje—, en un modo diferente de hacerlas.

Pero más allá de esta descripción, la meta más ambiciosa de esta propuesta es ofrecer una explicación, una explicación evolutiva, de la forma en que la especie humana transformó la cooperación estratégica de los grandes simios en una moralidad humana genuina. Ya que las explicaciones evolutivas presuponen que los individuos actúan, por lo general, para aumentar su propia aptitud reproductiva, la idea de una selección natural que produce individuos genuinamente morales —que se preocupan por el bienestar de otros, que ven las preocupaciones de otros como iguales a las propias y que ceden el control de sus acciones individuales a un agente plural autorregulador «nosotros»— puede parecer como sacar un conejo de un sombrero de copa (como lo dijo un reseñador). Pero la evolución saca conejos de sombreros todo el tiempo, en el sentido de que produce novedades evolutivas todo el tiempo, así que el reto es especificar cómo lo hizo en este caso.

El concepto teórico más fundamental es, claro está, el concepto de interdependencia. Hemos afirmado que, mientras que la reciprocidad (directa y/o indirecta) puede ser una descripción adecuada de ciertos patrones de comportamiento en términos de un análisis costo-beneficio, esta no es de gran ayuda para explicar la psicología moral humana. Más que concentrarse en las interacciones sociales en términos de costos y beneficios objetivos para los actores involucrados, es mucho más útil, diríamos nosotros, enfocarse en las dependencias entre los actores involucrados y, por lo menos para nuestros propósitos, en cómo los actores entienden esas dependencias. La dependencia es la manera normal en que los biólogos evolutivos conceptualizan las interacciones entre especies diferentes, en términos de varias clases de simbiosis (por ejemplo, los parásitos y comensales dependen asimétricamente de sus anfitriones, mientras que los simbiontes dependen unos de otros simétricamente), y la noción de interdependencia simplemente adopta esta manera de conceptualizar las cosas para individuos conespecíficos dentro de un grupo social. Esta conceptualización de la dependencia evita los múltiples y bien conocidos problemas del altruismo recíproco (específicamente, los efectos perjudiciales de hacer trampa) y, afirmamos nosotros, también ofrece un marco amigable para explicar los orígenes evolutivos de la psicología moral humana.

Lo hace de dos maneras principales. Primero, la conceptualización de la dependencia hace que la preocupación de los individuos por el bienestar de otros, y su disposición a ayudarlos, sea una parte natural de la vida social. Al ver las cosas de esta manera, el proceso psicológico no es que el individuo cooperador esté reciprocando, en el sentido de estar pagándole a otro individuo por una acción pasada; más bien, el individuo cooperador está invirtiendo, con miras al futuro, en el bienestar de un individuo del cual él depende. Obviamente, como se explicó en el capítulo 2, en esto hay matemáticas involucradas, de modo que los individuos no pueden exagerar el autosacrificio —así como no pueden exagerar el autosacrificio para ayudar a los parientes— y, claro, el hecho es que el individuo termina beneficiándose a largo plazo. Algunos teóricos pueden concluir que no debemos pensar, entonces, que el comportamiento de ayuda basado en la interdependencia expresa preocupación por el bienestar de los otros. Pero esto es confundir los niveles evolutivo y psicológico del análisis; al nivel psicológico, la preocupación es totalmente genuina en muchos casos.

Intentemos, pues, mantener los niveles evolutivo y psicológico claramente aparte. Si nos concentramos en el caso humano, hay muchas situaciones en las que los individuos entienden la lógica de la interdependencia bastante bien y por tanto ayudan a otros estratégicamente (y esto sería, claro está, adaptativo también en el nivel evolutivo). Por ejemplo, un individuo podría ayudar a su socio colaborativo porque sabe que esto refuerza el progreso hacia su meta conjunta, o puede tratar de ayudar a un individuo que sabe que es importante para su aptitud física (por ejemplo, una pareja), o con quien es importante mantener una buena reputación. Al yuxtaponer los términos de los niveles psicológico y evolutivo, podemos decir, entonces, que tales comportamientos son *estratégicos-adaptativos*, ya que sirven al yo, y por tanto no son morales, en ambos niveles. Pero hemos afirmado y presentado evidencia de que en muchas instancias incluso niños pequeños ayudan a otros basados en una preocupación genuina por su bienestar, sin ningún cálculo estratégico en el nivel psicológico. Estos son los casos que la mayoría de la gente consideraría que encarnan algo como una moralidad de empatía. Si en efecto el origen evolutivo de tal preocupación y ayuda es la interdependencia, entonces estos comportamientos tienen, de hecho, un pago adaptativo para el individuo, aunque este no lo sepa. Si yuxtaponemos en este caso los términos psicológicos y evolutivos, podemos decir que esas acciones son *morales-adaptativas*, en el sentido de que el individuo está ayudando basado en un sentimiento genuino de preocupación empática, aunque, sin saberlo, hay una recompensa adaptativa. El primer modo en que la interdependencia ayuda a explicar los orígenes evolutivos de la psicología moral humana, por tanto, puede considerarse como una versión de lo que algunos han llamado un «error», en el sentido de que el individuo cree estar actuando por una preocupación genuina por el otro aunque, a nivel evolutivo, él termina beneficiándose. En cualquier caso, vemos aquí acciones en las que la psicología es genuinamente moral sin tener en cuenta ningún pago evolutivo.

El segundo modo en que la interdependencia ayuda a explicar los orígenes evolutivos de la psicología moral humana es más indirecto, y no se basa en un error sino, más bien, en una evaluación racional del modo como son las cosas. El paso inicial fue que los primeros humanos desarrollaron un conjunto nuevo de habilidades cognitivas para coordinar sus actividades colaborativas y después, más tarde, culturales: la intencionalidad compartida. Debido a la estructura dual de las actividades de intencionalidad compartida —el «nosotros», en el nivel más alto, está en control del «tú» y el «yo» (definidos en perspectiva) en el nivel de abajo— los participantes desarrollaron un entendimiento de terreno común sobre cómo había que desempeñar cada rol en una actividad de intencionalidad compartida para tener éxito compartido, sin importar quién desempeñaba ese rol. La participación en actividades de intencionalidad compartida también conllevaba que los participantes tomaran la perspectiva del otro y, de hecho, trataran de manipular la perspectiva de cada uno a través de actos de comunicación cooperativa. Como parte integral de operar con ideales de rol independientes de las personas, entonces, los individuos desarrollaron un sentido de equivalencia entre los participantes —o yo-otro— en la actividad colaborativa o cultural, visto desde una perspectiva «de conjunto». La inversión de roles que conllevaba esta conceptualización de una actividad colaborativa o cultural significaba que los participantes podían —quizás incluso sin poder evitarlo— monitorear y evaluar el propio desempeño del rol, del mismo modo en que monitoreaban y evaluaban el de otros.

El punto es que las habilidades cognitivas de intencionalidad compartida (incluida la comunicación cooperativa) son adaptaciones evolucionadas, que capacitan a los individuos para coordinar mejor sus actividades colaborativas y culturales (Tomasello, 2014). Estas habilidades no tienen que ver directamente con la moralidad; más bien, estructuran el modo en que los individuos entienden sus interacciones colaborativas y a quienes participan en ellas. Nuestro argumento es que, cuando los primeros individuos humanos empezaron a interactuar con otros en el contexto de elección del socio, en algún momento ya estaban equipados con una nueva comprensión de la equivalencia yo-otro, y esto llevó a algo radicalmente nuevo en el mundo natural. Como interactuaban en un mercado biológico relativamente igualitario, al individuo le convenía no tolerar que se aprovecharan de él ni aprovecharse desmedidamente de otros. Por sí solo, esto generaría simplemente un equilibrio de poder. Pero en combinación con una conceptualización ya desarrollada de la equivalencia yo-otro —los socios colaborativos (pero no los aprovechados) como participantes igualmente importantes para el éxito instrumental e igualmente evaluables con los mismos estándares ideales—, el respeto empezó a tener que ver no con el poder sino con algo como el «merecimiento»: si somos equivalentes en el proceso colaborativo, entonces *merecemos* igual tratamiento y beneficios.

Y así ha salido del sombrero la primera pata del conejo. Una situación que otros primates percibirían como constituida por el poder, fue percibida por los primeros individuos humanos como si estuviera constituida por algún tipo de estatus —en efecto, estatus igual—, en términos de respeto y merecimiento (el respeto de reconocimiento de Darwall [1997]). El responsable de esta transformación conceptual fue un entendimiento de la equivalencia yo-otro entre socios, desarrollada como un juicio puramente cognitivo en el contexto de intentos por coordinar las actividades colaborativas. Llegar a percibir y tratar a los otros con respeto, como agentes de segunda persona igualmente merecedores, fue, pues, un resultado conjunto de las condiciones socio-interactivas especiales —en particular la elección de socio con ciertos parámetros— y de las capacidades cognitivas especiales previamente desarrolladas para otras funciones. Si el concepto moral fundamental aquí es «merecimiento» —con un individuo que siente resentimiento por no ser tratado con el respeto que merece—, entonces este «merecimiento» fue habilitado por los primeros pálpitos humanos de una perspectiva imparcial que, para repetir, se desarrolló con propósitos puramente de coordinación. Para seguir con nuestra convención de acuñar términos que indiquen simultáneamente los niveles evolutivo y psicológico, podemos etiquetar la creación de agentes de segunda persona igualmente merecedores como *moral-estructural.* El término *estructural* indica que, a nivel evolutivo, esta dimensión de la moralidad humana no fue seleccionada originalmente para servir en esta función: nació en servicio de otras funciones. Desde luego, esto no funcionaría si el reconocimiento de la equivalencia yo-otro fuera inaceptable en los contextos socio-interactivos que estamos considerando, pero fácilmente podría ser una «enjuta» sin valor, que estructurara cognitivamente esos conceptos.

También podemos caracterizar los orígenes evolutivos de los sentidos humanos de compromiso, responsabilidad, obligación y legitimidad como morales-estructurales. El contexto socio-interactivo para hacer un compromiso conjunto o colectivo es reducir el riesgo de la empresa colaborativa, y así los socios «acuerdan» que su agente plural co-construido autorregulará su agencia conjunta o colectiva («nosotros > yo»). Estar de acuerdo con esta clase de autorregulación, claro está, tiene una dimensión estratégica —no estar de acuerdo sería poner en riesgo el propio estatus como un socio cooperativo atractivo— pero al mismo tiempo tiene una dimensión moral. Esta es que los participantes ven la autorregulación del agente plural, incluyendo cualquier sanción que pueda imponer, como legítima (merecida), así que es parte de las identidades cooperativa o moral de los participantes. Este sentido de legitimidad está basado en la imparcialidad de la manera en que funciona —acordamos sancionar a cualquiera de nosotros que no esté a la altura de los ideales de rol (bajo cierto «velo de ignorancia»)— y en la posibilidad concomitante de hacer evaluaciones con inversión de roles, de modo que los individuos no puedan dejar de evaluarse ellos mismos imparcialmente, de la misma manera en que evalúan a los otros. Tanto la imparcialidad del compromiso conjunto como esta evaluación con inversión de roles están, en últimas, basadas una vez más en un sentido de equivalencia yo-otro. Este modo de pensar y operar constituye una nueva clase de racionalidad cooperativa basada no solo en el éxito instrumental sino, también, en un sentido de equidad en los tratos de uno con los otros y viene —porque todavía es una forma de racionalidad y toma de decisiones— con un sentido normativo de obligación hacia el socio o compañero de cumplir con nuestros ideales compartidos. Así, una vez más, tenemos una escena socio-interactiva estructurada por un modo preexistente de conceptualizar tanto al yo como a los otros desde un tipo de perspectiva imparcial «de conjunto», de modo que podemos referirnos a todo esto, de nuevo, como moral-estructural.

Y finalmente, también podemos caracterizar como morales-estructurales casi todos los elementos en el paso de los humanos modernos de una moralidad natural de segunda persona a una moralidad cultural «objetiva». Resulta muy importante resaltar que la objetivación de los valores subyacentes a las normas sociales como valores de bien y mal —la característica más distintiva de la psicología moral de los humanos modernos— fue resultado de procesos de intencionalidad colectiva, en los cuales la equivalencia yo-otro y la evaluación con inversión de roles características de los humanos primigenios se ampliaron hasta convertirse en un pensamiento totalmente independiente del agente y en juicios morales imparciales vistos desde «ninguna parte», sin perspectiva. La intencionalidad colectiva de los humanos modernos comprendía adaptaciones cognitivas que facilitaban la habilidad de los individuos para funcionar efectivamente en un mundo con mentalidad de grupo y prácticas, normas e instituciones culturales convencionales, de modo que no era en sí misma una clase de motivación o juicio moral. Y sin habilidades cognitivas de intencionalidad colectiva, no podía haber procesos de autorregulación moral como el apoyo reflexivo de las decisiones morales y el sentido de culpa plenamente manifiesto. Por lo tanto, podemos decir, de nuevo, que la objetivación de los valores instrumentales subyacentes a las prácticas culturales y normas sociales como juicios morales de bien y mal fue moral-estructural.

Una implicación importante de esta manera de ver las cosas es que la moralidad no es un dominio de actividad con una historia evolutiva aislada; no es un módulo (sea eso lo que sea). Más bien es un resultado complejo de muchos procesos diferentes, cada uno con su propia historia evolutiva. La moralidad humana es la manera en que los humanos han llegado a interactuar unos con otros en el contexto de ciertas nociones cognitivas sobre cómo funciona el mundo, incluida la agencia plural. Tratar a los otros como igualmente mecedores que uno al dividir justamente los recursos, o castigarse uno mismo de igual manera a como castigaría a otros por violar una norma social, refleja una moralidad genuina que emana de la percepción del individuo mismo como equivalente a los otros en aspectos relevantes, esto es, desde un punto de vista imparcial. De esta manera, nuestra explicación evita el espectro de la selección natural que favorece a los individuos que están motivados a subordinar o igualar evolutivamente sus propios intereses con los de otros. Aquí los individuos actúan, en cambio, con un tipo de racionalidad cooperativa basada en un reconocimiento preciso de la realidad social, y esto es por lo menos viable a nivel evolutivo gracias a la sociabilidad interdependiente de los individuos humanos. Podemos resumir la estructura teórica general de la hipótesis de la interdependencia en la Ilustración 5.2.

Y ahora el conejo ha salido completamente del sombrero y el sentido mágico es palpable. No hemos explicado completamente ninguno de los componentes de esta explicación y hay una buena cantidad de especulación cuando llegamos a los detalles evolutivos, y en algunos casos se supone básicamente que ciertas condiciones (por ejemplo, un mercado biológico de cierto tipo) harán que todo funcione.

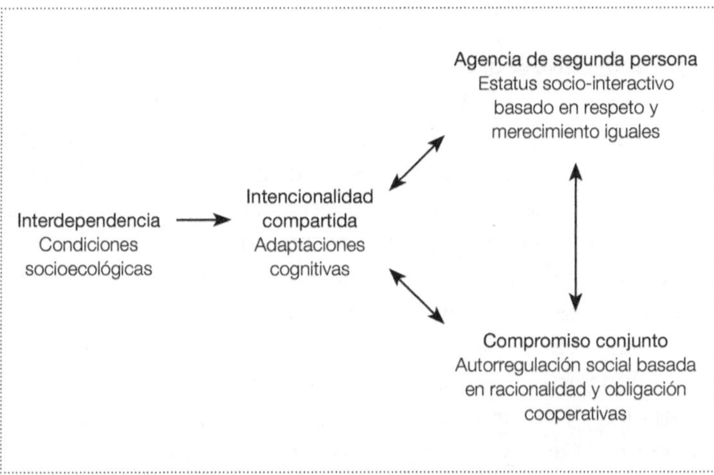


**Ilustración 5.2.** Estructura teórica general de la hipótesis de la interdependencia. Se intenta usar terminología neutra entre los dos pasos evolutivos, pero en muchos casos no se ha introducido ningún término abarcador para esta función. Así, para los propósitos actuales, *agencia de segunda persona* incluye agencia cultural, *compromiso conjunto* incluye compromiso colectivo, *racionalidad cooperativa* incluye racionalidad cultural y *obligación* incluye responsabilidad de segunda persona. *Interdependencia* e *intencionalidad compartida* no son fenómenos morales, pero cuando tienen lugar cierto tipo de interacciones cooperativas a raíz de su evolución, el resultado es individuos que se ven unos a otros con respeto y merecimiento iguales y que sienten una obligación de cumplir con los compromisos sociales que ellos han hecho (o afirmado) unos con otros.

Pero dado que lo que estamos intentando aquí es una reconstrucción imaginativa de eventos históricos de hace muchos miles de milenios —con casi ningún artefacto u otra información paleoantropológica que ayude— esto va a tener que servir por ahora. Lo que hemos intentado en esta discusión final es, simplemente, ofrecer un recuento explicativo muy general para mostrar que los seres genuinamente morales, que están genuinamente preocupados por el bienestar de otros y que sienten genuinamente que los intereses de otros son en algún sentido iguales a los propios, pueden, posiblemente, haber surgido durante el curso de la historia natural humana, sin violar ninguno de los principios básicos de la evolución por medio de la selección natural.

## El rol de la ontogenia

En nuestros dos pasos o peldaños evolutivos, los niños se convierten en seres morales solo gradualmente y dentro de un contexto social. Pero las adaptaciones biológicas pueden expresarse en la ontogenia de miles de maneras, involucrando el contexto social en miles de maneras (incluso sin ninguna manera), de modo que todavía nos quedan las preguntas sobre el proceso ontogenético.

Como solo un enfoque sobre estas preguntas, podemos considerar el desarrollo moral de los niños contemporáneos, sobre los cuales hay gran cantidad de investigación empírica (un conjunto selecto de la cual se cita aquí). Primero, a pesar de la perspectiva evolutiva de nuestro enfoque, no hay duda de que los niños contemporáneos aprenden culturalmente de los adultos la mayoría del comportamiento moral y de que muchas de sus actitudes y juicios morales son internalizados de interacciones en las cuales los adultos articulan y hacen cumplir normas sociales. Evidencia de esto son las múltiples diferencias culturales bien documentadas en el comportamiento y los juicios morales de niños que crecen en culturas diferentes, algunas de las cuales hemos reseñado aquí, y las investigaciones de Shweder *et al.* (1987), Haidt (2012) y otros han demostrado las diferentes sensibilidades morales de las personas que llegan a la madurez en contextos culturales y religiosos diferentes.

Pero las mascotas domésticas que crecen en estos mismos contextos religiosos y culturales no se convierten por eso en seres morales. Y así, segundo, no hay absolutamente ninguna duda de que los niños están biológicamente preparados para el proceso. En su análisis de la evolución de la moralidad humana, Joyce (2006, p.137) hace énfasis en este hecho problematizando el rol potencial del ambiente social: «Es intrigante lo que *podría haber* en el ambiente —incluso un ambiente rico y variado— para que un mecanismo de aprendizaje generalizado se aferrara con el fin de desarrollar la idea de transgresión moral [...] Adminístrense tantas golpizas punitivas como se quiera a una inteligencia de propósito general: ¿en qué momento enseña esto por sí solo la idea de una *transgresión moral*?» Como siempre en los análisis de desarrollo, la pregunta es cómo se expresan las adaptaciones biológicas en contextos de ambientes particulares durante el tiempo ontogenético.

Hemos intentado especificar aquí aspectos claves de la preparación biológica de los humanos para convertirse, durante un proceso ontogenético extendido, en seres morales. Al aplicarla específicamente a la ontogenia, la propuesta de Tomasello y Vaish (2013) es que, a pesar de algunas diferencias importantes, los niños contemporáneos pasan de hecho a través de dos etapas de desarrollo parecidas a las que hemos propuesto aquí para la filogenia. El capítulo 3 citó unos estudios que mostraban que niños pequeños de uno a tres años se comportan moralmente con otros individuos en una variedad de circunstancias: les ayudan espontáneamente y esta ayuda está motivada intrínsecamente (Hepach *et al.*, 2012); comparten con otros, y cuando están colaborando con otros, comparten con sus compañeros igualitariamente, incluso si esto significa renunciar a algún recurso para ellos (Hamann *et al.*, 2011); dan señas de cumplir y esperar que los otros cumplan los compromisos conjuntos, incluso al punto de reconocer abiertamente cuando ellos rompen alguno (Hamann *et al.*, 2012; Gräfenhain *et al.*, 2009); por lo menos a veces, los niños de uno a tres años se comportan hacia otros con empatía y sentido de equidad;

tienen una moralidad natural de segunda persona, que surge cuando interactúan con otros en los tres primeros años de vida.

Claro que los niños contemporáneos de uno a tres años difieren significativamente de los humanos primigenios del primer paso de nuestra historia evolutiva. Los niños contemporáneos nacen en un mundo cultural y tienen las habilidades y motivaciones de los humanos modernos para imitar y aprender culturalmente, lo cual incluye la capacidad de ajustarse a las acciones e imperativos de otros. No obstante, nuestra afirmación es que, antes de los tres años, los niños pequeños no entienden todavía las normas sociales como las expectativas compartidas de «nuestro» grupo social. Es decir, a pesar de la tendencia a seguir los imperativos de otros (que esos otros pueden entender como normas sociales), los niños pequeños solo entienden las normas sociales *per se* después de los tres años. La evidencia está en el hecho de que solo después de esa edad, los niños comienzan por primera vez a hacer cumplir las normas sociales a los otros. Esta imposición de la norma por parte de un tercero es lo que expresa el sentido de identidad cultural del niño, según el cual «nosotros» debemos hacer todas las cosas de la manera correcta (y asegurarnos de que los otros también las hagan; Schmidt y Tomasello, 2012). El hecho de que los niños se entiendan a sí mismos como miembros de un grupo *per se* —basados en cosas como la semejanza física y de comportamiento (y en contraposición a diferenciar simplemente a las personas familiares de las personas extrañas)— y muestren lealtad al grupo solo después de los tres años de edad constituye evidencia adicional de esto (Dunham *et al.*, 2008). Por tanto, nosotros diríamos que los niños pequeños comienzan a ser parte de una moralidad cultural, con mentalidad de grupo y basada en una identidad cultural, solamente después de los tres años de edad.

Por lo tanto, en este segundo paso del desarrollo, que comienza a los tres años de edad, es cuando se vuelven críticos los tipos específicos de interacciones sociales y culturales y la instrucción de los adultos en la cultura. Primero que todo, desde luego, los niños deben aprender de los adultos las normas morales y convencionales específicas de su cultura; eso está claro. Adicionalmente, sin embargo, hay una rica historia de investigación acerca de las prácticas de socialización que alientan a los niños a internalizar estas normas y comenzar así a tomar decisiones cooperativas y morales por sí solos, basados en estas normas (véase Turiel, 2006, para una reseña comprehensiva). Un hallazgo clave es que los estilos de paternidad más autoritarios llevan a menor internalización de los valores y, por tanto, a un seguimiento de normas más estratégico; mientras que una paternidad más inductiva, concentrada en ofrecer a los niños razones para sus actos, lleva a una mayor internalización de valores y, así, a más autorregulación moral (Hoffman, 2000).

Pero siguiendo a Piaget (1932/1997), quizás es todavía más importante lo que los niños aprenden a partir de las interacciones con sus compañeros. En consonancia con nuestro análisis, según el cual seguir las normas sociales es un asunto que tiene que ver única y exclusivamente con la conformidad o capacidad de ajustarse, Piaget afirma que ajustarse a las normas basadas solo en la autoridad adulta y el miedo al castigo es meramente un acto de prudencia. Para desarrollar una moralidad genuina se necesita algo más. Piaget dice que la instancia en la cual los niños desarrollan conceptos y actitudes genuinamente morales es la interacción con sus compañeros, individuos con igual poder y con quienes es necesario discutir y negociar en condiciones de igualdad. Para ponerlo en nuestros términos, los niños pueden aprender a relacionarse con otros como agentes de segunda persona igualmente merecedores solo mediante la interacción con otros que sean de hecho iguales. Y así, es en las interacciones con sus compañeros, pero no gracias a la instrucción de los adultos, que los niños aprenden a resolver conflictos morales aplicando creativamente las actitudes morales de empatía y equidad que están desarrollando naturalmente. Y es en las interacciones con sus compañeros, pero no debido a la instrucción de los adultos, donde pueden aprender a resolver conflictos entre las diferentes normas sociales y a crearse así una identidad moral personal. En concepto de Piaget, y en el nuestro, obedecer a la autoridad es una cosa, pero preocuparse por otros y aprender a tratarlos con respeto y equidad es otra, y esto solo puede venir de la interacción con compañeros.

La moralidad es cómo resolvemos las cosas con otros por medios *distintos* al poder y la autoridad, y aunque tengamos algunas pistas de generaciones previas, al final somos nosotros, los de esta generación actual, los que debemos negociar nuestras propias relaciones morales.

En general, el pronóstico de nuestra explicación sería que, antes de los tres años, los niños pequeños de todas las culturas humanas son muy similares en términos de cooperación y moralidad, y solo después de los tres años se comenzarán a identificar con las normas sociales particulares de su grupo cultural y construirán así una moralidad cultural. El problema es que hay muy pocos estudios transculturales del comportamiento social de los niños antes de los tres años. Una excepción notable es el estudio de Callaghan *et al.* (2011), que llevó a cabo una serie de experimentos con niños de una cultura occidental industrializada y dos culturas tradicionales de pequeña escala (en India y Perú). En tareas de ayuda y colaboración, encontraron comportamientos similares en edades similares en las tres culturas. Este patrón es por lo menos consistente con nuestras predicciones. Apoyo adicional para esta hipótesis de la trayectoria en el desarrollo lo provee la investigación transcultural sobre justicia distributiva al compartir los recursos (véanse reseña y citas en el capítulo 4), en la cual niños de distintas culturas comienzan siendo más similares y después gradualmente empiezan a seguir las normas de su cultura más allá de la etapa de desarrollo. Como corolario, también planteamos la hipótesis de las crecientes diferencias transculturales más allá de la etapa de desarrollo, basada no solo en el contenido diferente de las distintas normas culturales sino, también, en la manera en que los diversos estilos de paternidad o interacciones con compañeros alientan la internalización de los valores morales en distintos grados.

Los seres humanos desarrollan, pues, a lo largo de sus ontogenias individuales una variedad de habilidades, emociones, motivaciones, valores y actitudes —algunos heredados biológicamente, algunos heredados culturalmente y algunos construidos individualmente— que influyen en la toma de decisiones morales de maneras importantes. Pero aun así, los individuos no están determinados ni por su biología ni por su cultura para actuar de un modo particular en ninguna ocasión particular; en efecto, en muchas situaciones complejas no hay una solución óptima que la biología o la cultura pudieran haber anticipado. No, para bien o para mal, no hay posibilidad distinta a que los seres humanos —como quiera que estén equipados biológica y culturalmente— tomen sus propias decisiones morales.

# Conclusión

*Las ideas éticas, dentro de cualquier sociedad humana, surgen en la conciencia de los miembros individuales de esa sociedad por el hecho de la dependencia social común de todos estos individuos unos de otros.*

George Herbert Mead, *Mind, Self, and Society*

Muy a menudo en las ciencias sociales el individuo humano se presenta como un maximizador racional, un *homo economicus*, motivado exclusivamente por la posibilidad de ganancias personales concretas. Este modelo psicológico se basa explícitamente en las supuestas motivaciones y comportamiento de individuos que actúan dentro de un mercado capitalista. Pero es claro que, en la visión más amplia de la evolución e historia humanas —comenzando con las sociedades igualitarias y comunales de los cazadores-recolectores que caracterizaron la especie durante el primer 95 por ciento de su existencia—, los mercados capitalistas son instituciones culturales cooperativas. Se crean mediante un conjunto de convenciones y normas cooperativas en las que los individuos acuerdan seguir un conjunto de reglas que, de cierta forma paradójica en este caso, los empoderan en ciertos contextos para ir tras las ganancias personales excluyendo todo lo demás. Las reglas que empoderan el interés propio individual en los mercados capitalistas son, pues, como las reglas que empoderan el interés propio de un jugador de tenis para derrotar a su oponente, dentro del contexto de las reglas cooperativas que constituyen el juego en primer lugar, claro está. Solo si se pasa por alto el contexto cultural-institucional del comportamiento humano puede uno pensar erradamente que el coche competitivo está dirigiendo al caballo cooperativo.

Pero una explicación del comportamiento humano afincado en la evolución, tal como esta, ¿debe tomar el interés propio individual como primario, muy anterior y mucho más fundamental que la interacción social cooperativa? Pues, sí y no. La lógica de la selección natural, claro está, estipula que los organismos hacen cosas que aumentan, o por lo menos no disminuyen, su aptitud reproductiva. Eso puede llamarse interés propio. Pero lo que normalmente llamamos interés propio es un individuo que hace una elección activa para favorecerse por encima de otros. La vasta mayoría de las formas de vida en el planeta Tierra no están haciendo esta elección. Simplemente están actuando instrumentalmente hacia sus metas y esto significa, para animales exitosos, que esas metas son compatibles con su supervivencia y su reproducción continuas. Pero no tienen mecanismos psicológicos que especifiquen que deben favorecerse por encima de otros; ese asunto sencillamente no tiene lugar. Decir que están actuando por interés propio es confundir la causalidad última con el mecanismo próximo.

Pero para algunos animales socialmente complejos, incluidos los primates y quizás otros mamíferos, el asunto del interés propio sí tiene lugar. Hemos afirmado y presentado evidencia de que los grandes simios, en algunas ocasiones limitadas, favorecerán a otros por encima de sí mismos. Puede haber una explicación evolutiva para este comportamiento en términos de alguna clase de pago, pero el organismo actuante no sabe nada de este pago; está simplemente, por ejemplo, ayudando a su amigo al asearlo o al unirse a él en una pelea, porque es su amigo. Pero también hemos afirmado y presentado evidencia de que en otras ocasiones los grandes simios pueden favorecerse a sí mismos por encima de otros, por ejemplo, al acaparar un recurso aun cuando saben que otro individuo también lo quiere. En este enfoque sobre los mecanismos psicológicos próximos, solo algo como esto puede llamarse de interés propio. En general, debido a que existe una importante evidencia experimental de que los grandes simios a menudo hacen cosas para beneficiarse ellos mismos por encima de otros (incluso cuando saben que así están frustrando el objetivo de otro individuo), podemos decir que los grandes simios actúan con frecuencia, tal vez con mayor frecuencia, movidos por el interés propio.

Obviamente, los humanos también tienen la capacidad de actuar por interés propio y a menudo lo hacen. Pero hemos afirmado y presentado evidencia de que, muy a menudo también, incluso los niños pequeños se preocupan genuinamente por el bienestar de otros sin cálculos estratégicos: ayudan a otros a alcanzar sus metas, comparten recursos muy igualitariamente, hacen compromisos conjuntos y piden permiso para romperlos, actúan con miras a favorecer al «nosotros» o el interés del grupo, hacen cumplir las normas sociales a terceros presumiblemente con base en motivos con mentalidad de grupo y tienen emociones morales genuinas —desde la empatía hasta la lealtad y la culpa— que no surgen de ningún cálculo de interés propio. Estos hallazgos empíricos —y muchos otros en otras disciplinas (véase Bowles y Gintis, 2012)— sugieren que los seres humanos han evolucionado biológicamente para valorar a los otros y para invertir en su bienestar. Hemos afirmado aquí que la explicación para este hecho es que los individuos humanos reconocen su interdependencia de los otros y las implicaciones que esto tiene para su toma social de decisiones. Se han vuelto *cooperativamente* racionales porque tienen en cuenta en su toma de decisiones (1) que ayudar a los socios y compañeros siempre que es posible es lo correcto, (2) que los otros son tan reales y merecedores como ellos mismos (y este mismo reconocimiento debe esperarse de vuelta), y (3) que un «nosotros» creado por un compromiso social toma decisiones legítimas para mí y para otros individuos relevantes, lo que crea obligaciones legítimas entre personas con identidades morales en comunidades morales.

Desde el punto de vista del individuo, esto es todo muy genuino: los juicios morales del uno y del otro en la comunidad moral son, en general, legítimos y merecidos. Por tanto, podríamos decir que, si se les diera el anillo de Giges de Platón —que volvería sus actos invisibles para los otros—, la mayoría de los seres humanos adultos contemporáneos seguirían comportándose moralmente la mayoría del tiempo. Los humanos invisibles indudablemente romperían muchas normas sociales que no tienen conexión con su moralidad de segunda persona. E indudablemente se comportarían inmoralmente si sus motivaciones egoístas fueran lo suficientemente fuertes. Pero en ausencia de deseos egoístas avasalladores, los humanos invisibles ayudarían con mucha frecuencia a los otros y los tratarían igualitariamente, e incluso se sentirían culpables si no lo hicieran (suponiendo, claro está, que los vieran como parte de su comunidad moral). Y esto, según nuestra hipótesis, sería cierto para todos los individuos, en todas las comunidades morales a lo largo de todas las culturas. Lo que diferiría sería, simplemente, las formas en las cuales la gente de distintas culturas —dadas las distintas situaciones sociales e institucionales dentro de las cuales viven su vida— entendería cuáles son las maneras buenas y malas de hacer las cosas en contextos particulares y quién es considerado como parte de la comunidad moral.

Nuestra explicación se basa, pues, en los individuos y en una moralidad natural de segunda persona. Pero en el mundo contemporáneo, esta moralidad natural está incrustada en una moralidad cultural de normas sociales y estas han sido construidas en períodos históricos diferentes, para situaciones recurrentes diferentes, así que a veces entran en conflicto. Al enfrentar una situación nueva, entonces, el individuo debe crear sus propios principios morales para ayudarse a tomar partido entre estas normas y tomar decisiones que lo capaciten para preservar su identidad moral. El problema es que parece que hay dilemas morales que se presentan como una especie de cubo de Necker: parecen morales de una manera si se miran desde un ángulo, pero morales de otra manera, o incluso inmorales, si se miran desde un ángulo diferente. No tienen una solución general; simplemente representan una colisión de fuerzas morales, y el individuo debe encontrar alguna manera de armonizarlas, casi siempre suprimiendo o pasando algo por alto (Nagel, 1986, 1991). ¿Qué alternativa hay, entonces, a una explicación de la moralidad humana en términos de una heterogénea historia de adaptaciones biológicas y creaciones culturales que funcionan bien en sus respectivos «dominios propios» pero que chocan unas con otras en situaciones nuevas, que ni la naturaleza ni la cultura han podido predecir?

Es claro que mucha gente pensará que lo que hemos pintado aquí es un idealista dibujo color de rosa de la cooperación y la moralidad humanas. Donde nosotros vemos empatía y un sentido de igualdad, ellos propondrían astutas estrategias para satisfacer intereses egoístas. Cuando doy dinero a un mendigo en la calle, dirían ellos, lo que *realmente* estoy haciendo es intentar mejorar mi reputación a los ojos de otros. ¿Pero por qué el *realmente*? ¿Por qué no puedo estar haciendo las dos cosas? Nada mejor para una buena decisión de comportamiento que algo que alcance dos metas al tiempo: ayudo a la persona pobre por la que siento preocupación genuina y aumento mi reputación al mismo tiempo: beneficio para todos. El hecho de que tenga motivos estratégicos no se puede dudar, pero también tengo motivos igualitarios y generosos y siempre que es posible hago cosas para satisfacerlos simultáneamente. Y cuando entran en conflicto, muchas consideraciones determinan cuál gana, pero en cualquier situación dada, mis motivos generosos o igualitarios pueden ganar en principio, como lo demuestra la gente todos los días cuando se sacrifica por otros.

Algunas personas pensarán también que nuestra descripción de la moralidad humana es color de rosa porque la inmoralidad humana está expuesta todos los días para que todos la vean en la prensa mundial. Todos los días las personas mienten, engañan y roban para satisfacer sus motivaciones egoístas y en cualquier momento dado hay múltiples guerras en curso. Pero el hecho de que las personas mientan, engañen o roben son simples ejemplos de situaciones en las cuales, por la razón que sea, han ganado los motivos de interés propio del individuo. El mentiroso-tramposo-ladrón probablemente se sintió culpable mientras lo hacía e intentó justificarlo con interpretaciones creativas del daño que hizo (o de lo que no hizo). Más aún, sin duda este individuo debe haber hecho muchas cosas morales en otras situaciones, en otras ocasiones, y puede estar incluso cerca de ser cien por ciento moral con la familia y los amigos. Y en cuanto a las guerras, virtualmente todos los conflictos a gran escala en el mundo de hoy son entre grupos de personas que ven la situación como «nosotros» versus «ellos»; por ejemplo, un país contra otro. Además, hay muchos otros conflictos entre grupos étnicos diferentes, que por varias razones (muy a menudo por influencias externas, por ejemplo, el colonialismo) han sido forzados a coexistir bajo la misma cobertura política. De nuevo, estos son ejemplos de conflictos del tipo «del grupo/de fuera del grupo», y de nuevo, es casi seguro que aquellos que están involucrados están haciendo muchas cosas morales con sus compatriotas en el diario vivir. Y a pesar de todo esto, sigue siendo cierto que los conflictos, así como muchos otros tipos de violencia, han disminuido históricamente (Pinker, 2011).

Una crítica final al exceso de altruismo es que hemos propuesto un sentido de equivalencia o igualdad entre las personas como fundamento de la moralidad humana. Aquellos que están acostumbrados a pensar en términos de la historia humana registrada dirán que solo con la Ilustración comenzaron los teóricos sociales de las sociedades occidentales a promover la idea de que todos los individuos eran en algún sentido iguales, con derechos iguales. Desde luego, esto es cierto en términos del pensamiento político explícito sobre el contrato social, después del surgimiento de las sociedades civiles en los últimos diez mil años. Pero las sociedades de cazadores-recolectores que existieron en el período inmediatamente anterior —más de diez veces más largo— eran, según todas las indicaciones, altamente igualitarias (Boehm, 1999). Esto no significa que esos individuos no tuvieran motivos egoístas, solo que arreglaban las cosas uno con otro de una manera mutuamente satisfactoria, basada en un respeto igual para todos los miembros del grupo cultural. Y acordémonos otra vez de que nuestra hipótesis sigue el análisis de Nagel (1970), en el cual el reconocimiento de otros como seres iguales no es una preferencia ni una motivación (como en los tratados políticos de la Ilustración) sino simplemente un reconocimiento, quizás incluso un reconocimiento no deseado, que puede o no influir en las decisiones personales que los individuos toman, o en las normas sociales que las culturas crean. En efecto, la manera principal en que las personas justifican el tratamiento inhumano hacia otros no es motivacional sino, más bien, conceptual: no los ven como realmente humanos. En general, simplemente no parece posible pensar en nada que se parezca a la moralidad humana sin individuos que reconozcan e interactúen con otros a quienes perciben necesariamente como iguales a ellos.

Es claro que la moralidad es difícil. Los seres humanos tenemos inclinaciones naturales de empatía y equidad hacia los otros, pero también a veces somos egoístas. Los otros pueden llamarnos al orden por nuestro egoísmo, castigarnos con los látigos de las normas sociales y chismosear a escondidas nuestras para arruinar nuestra reputación, y aun así a veces somos egoístas. Las violaciones a nuestra propia moralidad nos hacen sentir culpables y nos resquebrajan el sentido de quiénes somos, y aun así a veces somos egoístas. Los principios religiosos aplicados por un Dios omnisciente prometen condena eterna por violaciones morales, y las leyes gubernamentales imponen formas de condena más inmediatas y concretas en este mundo corporal, y aun así a veces somos egoístas. No, es un milagro que seamos morales y no tenía que ser así. Simplemente sucede que, en términos generales, aquellos de nosotros que tomamos principalmente decisiones morales la mayoría del tiempo tuvimos más hijos. Y así, de nuevo, simplemente debemos maravillarnos y celebrar el hecho de que, *mirabile dictu* (y a pesar de Nietzsche), la moralidad parece ser algo bueno para nuestra especie, nuestras culturas y nosotros mismos, por lo menos hasta ahora.

# Referencias


Alexander, R. D. 1987. *The biology of moral systems.* Nueva York: Aldine De Gruyter.

Alvard, M. 2012. Human social ecology. En J. Mitani, ed., *The evolution of primate societies* (pp. 141-162). Chicago: University of Chicago Press.

Bartal, I., J. Decety y P. Mason. 2011. Empathy and pro-social behavior in rats. *Science, 334*(6061), 1427-1430.

Batson, C. D. 1991. *The altruism question: Toward a social psychological answer.* Hillsdale: Erlbaum.

Baumard, N., J. B. André y D. Sperber. 2013. A mutualistic approach to morality. *Behavioral and Brain Sciences, 36*(1), 59-122.

Bergson, H. 1935. *Two sources of morality and religion.* Nueva York: Holt.

Bicchieri, C. 2006. *The grammar of society: The nature and dynamics of social norms.* Nueva York: Cambridge University Press.

Bickerton, D. y E. Szathmáry. 2011. Confrontational scavenging as a possible source for language and cooperation. *BMC Evolutionary Biology, 11,* 261.

Blake, P. R. y K. McAuliffe. 2011. «I had so much it didn't seem fair»: Eight-year-olds reject two forms of inequity. *Cognition, 120*(2), 215-224.

Blasi, A. 1984. Moral identity: Its role in moral functioning. En W. M. Kurtines y J. J. Gewirtz, eds., *Morality, moral behavior and moral development* (pp. 128-139). Nueva York: Wiley.

Boehm, C. 1999. *Hierarchy in the forest: The evolution of egalitarian behavior.* Cambridge: Harvard University Press.

———. 2012. *Moral origins: The evolution of virtue, altruism, and shame.* Nueva York: Basic Books.

Boesch, C. 1994. Cooperative hunting in wild chimpanzees. *Animal Behaviour, 48*(3), 653-667.

Boesch, C. y H. Boesch. 1989. Hunting behavior of wild chimpanzees in the Taï National Park. *American Journal of Physical Anthropology, 78*(4), 547-573.

Bonnie, K. E., V. Horner, A. Whiten y F. B. M. de Waal. 2007. Spread of arbitrary conventions among chimpanzees: A controlled experiment. *Proceedings of the Royal Society of London, Series B: Biological Sciences, 274*(1608), 367-372.

Bowles, S. y H. Gintis. 2012. *A cooperative species: Human reciprocity and its evolution.* Princeton: Princeton University Press.

Boyd, R. y J. Silk. 2009. *How humans evolved.* Nueva York: Norton.

Bratman, M. 1992. Shared co-operative activity. *Philosophical Review, 101*(2), 327-341.

———. 2014. *Shared agency: A planning theory of acting together.* Nueva York: Oxford University Press.

Bräuer, J., J. Call y M. Tomasello. 2006. Are apes really inequity averse? *Proceedings of the Royal Society of London, Series B: Biological Sciences, 273*(1605), 3123-3128.

———. 2009. Are apes inequity averse? New data on the token-exchange paradigm. *American Journal of Primatology, 71*(2), 175-181.

Brosnan, S. F. y F. B. M. de Waal. 2003. Monkeys reject unequal pay. *Nature, 425,* 297-299.

Brosnan, S. F., T. Flemming, C. F. Talbot, L. Mayo y T. Stoinski. 2011. Responses to inequity in orangutans. *Folia Primatologica, 82,* 56-70.

Brosnan, S. F., H. C. Schiff y F. B. M. de Waal. 2005. Tolerance for inequity may increase with social closeness in chimpanzees.

*Proceedings of the Royal Society of London, Series B: Biological Sciences, 272*(1560), 253-285.

Brosnan, S. F., C. Talbot, M. Ahlgren, S. P. Lambeth y S. J. Schapiro. 2010. Mechanisms underlying the response to inequity in chimpanzees, *Pan troglodytes. Animal Behaviour, 79*(6), 1229-1237.

Brown, P. y S. C. Levinson. 1987. *Politeness: Some universals in language usage.* Cambridge: Cambridge University Press.

Bshary, R. y R. Bergmueller. 2008. Distinguishing four fundamental approaches to the evolution of helping. *Journal of Evolutionary Biology, 21*(2), 405-420.

Bullinger, A. F., A. P. Melis y M. Tomasello. 2011a. Chimpanzees *(Pan troglodytes)* prefer individual over collaborative strategies toward goals. *Animal Behaviour, 82*(5), 1135-1141.

Bullinger, A. F., E. Wyman, A. P. Melis y M. Tomasello. 2011b. Coordination of chimpanzees *(Pan troglodytes)* in a stag hunt game. *International Journal of Primatology, 32*(6), 1296-1310.

Burkart, J. M. y C. P. van Schaik. 2010. Cognitive consequences of cooperative breeding in primates? *Animal Cognition, 13*(1), 1-19.

Buttelmann, D., J. Call y M. Tomasello. 2009. Do great apes use emotional expressions to infer desires? *Developmental Science, 12*(5), 688-699.

Buttelmann, D., N. Zmyj, M. M. Daum y M. Carpenter. 2013. Selective imitation of in-group over out-group members in 14-month-old infants. *Child Development, 84*(2), 422-428.

Call, J. y M. Tomasello. 2007. *The gestural communication of apes and monkeys.* Mahwah: Erlbaum.

———. 2008. Does the chimpanzee have a theory of mind? 30 years later. *Trends in Cognitive Science, 12*(5), 187-192.

Callaghan, T., H. Moll, H. Rakoczy, F. Warneken, U. Liszkowski, T. Behne y M. Tomasello. 2011. Early social cognition in three cultural contexts. *Monographs of the Society for Research in Child Development, 76*(2), 1-142.

Carpenter, M. 2006. Instrumental, social, and shared goals and intentions in imitation. En S. J. Rogers y J. Williams, eds., *Imitation and the social mind: Autism and typical development* (pp. 48-70). Nueva York: Guilford Press.

Carpenter, M., M. Tomasello y T. Striano. 2005. Role reversal imitation in 12 and 18 month olds and children with autism. *Infancy, 8*(3), 253-278.

Carpenter, M., J. Uebel y M. Tomasello. 2013. Being mimicked increases prosocial behavior in 18-month-old infants. *Child Development, 84*(5), 1511-1518.

Chapais, B. 2008. *Primeval kinship: How pair-bonding gave birth to human society.* Cambridge: Harvard University Press.

Chwe, M. S. Y. 2003. *Rational ritual: Culture, coordination and common knowledge.* Princeton: Princeton University Press.

Clark, H. 1996. *Using language.* Cambridge: Cambridge University Press.

Clutton-Brock, T. 2002. Breeding together: Kin selection and mutualism in cooperative vertebrates. *Science, 296*(5565), 69-72.

Cosmides, L. y J. Tooby. 2004. Knowing thyself: The evolutionary psychology of moral reasoning and moral sentiments. *Business, Science, and Ethics, 4,* 93-128.

Crockford, C. y C. Boesch. 2003. Context specific calls in wild chimpanzees, *Pan troglodytes verus*: Analysis of barks. *Animal Behaviour, 66*(1), 115-125.

Crockford, C., R. M. Wittig, K. Langergraber, T. E. Ziegler, K. Zuberbühler y T. Deschner. 2013. Urinary oxytocin and social bonding in related and unrelated wild chimpanzees. *Proceedings of the Royal Society of London, Series B: Biological Sciences, 280*(1755), 2012-2765.

Csibra, G. y G. Gergely. 2009. Natural pedagogy. *Trends in Cognitive Sciences, 13*(4), 148-153.

Darley, J. M. y B. Latane. 1968. Bystander intervention in emergencies: Diffusion of responsibility. *Journal of Personality and Social Psychology, 8*(4), 377-383.

Darwall, S. 1997. Two kinds of respect. *Ethics, 88,* 36-49.

———. 2006. *The second-person standpoint: Respect, morality, and accountability.* Cambridge: Harvard University Press.

———. 2013. *Essays in second-personal ethics,* Vol. 1: *Morality, authority, and law.* Oxford: Oxford University Press.

Darwin, C. 1871. *The descent of man, and selection in relation to sex.* Londres: John Murray.

Dawkins, R. 1976. *The selfish gene.* Nueva York: Oxford University Press.

De Waal, F. B. M. 1982. *Chimpanzee politics: Power and sex among apes.* Londres: Cape.

———. 1989a. *Peacemaking among primates.* Cambridge: Harvard University Press.

———. 1989b. Food sharing and reciprocal obligations among chimpanzees. *Journal of Human Evolution, 18*(5), 433-459.

———. 1996. *Good natured: The origins of right and wrong in humans and other animals.* Cambridge: Harvard University Press.

———. 2000. Attitudinal reciprocity in food sharing among brown capuchin monkeys. *Animal Behaviour, 60*(2), 253-261.

———. 2006. *Primates and philosophers: How morality evolved.* Princeton: Princeton University Press.

De Waal, F. B. M. y L. M. Luttrell. 1988. Mechanisms of social reciprocity in three primate species: Symmetrical relationship characteristics or cognition? *Ethology and Sociobiology, 9*(2-4), 101-118.

Diesendruck, G., N. Carmel y L. Markson. 2010. Children's sensitivity to the conventionality of sources. *Child Development, 81*(2), 652-668.

Dubreuil, D., M. S. Gentile y E. Visalberghi. 2006. Are capuchin monkeys *(Cebus apella)* inequality averse? *Proceedings of the Royal Society of London, Series B: Biological Sciences, 273*(1591), 1223-1228.

Duguid, S., E. Wyman, A. Bullinger y M. Tomasello. 2014. Coordination strategies of chimpanzees and human children in a stag hunt game. *Proceedings of the Royal Society of London, Series B: Biological Sciences, 281,* 20141973.

Dunbar, R. 1998. The social brain hypothesis. *Evolutionary Anthropology, 6*(5), 178-190.

Dunham, Y., A. S. Baron y M. R. Banaji. 2008. The development of implicit intergroup cognition. *Trends in Cognitive Sciences, 12*(7), 248-253.

Durkheim, E. 1893/1984. *The division of labor in society.* Nueva York: Free Press.

———. 1912/2001. *The elementary forms of religious life.* Oxford: Oxford University Press.

———. 1974. *Sociology and philosophy.* Nueva York: Free Press.

Engelmann, J. M., E. Herrmann y M. Tomasello. 2012. Five-year olds, but not chimpanzees, attempt to manage their reputations. *PLoS ONE, 7*(10), e48433.

Engelmann, J., E. Herrmann y M. Tomasello. 2015. Chimpanzees trust conspecifics to engage in low-cost reciprocity. *Proceedings of the Royal Society B, 282*, 20142803. http://dx.doi.org/10.1098/rspb.2014.2803

———. Próxima publicación. Young children overcome peer pressure to do the right thing.

Engelmann, J. M., H. Over, E. Herrmann y M. Tomasello. 2013. Young children care more about their reputation with ingroup members and potential reciprocators. *Developmental Science, 16*(6), 952-958.

Fehr, E., H. Bernhard y B. Rockenbach. 2008. Egalitarianism in young children. *Nature, 454*, 1079-1083.

Fiske, S. T. 2010. *Social beings: Core motives in social psychology.* 2da. ed. Hoboken: Wiley.

Fletcher, G., F. Warneken y M. Tomasello. 2012. Differences in cognitive processes underlying the collaborative activities of children and chimpanzees. *Cognitive Development, 27*(2), 136-153.

Foley, R. A. y C. Gamble. 2009. The ecology of social transitions in human evolution. *Philosophical Transactions of the Royal Society of London, Series B: Biological Sciences, 364*(1442), 3267-3279.

Fontenot, M. B., S. L. Watson, K. A. Roberts y R. W. Miller. 2007. Effects of food preferences on token exchange and behavioural responses to in equality in tufted capuchin monkeys, *Cebus apella. Animal Behaviour, 74*(3), 487-496.

Friedrich, D. y N. Southwood. 2011. Promises and trust. En H. Sheinman, ed., *Promises and agreement: Philosophical essays* (pp. 275-292). Nueva York: Oxford University Press.

Gibbard, A. 1990. *Wise choices, apt feelings: A theory of normative judgment.* Cambridge: Harvard University Press.

Gilbert, M. 1990. Walking together: A paradigmatic social phenomenon. *Midwest Studies in Philosophy, 15*(1), 1-14.

———. 2003. The structure of the social atom: Joint commitment as the foundation of human social behavior. En F. Schmitt, ed., *Socializing metaphysics* (pp. 39-64). Lanham: Rowman y Littlefield.

———. 2006. *A theory of political obligation: Membership, commitment, and the bonds of society.* Oxford: Oxford University Press.

———. 2011. Three dogmas about promising. En H. Sheinman, ed., *Promises and agreements* (pp. 80-109). Nueva York: Oxford University Press.

———. 2014. *Joint commitment: How we make the social world.* Nueva York: Oxford University Press.

Gilby, I. C. 2006. Meat sharing among the Gombe chimpanzees: Harassment and reciprocal exchange. *Animal Behaviour, 71*(4), 953-963.

Göckeritz, S., M. F. H. Schmidt y M. Tomasello. 2014. Young children's creation and transmission of social norms. *Cognitive Development, 30* (abril-junio), 81-95.

———. Próxima publicación. Young children understand norms as socially constructed —if they have done the constructing.

Goffman, E. 1959. *The presentation of self in everyday life.* Nueva York: Anchor.

Gomes, C., C. Boesch y R. Mundry. 2009. Long-term reciprocation of grooming in wild West African chimpanzees. *Proceedings of the Royal Society of London, Series B: Biological Sciences, 276,* 699-706.

Goodall, J. 1986. *The chimpanzees of Gombe: Patterns of behavior.* Cambridge: Belknap Press.

Gräfenhain, M., T. Behne, M. Carpenter y M. Tomasello. 2009. Young children's understanding of joint commitments. *Developmental Psychology, 45*(5), 1430-1443.

Gräfenhain, M., M. Carpenter y M. Tomasello. 2013. Three-year-olds' understanding of the consequences of joint commitments. *PLoS ONE, 8*(9), e73039.

Greenberg, J. R., K. Hamann, F. Warneken y M. Tomasello. 2010. Chimpanzee helping in collaborative and non-collaborative contexts. *Animal Behaviour, 80*(5), 873-880.

Greene, J. 2013. *Moral tribes: Emotion, reason, and the gap between us and them.* Nueva York: Penguin Press.

Greene, J. D., R. B. Sommerville, L. E. Nystrom, J. M. Darley y J. D. Cohen. 2001. An fMRI investigation of emotional engagement in moral judgment. *Science, 293*(5537), 2105-2108.

Grocke, P., F. Rossano y M. Tomasello. 2015. Preschoolers accept unequal resource distributions if the procedure provides equal opportunities. *Journal of Experimental Child Psychology, 140*, 197-210.

Grüneisen, S., E. Wyman y M. Tomasello. 2015. Conforming to coordinate: Children use majority information for peer coordination. *British Journal of Developmental Psychology, 33*(1), 136-147.

Guererk, O., B. Irlenbusch y B. Rockenbach. 2006. The competitive advantage of sanctioning institutions. *Science, 312*(5770), 108-111.

Gurven, M. 2004. To give or not to give: An evolutionary ecology of human food transfers. *Behavioral and Brain Sciences, 27*(4), 543-583.

Haidt, J. 2012. *The righteous mind: Why good people are divided by politics and religion.* Nueva York: Pantheon.

Haley, K. J. y D. M. T. Fessler. 2005. Nobody's watching? Subtle cues affect generosity in an anonymous economic game. *Evolution and Human Behavior, 26*(3), 245-256.

Hamann, K., J. Bender y M. Tomasello. 2014. Meritocratic sharing is based on collaboration in 3-year-olds. *Developmental Psychology, 50*(1), 121-128.

Hamann, K., F. Warneken, J. Greenberg y M. Tomasello. 2011. Collaboration encourages equal sharing in children but not chimpanzees. *Nature, 476*, 328-331.

Hamann, K., F. Warneken y M. Tomasello. 2012. Children's developing commitments to joint goals. *Child Development, 83*(1), 137-145.

Hamlin, J. K., K. Wynn y P. Bloom. 2007. Social evaluation by preverbal infants. *Nature, 450,* 557-559.

Harcourt, A. H. y F. B. M. de Waal, eds. 1992. *Coalitions and alliances in humans and other animals.* Oxford: Oxford University Press.

Hardy, S. A. y G. Carlo. 2005. Identity as a source of moral motivation. *Human Development, 48*(4), 232-256.

Hare, B. 2001. Can competitive paradigms increase the validity of social cognitive experiments in primates? *Animal Cognition, 4*(3-4), 269-280.

Hare, B., J. Call, B. Agnetta y M. Tomasello. 2000. Chimpanzees know what conspecifics do and do not see. *Animal Behaviour, 59*(4), 771-785.

Hare, B., J. Call y M. Tomasello. 2001. Do chimpanzees know what conspecifics know and do not know? *Animal Behaviour, 61*(1), 139-151.

Hare, B. y M. Tomasello. 2004. Chimpanzees are more skillful in competitive than in cooperative cognitive tasks. *Animal Behaviour, 68*(3), 571-581.

Hare, B., T. Wobber y R. Wrangham. 2012. The self-domestication hypothesis: Bonobo psychology evolved due to selection against male aggression. *Animal Behavior, 83,* 573-585.

Haun, D. y H. Over. 2014. Like me: A homophily-based account of human culture. En P. J. Richerson y M. Christiansen, eds., *Cultural evolution* (pp. 75-85). Cambridge: MIT Press.

Haun, D. B. M. y M. Tomasello. 2011. Conformity to peer pressure in preschool children. *Child Development, 82*(6), 1759-1767.

———. 2014. Great apes stick with what they know; children conform to others. *Psychological Science, 25*(12), 2160-2167.

Hegel, G. W. F. 1807/1967. *The phenomenology of mind.* Nueva York: Harper and Row.

Henrich, J., R. Boyd, S. Bowles, C. Camerer, H. Gintis, R. McElreath y E. Fehr. 2001. In search of *Homo economicus:* Experiments in 15 small-scale societies. *American Economic Review, 91*(2), 73-79.

Hepach, R., A. Vaish y M. Tomasello. 2012. Young children are intrinsically motivated to see others helped. *Psychological Science, 23*(9), 967-972.

———. 2013. Young children sympathize less in response to unjustified emotional distress. *Developmental Psychology, 49*(6), 1132-1138.

Herrmann, E., S. Keupp, B. Hare, A. Vaish y M. Tomasello. 2013. Direct and indirect reputation formation in non-human great apes and human children. *Journal of Comparative Psychology, 127*(1), 63-75.

Herrmann, E., A. Misch y M. Tomasello. 2015. Uniquely human self-control begins at school age. *Developmental Science, 18*(6), 979-993. doi: 10.1111/desc.12272.

Hill, K. 2002. Altruistic cooperation during foraging by the Ache, and the evolved human predisposition to cooperate. *Human Nature, 13*(1), 105-128.

———. 2009. The emergence of human uniqueness: Characteristics underlying behavioural modernity. *Evolutionary Anthropology, 18,* 187-200.

Hill, K., M. Barton y A. M. Hurtado. 2009. The emergence of human uniqueness: Characters underlying behavioral modernity. *Evolutionary Anthropology, 18*(5), 187-200.

Hoffman, M. L. 2000. *Empathy and moral development: Implications for caring and justice.* Cambridge: Cambridge University Press.

Honneth, A. 1995. *The struggle for recognition: The moral grammar of social conflicts.* Cambridge: Polity Press.

Hopper, L. M., S. P. Lambeth, S. J. Schapiro y S. F. Brosnan. 2013. When given the opportunity, chimpanzees maximize personal gain rather than «level the playing field». *PeerJ, 1,* e165.

Horner, V., J. D. Carter, M. Suchak y F. B. M. de Waal. 2011. Spontaneous prosocial choice by chimpanzees. *Proceedings of the National Academy of Sciences of the United States of America, 108*(33), 13847-13851.

Horner, V. y A. K. Whiten. 2005. Causal knowledge and imitation/emulation switching in chimpanzees *(Pan troglodytes)* and children. *Animal Cognition, 8*(3), 164-181.

House, B. R., J. B. Silk, J. Henrich, H. C. Barrett, B. A. Scelza, A. H. Boyette, B. S. Hewlett, R. McElreath y S. Laurence. 2013. Ontogeny of prosocial behavior across diverse societies. *Proceedings of the National Academy of Sciences of the United States of America, 110*(36), 14586-14591.

Hrdy, S. 2009. *Mothers and others: The evolutionary origins of mutual understanding.* Cambridge: Belknap Press.

Hruschka, D. J. 2010. *Friendship: Development, ecology and evolution of a social relationship.* Berkeley: University of California Press.

Hume, D. 1751/1957. *An enquiry concerning the principles of morals.* Nueva York: Bobbs-Merrill.

Jensen, K., J. Call y M. Tomasello. 2007. Chimpanzees are rational maximizers in an ultimatum game. *Science, 318*(5847), 107-109.

Jensen, K., B. Hare, J. Call y M. Tomasello. 2006. What's in it for me? Self-regard precludes altruism and spite in chimpanzees. *Proceedings of the Royal Society of London, Series B: Biological Sciences, 273*(1589), 1013-1021.

Jensen, K. y J. B. Silk. 2014. Searching for the evolutionary roots of human morality. En M. Killen y J. G. Smetana, eds., *Handbook of moral development* (2da. ed., pp. 475-494). Nueva York: Psychology Press.

Joyce, R. 2006. *The evolution of morality.* Cambridge: MIT Press.

Kaiser, I., K. Jensen, J. Call y M. Tomasello. 2012. Theft in an ultimatum game: Chimpanzees and bonobos are insensitive to unfairness. *Biology Letters, 8*(6), 942-945.

Kanngiesser, P. y F. Warneken. 2012. Young children take merit into account when sharing rewards. *PLoS ONE, 7*(8), e43979.

Kant, I. 1785/1988. *Fundamental principles of the metaphysics of morals.* Buffalo: Prometheus.

Killen, M., K. L. Mulvey y A. Hitti. 2013. Social exclusion in childhood: A developmental intergroup perspective. *Child Development, 84*(3), 772-790.

Kinzler, K. D., K. H. Corriveau y P. L Harris. 2011. Children's selective trust in native-accented speakers. *Developmental Science, 14*(1), 106-111.

Kinzler, K. D., K. Shutts, J. DeJesus y E. S. Spelke. 2009. Accent trumps race in guiding children's social preferences. *Social Cognition, 27*(4), 623-634.

Kirschner, S. y M. Tomasello. 2010. Joint music making promotes prosocial behavior in 4-year-old children. *Evolution and Human Behavior, 31*(5), 354-364.

Kitcher, P. 2011. *The ethical project.* Cambridge: Harvard University Press.

Klein, R. 2009. *The human career: Human biological and cultural origins.* 3ra. ed. Chicago: University of Chicago Press.

Knight, J. 1992. *Institutions and social conflict.* Cambridge: Cambridge University Press.

Kohlberg, L. 1981. *Essays on moral development,* Vol. 1: *The philosophy of moral development.* San Francisco: Harper and Row.

Kojève, A. 1982/2000. *Outline of a phenomenology of right.* Nueva York: Roman and Littlefield.

Korsgaard, C. 1996a. *The sources of normativity.* Cambridge: Cambridge University Press.

———. 1996b. *Creating the kingdom of ends.* Cambridge: Cambridge University Press.

Koski, S. E., H. de Vries, S. W. van den Tweel y E. H. M. Sterck. 2007. What to do after a fight? The determinants and inter-dependency of post-conflict interactions in chimpanzees. *Behaviour, 144*(5), 529-555.

Köymen, B., E. Lieven, D. A. Engemann, H. Rakoczy, F. Warneken y M. Tomasello. 2014. Children's norm enforcement in their interactions with peers. *Child Development, 85*(3), 1108-1122.

Köymen, B., M. F. H. Schmidt y M. Tomasello. Próxima publicación. Teaching versus enforcing norms in preschoolers' peer interactions. *Journal of Experimental Child Psychology.*

Kropotkin, P. A. 1902. *Mutual aid: A factor of evolution.* Nueva York: McClure, Philips.

Kruger, A. y M. Tomasello. 1996. Cultural learning and learning culture. En D. Olson, ed., *Handbook of education and human development: New models of learning, teaching, and schooling* (pp. 369-387). Cambridge: Blackwell.

Kuhlmeier, V., K. Wynn y P. Bloom. 2003. Attribution of dispositional states by 12-month-olds. *Psychological Science, 14*(5), 402-408.

Kummer, H. (1979). On the value of social relationships to nonhuman primates: A heuristic scheme. En M. von Cranach, K. Foppa, W. Lepenies, y D. Ploog, eds., *Human ethology: Claims and limits of a new discipline* (pp. 381-395). Cambridge: Cambridge University Press.

Lakatos, I. y A. Musgrave, eds. 1970. *Criticism and the growth of knowledge*. Cambridge: Cambridge University Press.

Langergraber, K. E., J. C. Mitani y L. Vigilant. 2007. The limited impact of kinship on cooperation in wild chimpanzees. *Proceedings of the National Academy of Sciences of the United States of America, 104*(19), 7786-7790.

Leach, H. M. 2003. Human domestication reconsidered. *Current Anthropology, 44*(3), 349-368.

Levinson, S. 2006. On the human interactional engine. En N. Enfield y S. Levinson, eds., *Roots of human sociality* (pp. 39-69). Nueva York: Berg.

Lewis, D. 1969. *Convention: A philosophical study.* Cambridge: Harvard University Press.

Lickel, B., T. Schmader y M. Spanovic. 2007. Group-conscious emotions: The implications of others' wrongdoings for identity and relationships. En J. L. Tracy, R. W. Robins y J. P. Tangney, eds., *The self-conscious emotions: Theory and research* (pp. 351-369). Nueva York: Guilford Press.

Liebal, K., M. Carpenter y M. Tomasello. 2013. Young children's understanding of cultural common ground. *British Journal of Developmental Psychology, 31*(1), 88-96.

Liebal, K., A. Vaish, D. Haun y M. Tomasello. 2014. Does sympathy motivate prosocial behavior in great apes? *PLoS ONE, 9*(1), e84299.

List, C. y P. Pettit. 2011. *Group agency.* Oxford: Oxford University Press.

Mameli, M. 2013. Meat made us moral: A hypothesis on the nature and evolution of moral judgment. *Biological Philosophy, 28*, 903-931.

Marlowe, F. W. y J. C. Berbesque. 2008. More «altruistic» punishment in larger societies. *Proceedings of the Royal Society of London, Series B: Biological Sciences, 275*(1634), 587-590.

Martin, A. y K. R. Olson. 2013. When kids know better: Paternalistic helping in 3-year-old children. *Developmental Psychology, 49*(11), 2071-2081.

Marx, K. 1867/1977. *Capital: A critique of political economy.* Vol. 1. Nueva York: Vintage Books.

Maynard Smith, J. 1982. *Evolution and the theory of games.* Cambridge: Cambridge University Press.

McAuliffe, K., J. Jordan y F. Warneken. 2015. Costly third-party punishment in young children. *Cognition, 134*, 1-10.

Mead, G. H. 1934. *Mind, self, and society. From the standpoint of a social behaviorist.* Chicago: University of Chicago Press.

Melis, A. P., K. Altricher y M. Tomasello. 2013. Allocation of resources to collaborators and free-riders by 3-year-olds. *Journal of Experimental Child Psychology, 114*(2), 364-370.

Melis, A. P., B. Hare y M. Tomasello. 2006a. Chimpanzees recruit the best collaborators. *Science, 311*(5765), 1297-1300.

———. 2006b. Engineering cooperation in chimpanzees: Tolerance constraints on cooperation. *Animal Behaviour, 72*(2), 275-286.

———. 2008. Do chimpanzees reciprocate received favors? *Animal Behaviour, 76*(3), 951-962.

———. 2009. Chimpanzees coordinate in a negotiation game. *Evolution and Human Behavior, 30*(6), 381-392.

Melis, A. P., A.-C. Schneider y M. Tomasello. 2011a. Chimpanzees share food in the same way after collaborative and individual food acquisition. *Animal Behaviour, 82*(3), 485-493.

Melis, A. P. y M. Tomasello. 2013. Chimpanzees' strategic helping in a collaborative task. *Biology Letters, 9*, 20130009.

Melis, A. P., F. Warneken, K. Jensen, A.-C. Schneider, J. Call y M. Tomasello. 2011b. Chimpanzees help conspecifics to obtain food and non-food items. *Proceedings of the Royal Society of London, Series B: Biological Sciences, 278*(1710), 1405-1413.

Mikhail, J. 2007. Universal moral grammar: Theory, evidence and the future. *Trends in Cognitive Sciences, 11*(4), 143-152.

Milinski, M., D. Semmann y H.-J. Krambeck. 2002. Reputation helps solve the «tragedy of the commons». *Nature, 415*, 424-426.

Miller, J. G. 1994. Cultural diversity in the morality of caring: Individually oriented versus duty-based interpersonal moral codes. *Cross Cultural Research, 28*(1), 3-39.

Millikan, R. G. 2005. *Language: A biological model.* Oxford: Oxford University Press.

Misch, A., H. Over y M. Carpenter. 2014. Stick with your group: Young children's attitudes about group loyalty. *Journal of Experimental Child Psychology, 126*, 19-36.

Mitani, J. C. y D. Watts. 2001. Why do chimpanzees hunt and share meat? *Animal Behaviour, 61*(5), 915-924.

Moll, H., N. Richter, M. Carpenter y M. Tomasello. 2008. Fourteen-month-olds know what «we» have shared in a special way. *Infancy, 13*, 90-101.

Moll, H. y M. Tomasello. 2007a. Co-operation and human cognition: The Vygotskian intelligence hypothesis. *Philosophical Transactions of the Royal Society of London, Series B: Biological Sciences, 362*(1480), 639-648.

———. 2007b. How 14- and 18-month-olds know what others have experienced. *Developmental Psychology, 43*(2), 309-317.

Moreland, R. L. 2010. Are dyads really groups? *Small Group Research, 41*(2), 251-267.

Mueller, M. N. y J. C. Mitani. 2005. Conflict and cooperation in wild chimpanzees. *Advances in the Study of Behavior, 35*, 275-331.

Mussweiler, T. 2003. Comparison processes in social judgment: Mechanisms and consequences. *Psychological Review, 110*(3), 472-489.

Nagel, T. 1970. *Th e possibility of altruism.* Princeton: Princeton University Press.

———. 1986. *The view from nowhere.* Nueva York: Oxford University Press.

———. 1991. *Equality and partiality.* Nueva York: Oxford University Press.

Nichols, S. 2004. *Sentimental rules: On the natural foundations of moral judgment.* Oxford: Oxford University Press.

Nichols, S., M. Svetlova y C. Brownell. 2009. The role of social understanding and empathic disposition in young children's responsiveness to distress in parents and peers. *Cognition, Brain, Behavior, 4*, 449-478.

Nietzsche, F. 1887/2003. *The genealogy of morals*. Mineola: Dover.

Noe, R. y Hammerstein, P. 1994. Biological markets: Supply and demand determine the effect of partner choice in cooperation, mutualism and mating. *Behavioral Ecology and Sociobiology*, 35(1), 1-11.

Norenzayan, A. 2013. *Big gods: How religion transformed cooperation and conflict*. Princeton: Princeton University Press.

Nowak, M. y R. Highfield. 2011. *Supercooperators: The mathematics of evolution, altruism and human behaviour*. Edinburgh: Canongate.

Nowak, M., C. Tarnita y E. Wilson. 2010. The evolution of eusociality. *Nature, 466*, 1057-1062.

Olson, K. R. y E. S. Spelke. 2008. Foundations of cooperation in young children. *Cognition, 108*(1), 222-231.

Olson, M. 1965. *The logic of collective action*. Cambridge: Harvard University Press.

Over, H. y M. Carpenter. 2013. The social side of imitation. *Child Development Perspectives, 7*(1), 6-11.

Over, H., M. Carpenter, R. Spears y M. Gattis. 2013. Children selectively trust individuals who have imitated them. *Social Development, 22*(2), 215-425.

Over, H., A. Vaish y M. Tomasello. 2016. Do young children accept responsibility for the negative actions of ingroup members? *Cognitive Development, 40*, 24-32. https://doi.org/10.1016/j.cogdev.2016.08.004.

Piaget, J. 1932/1997. *The moral judgment of the child*. Nueva York: Free Press.

Pinker, S. 2011. *The better angels of our nature: Why violence has declined*. Nueva York: Viking.

Prinz, J. 2007. *The emotional construction of morals*. Oxford: Oxford University Press.

———. 2012. *Beyond human nature*. Londres: Allen Lane.

Proctor, D., R. A. Williamson, F. B. M. de Waal y S. F. Brosnan. 2013. Chimpanzees play the ultimatum game. *Proceedings of the*

*National Academy of Sciences of the United States of America, 110*(6), 2070-2075.

Rakoczy, H., K. Hamann, F. Warneken y M. Tomasello. 2010. Bigger knows better? Young children selectively learn rule games from adults rather than from peers. *British Journal of Developmental Psychology, 28*(4), 785-798.

Rakoczy, H. y M. Tomasello. 2007. The ontogeny of social ontology: Steps to shared intentionality and status functions. En S. Tsohatzidis, ed., *Intentional acts and institutional facts: Essays on John Searle's social ontology* (pp. 113-137). Dordrecht: Springer.

Rakoczy, H., F. Warneken y M. Tomasello. 2008. The sources of normativity: Young children's awareness of the normative structure of games. *Developmental Psychology, 44*(3), 875-881.

Rand, D., J. Greene y M. A. Nowak. 2012. Spontaneous giving and calculated greed. *Nature, 489*, 427-430.

Rawls, J. 1971. *A theory of justice.* Cambridge: Harvard University Press.

Rekers, Y., D. B. M. Haun y M. Tomasello. 2011. Children, but not chimpanzees, prefer to collaborate. *Current Biology, 21*(20), 1756-1758.

Resnick, P., R. Zeckhauser, J. Swanson y K. Lockwood. 2006. The value of reputation on eBay: A controlled experiment. *Experimental Economy, 9*(2), 79-101.

Rhodes, M. y L. Chalik. 2013. Social categories as markers of intrinsic interpersonal obligations. *Psychological Science, 24*(6), 999-1006.

Richerson, P. y R. Boyd. 2005. *Not by genes alone: How culture transformed human evolution.* Chicago: University of Chicago Press.

Riedl, K., K. Jensen, J. Call y M. Tomasello. 2012. No third-party punishment in chimpanzees. *Proceedings of the National Academy of Sciences of the United States of America, 109*(37), 14824-14829.

———. 2015. Restorative justice in children. *Current Biology, 25*, 1731-1735.

Roberts, G. 2005. Cooperation through interdependence. *Animal Behaviour, 70*(4), 901-908.

Rochat, P. 2009. *Others in mind: Social origins of self-consciousness.* Cambridge: Cambridge University Press.

Rochat, P., M. D. G. Dias, L. Guo, T. Broesch, C. Passos-Ferreira, A. Winning y B. Berg. 2009. Fairness in distributive justice by 3- and 5-year-olds across 7 cultures. *Journal of Cross-Cultural Psychology, 40*(3), 416-442.

Rockenbach, B. y M. Milinski. 2006. The efficient interaction of indirect reciprocity and costly punishment. *Nature, 444*, 718-723.

Roma, P. G., A. Silberberg, A. M. Ruggiero y S. J. Suomi. 2006. Capuchin monkeys, inequity aversion, and the frustration effect. *Journal of Comparative Psychology, 120*(1), 67-73.

Rose, L. M., S. Perry, M. Panger, K. Jack, J. Manson, J. Gros-Luis, K. C. Mackinnon y E. Vogel. 2003. Interspecific interactions between *Cebus capuchinus* and other species in Costa Rican sites. *International Journal of Primatology, 24*(4), 759-796.

Rossano, F., H. Rakoczy y M. Tomasello. 2011. Young children's understanding of violations of property rights. *Cognition, 123*(2), 219-227.

Roughley, N. 2015. Resentment, empathy and moral normativity. En N. Roughley y T. Schramme, eds., *Forms of fellow feeling: Sympathy, empathy, concern and moral agency* (pp. 225-247). Cambridge: Cambridge University Press.

Rousseau, J. J. 1762/1968. *Of the social contract, or, Principles of political right.* Nueva York: Penguin.

Scanlon, T. M. 1990. Promises and practices. *Philosophy and Public Affairs, 19*(3), 199-226.

———. 1998. *What we owe to each other.* Cambridge: Belknap Press.

Schäfer, M., D. Haun y M. Tomasello. 2015. Fair is not fair everywhere. *Psychological Science, 26*(8), 1252-1260.

Schino, G. y F. Aureli. 2009. Reciprocal altruism in primates: Partner choice, cognition and emotions. *Advances in the Study of Behavior, 39*, 45-69.

Schmidt, M. F. H., H. Rakoczy y M. Tomasello. 2012. Young children enforce social norms selectively depending on the violator's group affiliation. *Cognition, 124*(3), 325-333.

———. 2013. Young children understand and defend the entitlements of others. *Journal of Experimental Child Psychology, 116*(4), 930-944.

Schmidt, M. F. H. y M. Tomasello. 2012. Young children enforce social norms. *Current Directions in Psychological Science, 21*(4), 232-236.

Searle, J. 1995. *The construction of social reality.* Nueva York: Free Press.

———. 2010. *Making the social world: The structure of human civilization.* Nueva York: Oxford University Press.

Sellars, W. 1963. *Science, perception and reality.* Nueva York: Humanities Press.

Seyfarth, R. M. y D. L. Cheney. 2012. The evolutionary origins of friendship. *Annual Review of Psychology, 63*, 153-177.

Shapiro, S. 2011. *Legality.* Cambridge: Harvard University Press.

Shaw, A. y K. R. Olson. 2012. Children discard a resource to avoid inequality. *Journal of Experimental Psychology: General, 141*(2), 382-395.

———. 2014. Fairness as partiality aversion: The development of procedural justice. *Journal of Experimental Child Psychology, 119*, 40-53.

Sheskin, M., K. Ashayeri, A. Skerry y L. R. Santos. 2013. Capuchin monkeys *(Cebus apella)* fail to show inequality aversion in a no-cost situation. *Evolution and Human Behavior, 35*(2), 80-88.

Shweder, R. A., M. Mahapatra y J. G. Miller. 1987. Culture and moral development. En J. Kagan y S. Lamb, eds., *The emergence of morality in young children* (pp. 1-83). Chicago: University of Chicago Press.

Silk, J. B. 2009. Nepotistic cooperation in nonhuman primate groups. *Philosophical Transactions of the Royal Society of London, Series B: Biological Sciences, 364*(1533), 3243-3254.

Silk, J. B., J. C. Beehner, T. J. Berman, C. Crockford, A. L. Engh, L. R. Moscovice, R. M. Wittig, R. M. Seyfarth y D. L. Cheney. 2010. Strong and consistent social bonds enhance the longevity of female baboons. *Current Biology, 20*(15), 1359-1361.

Silk, J. B., S. F. Brosnan, J. Vonk, J. Henrich, D. J. Povinelli, A. F. Richardson, S. P. Lambeth, J. Mascaro y S. J. Schapiro. 2005. Chimpanzees are indifferent to the welfare of other group members. *Nature, 435*, 1357-1359.

Simmel, G. 1908. *Sociology: Investigations on the forms of sociation.* Leipzig: Duncker and Humblot.

Sinnott-Armstrong, W. y T. Wheatley. 2012. The disunity of morality and why it matters to philosophy. *Monist, 95*, 355-377.

Skyrms, B. 2004. *The stag hunt and the evolution of sociality.* Cambridge: Cambridge University Press.

Smith, A. 1759/1982. *The theory of moral sentiments.* Indianapolis: Liberty Classics.

Smith, A. M. 2013. Moral blame and moral protest. En D. J. Coates y N. A. Tognazzini, eds., *Blame: Its nature and norms* (pp. 27-48). Nueva York: Oxford University Press.

Smith, C., P. R. Blake y P. L. Harris. 2013. I should but I won't: Why young children endorse norms of fair sharing but do not follow them. *PloS ONE, 8*(8), e59510.

Sober, E. y D. S. Wilson. 1998. *Unto others: The evolution and psychology of unselfish behavior.* Cambridge: Harvard University Press.

Steadman, L. B., C. T. Palmer y C. Tilley. 1996. The universality of ancestor worship. *Ethnology, 35*(1), 63-76.

Sterelny, K. 2012. *The evolved apprentice.* Cambridge: MIT Press.

Stiner, M. 2013. An unshakable Middle Paleolithic? Trends versus conservatism in the predatory niche and their social ramifications. *Current Anthropology, 54*(Supl. 8), 288-304.

Strawson, P. F. 1962. Freedom and resentment. *Proceedings of the British Academy, 48*, 1-25.

Surbeck, M. y G. Hohmann. 2008. Primate hunting by bonobo at LuiKotale, Salonga National Park. *Current Biology, 18*(19), R906-R907.

Svetlova, M., S. Nichols y C. Brownell. 2010. Toddlers' prosocial behavior: From instrumental to empathic to altruistic helping. *Child Development, 81*(6), 1814-1827.

Sylwester, K. y G. Roberts. 2010. Cooperators benefit through reputation-based partner choice in economic games. *Biological Letters, 6*, 659-662.

Tangney, J. P. y R. L. Dearing. 2004. *Shame and guilt.* Nueva York: Guilford Press.

Tennie, C., J. Call y M. Tomasello. 2009. Ratcheting up the ratchet: On the evolution of cumulative culture. *Philosophical Transactions of the Royal Society of London, Series B: Biological Sciences, 364*(1528), 2405-2415.

Thompson, M. 2008. *Life and action: Elementary structures of practice and practical thought.* Cambridge: Harvard University Press.

Thornton, A. y N. J. Raihani. 2008. The evolution of teaching. *Animal Behaviour, 75*(6), 1823-1836.

Tomasello, M. 1995. Joint attention as social cognition. En C. Moore y P. Dunham, eds., *Joint attention: Its origins and role in development* (pp. 103-130). Hillsdale: Erlbaum.

———. 2006. Conventions are shared (commentary on Millikan, *Language: A biological model*). *Philosophy of Mind Review*, 5, 29-36.

———. 2008. *Origins of human communication.* Cambridge: MIT Press.

———. 2009. *Why we co-operate.* Cambridge: MIT Press.

———. 2011. Human culture in evolutionary perspective. En M. Gelfand, ed., *Advances in culture and psychology* (pp. 3-31). Oxford: Oxford University Press.

———. 2014. *A natural history of human thinking.* Cambridge: Harvard University Press.

Tomasello, M. y M. Carpenter. 2005. The emergence of social cognition in three young chimpanzees. *Monographs of the Society for Research in Child Development, 70*(1), 1-152.

Tomasello, M., M. Carpenter, J. Call, T. Behne y H. Moll. 2005. Understanding and sharing intentions: The origins of cultural cognition. *Behavioral and Brain Sciences, 28*(5), 675-691.

Tomasello, M., A. P. Melis, C. Tennie, E. Wyman y E. Herrmann. 2012. Two key steps in the evolution of cooperation: The interdependence hypothesis. *Current Anthropology, 53*(6), 673-692.

Tomasello, M. y A. Vaish. 2013. Origins of human cooperation and morality. *Annual Review of Psychology, 64*, 231-255.

Trivers, R. 1971. The evolution of reciprocal altruism. *Quarterly Review of Biology, 46*(1), 35-57.

Tuomela, R. 2007. *The philosophy of sociality: The shared point of view.* Oxford: Oxford University Press.

Turiel, E. 1983. *The development of social knowledge: Morality and convention.* Cambridge: Cambridge University Press.

———. 2006. The development of morality. En W. Damon y R. M. Lerner, eds., *Handbook of child psychology*, Vol. 3: *Social, emotional, and personality development* (pp. 253-300). Nueva York: Wiley.

Ulber, J., K. Hamann y M. Tomasello. 2015. How 18- and 24-month-old peers divide resources among themselves. *Journal of Experimental Child Psychology, 140*, 228-244.

Vaish, A., M. Carpenter y M. Tomasello. 2009. Sympathy through affective perspective-taking and its relation to prosocial behavior in toddlers. *Developmental Psychology, 45*(2), 534-543.

———. 2010. Young children selectively avoid helping people with harmful intentions. *Child Development, 81*(6), 1661-1669.

———. 2011a. Young children's responses to guilt displays. *Developmental Psychology, 47*(5), 1248-1262.

———. 2016. The Early Emergence of Guilt-Motivated Prosocial Behavior. *Child Development, 87*(6), 1772-1782.

Vaish, A., E. Herrmann, C. Markmann y M. Tomasello. Próxima publicación. Three year-olds prefer norm enforcers.

Vaish, A., M. Missana y M. Tomasello. 2011b. Three-year-old children intervene in third-party moral transgressions. *British Journal of Developmental Psychology, 29*(1), 124-130.

Von Rohr, C., J. Burkart y C. van Schaik. 2011. Evolutionary precursors of social norms in chimpanzees: A new approach. *Biology and Philosophy, 26*, 1-30.

Vygotsky, L. 1978. *Mind in society: The development of higher psychological processes.* M. Cole, ed. Cambridge: Harvard University Press.

Warneken, F. 2013. Young children proactively remedy unnoticed accidents. *Cognition, 126*(1), 101-108.

Warneken, F., F. Chen y M. Tomasello. 2006. Cooperative activities in young children and chimpanzees. *Child Development, 77*(3), 640-663.

Warneken, F., B. Hare, A. Melis, D. Hanus y M. Tomasello. 2007. Spontaneous altruism by chimpanzees and young children. *PLoS Biology, 5*(7), e184.

Warneken, F., K. Lohse, A. P. Melis y M. Tomasello. 2011. Young children share the spoils after collaboration. *Psychological Science, 22*(2), 267-273.

Warneken, F. y M. Tomasello. 2006. Altruistic helping in human infants and young chimpanzees. *Science, 311*(5765), 1301-1303.

———. 2007. Helping and cooperation at 14 months of age. *Infancy, 11*(3), 271-294.

———. 2008. Extrinsic rewards undermine altruistic tendencies in 20-month-olds. *Developmental Psychology, 44*(6), 1785-1788.

———. 2009. Varieties of altruism in children and chimpanzees. *Trends in Cognitive Science, 13*(9), 397-402.

———. 2013. The emergence of contingent reciprocity in young children. *Journal of Experimental Child Psychology, 116*(2), 338-350.

Watts, D. y J. C. Mitani. 2002. Hunting behavior of chimpanzees at Ngogo, Kibale National Park, Uganda. *International Journal of Primatology, 23*(1), 1-28.

West-Eberhardt, M. J. 1979. Sexual selection, social competition, and evolution. *Proceedings of the American Philosophical Society, 51*(4), 222-234.

Westermarck, E. 1891. *The history of human marriage.* Londres: Macmillan.

Whiten, A. y R. W. Byrne. 1988. *Machiavellian intelligence: Social expertise and the evolution of intellect in monkeys, apes and humans.* Nueva York: Oxford University Press.

Whiten, A., V. Horner y F. B. M. de Waal. 2005. Conformity to cultural norms of tool use in chimpanzees. *Nature, 437*, 737-740.

Williams, J., H. Liu y A. Pusey. 2002. Costs and benefits of grouping for female chimpanzees at Gombe. En C. Boesch, G. Hohmann, y L. Marchant, eds., *Behavioural diversity in chimpanzees and bonobos* (pp. 192-203). Cambridge: Cambridge University Press.

Wilson, D. S. 2002. *Darwin's cathedral: Evolution, religion and the nature of society.* Chicago: University of Chicago Press.

Wilson, D. S. y E. O. Wilson. 2008. Evolution «for the good of the group». *American Scientist, 96*(5), 380-389.

Wittig, M., K. Jensen y M. Tomasello. 2013. Five-year-olds understand fair as equal in a mini-ultimatum game. *Journal of Experimental Child Psychology, 116*(2), 324-337.

Wittig, R. M., C. Crockford, T. Deschner, K. E. Langergraber, T. E. Ziegler y K. Zuberbühler. 2014. Food sharing is linked to urinary oxytocin levels and bonding in related and unrelated wild chimpanzees. *Proceedings of the Royal Society of London, Series B: Biological Sciences, 281*(1778), 20133096.

Wrangham, R. W. y D. Peterson. 1996. *Demonic males: Apes and the origins of human violence.* Boston: Houghton Mifflin.

Wyman, E., H. Rakoczy y M. Tomasello. 2009. Normativity and context in young children's pretend play. *Cognitive Development, 24*(2), 146-155.

Yamamoto, S. y M. Tanaka. 2009. Do chimpanzees *(Pan troglodytes)* spontaneously take turns in a reciprocal cooperation task? *Journal of Comparative Psychology, 123*(3), 242-249.

Zahavi, A. 2003. Indirect selection and individual selection in sociobiology: My personal views on theories of social behaviour. *Animal Behaviour, 65*(5), 859-863.

Zeidler, H., E. Herrmann, D. Haun y M. Tomasello. 2016. Taking turns or not? Children's approach to limited resource problems in three different cultures. *Child Development, 87*(3), 677-688.

# Índice

www.ingramcontent.com/pod-product-compliance
Lightning Source LLC
LaVergne TN
LVHW101935220826
846093LV00009B/467

* 9 7 8 9 5 6 1 4 2 3 8 3 1 *